传媒蓝皮书

中国报业融合创新研究报告

RESEARCH REPORT ON THE INTEGRATION AND INNOVATION OF CHINESE NEWSPAPER INDUSTRY

(2017—2018)

主 编／黄晓新　　刘建华　　卢剑锋

中国书籍出版社
China Book Press

2017—2018 中国报业融合创新研究报告出品方

中国新闻出版研究院传媒研究所
中国人民大学书报资料中心
《中国出版》杂志社
《传媒》杂志社

2017—2018 中国报业融合创新研究报告课题组

课题组组长　刘建华

课题组副组长　卢剑锋　张文飞

课题组成员　邱　昂　李文竹　张书卿　杨晓芳　杨驰原
　　　　　　　杨青山　邹　波　王卉莲　郝天韵　杭丽芳

2017—2018 中国报业融合创新研究报告编委会

编委会主任　黄晓新　中国新闻出版研究院党委书记、副院长
编　　　委（按姓氏笔画为序）
　　　　　　王小龙　科技日报融媒体中心新媒体室副主任
　　　　　　王　平　萧山日报社长、总编辑，高级记者
　　　　　　王卉莲　中国新闻出版研究院副研究员
　　　　　　王永祺　中国人民大学新闻学院研究生
　　　　　　王军峰　西京学院传媒学院教师
　　　　　　王　棋　华西都市报封面传媒封面舆情总监
　　　　　　卢剑锋　中国新闻出版研究院传媒研究所助理研究员
　　　　　　向泽映　重庆日报报业集团总裁
　　　　　　闫伊默　华南师范大学新闻传播系副教授、博士
　　　　　　刘建华　中国新闻出版研究院传媒研究所执行所长、研究员、博士后
　　　　　　刘焕美　腾讯政务旅游中心运营总监
　　　　　　陈　学　咪咕数字传媒有限公司副总经理
　　　　　　邱　昂　中国新闻出版研究院传媒研究所助理研究员
　　　　　　李文竹　中国新闻出版研究院传媒研究所助理研究员、博士
　　　　　　李书琴　华东政法大学人文学院讲师

李　炜	西藏民族大学新闻传播学院副教授、博士后
沈峥嵘	北京青年报助理总编辑
杨青山	云南财经大学新闻系主任、副教授
张文凯	衡阳日报社新媒体编辑部主任
张　旸	人民日报媒体技术股份有限公司
张溪竹	人民日报媒体技术股份有限公司
周树雨	中国人民大学新闻学院博士，山东大学新闻学院教师
郝天韵	中国新闻出版广电报产业与深度报道部记者
段艳文	中国期刊协会《中国期刊年鉴》杂志社常务副社长、主编
郭全中	国家行政学院社会和文化教研部高级经济师、博士后
郭新茹	南京师范大学社会发展学院副教授，博士
秦宗财	安徽师范大学新闻与传播学院教授，博士后
崔　健	重庆日报报业集团新闻办主任
黄小刚	华中师范大学国家文化产业研究中心在读博士
黄　菲	韩国首尔科学综合研究生院（aSSIST）工商管理MBA主任教授，韩国国立首尔大学管理学博士
董媛媛	北京交通大学语言与传播学院副教授、博士后
彭铁元	国家大数据专业委员会秘书长
鲍丹禾	现代教育报总编辑助理、主任编辑，博士后
蔡海龙	北京工商大学艺术与传媒学院新闻系副教授，博士

主编简介

黄晓新

　　男，湖北洪湖人。中国新闻出版研究院党委书记、副院长。曾任新闻出版总署印刷复制管理司副司长、反非法和违禁出版物司副司长。2011年8月挂职任新疆维吾尔自治区新闻出版（版权）局党组成员、副局长，《新疆文库》编辑出版工作领导小组办公室副主任、《新疆文库》编辑出版委员会副主任。2014年7月任新疆维吾尔自治区新闻出版广电（版权）局党组成员、副局长（正厅级）。主持中央文资办重大项目"中国新闻出版多语种语料库研究""全民阅读的社会学研究"等多项国家、省部级课题，多篇论文被《新华文摘》、人大复印报刊资料《出版业》等刊物全文转载，主要从事新闻出版管理与阅读社会学研究。

刘建华

　　男，江西莲花人。中国新闻出版研究院传媒研究所执行所长、研究员。中国社会科学院哲学所博士后，中国人民大学传媒经济学博士。中国新闻出版研究院书画社执行社长、中央国家机关书法家协会会员、中国新闻出版书法家协会会员，北京文艺评论家协会会员，新华社《瞭望智库》首批入驻专家。著有《舆情消长与边疆社会稳定》《对外文化贸易研究》《传媒国际贸易与文化差异规避》《民族文化传媒化》等书10余部，《中国传媒发展指数报告》主笔，《一本书学会新闻采写》（6部）丛书主编，发表论文80余篇。主持"舆情消长与边疆民族地区稳定研究"国家社科基金等 30 余项课题。研究成果获国家级、省部级多项奖励，论文被《新华文摘》、人大复印报刊资料《新闻与传播》、"中国社会科学"等媒体多次全文转载，主要从事新闻传播理论、书法符号与形象传播、传媒经济与文化产业研究。

卢剑锋

女，山西大同人，中国新闻出版研究院传媒研究所助理研究员。担任《中国传媒融合创新研究（2015—2016）》主编之一，《中国传媒社会责任研究报告（2015—2016）》副主编之一，主要从事传媒管理、新媒体应用研究。

前 言

"中国报业融合创新研究"课题是中央级公益性科研院所基本科研业务费专项资金资助项目,是中国新闻出版研究院的重要研究课题,《中国报业融合创新研究(2017—2018)》是该课题的研究成果。《中国传媒融合创新研究报告》与《中国传媒社会责任研究报告》相得益彰、互为补充,成为中国新闻出版研究院传媒研究所的两大拳头产品。

2017年,中国新闻出版研究院已推出《中国传媒融合创新研究(2015—2016)》一书,得到政府、业界与学界一致肯定与好评。今年继续推出的《中国报业融合创新研究报告(2017—2018)》,是国内第一部全面反映中国报业融合创新理论和实践的传媒蓝皮书,本书梳理和分析中国报业融合创新实践的发展历程和现状,勾勒中国报业融合的特点、规律、发展方向,从而总结经验、预测未来发展趋势,为中国报业融合出谋划策,同时通过对报业融合创新经典案例的分析总结,举一反三,为未来报业融合创新发展提供借鉴和启示。本书所说的融合创新是指因追求传统媒体和新兴媒体融合发展而导致的创新,与其他原因所导致的创新有着根本不同,这是本报告研究的立足点和出发点,也是本报告差异化研究的价值所在。

本书第一部分总报告分析了当前我国报业发展的概况,总结了我国报业融合创新实践的现状,剖析了目前中国报业融合创新的问题,并预测了中国报业融合创新的未来发展趋势。第二部分分报告从内容融合创新、渠道融合创新、平台融合创新、产品融合创新、经营管理融合创新五个角度对国内报业融合创新案例科学归类和评价,分析问题,总结经验。第三部分国际报业融合创新案例对美国、韩国、俄罗斯等其他国家报业的融合创新实践进行了介绍和分析。第四部分热点观察对媒体融合创新的方方面面从不同角度切入,做出了深度剖析和探讨。

  我们非常希望能以这套丛书为起点,与业界精英和专家学者建立广泛而深入的合作,推动中国传媒的融合创新与历史转型,为行业发展提供高端智库服务。

  在此,对参与本书撰写的各位专家所付出的辛勤劳动和大力支持表示诚挚的谢意。

《中国报业融合创新研究》课题组

2018 年 2 月

目 录

总 报 告

中国报业融合创新现状、问题与趋势 ……………………………………（3）
  第一节 中国报业概况 ……………………………………………（3）
  第二节 中国报业融合创新的现状 ………………………………（9）
  第三节 中国报业融合创新的问题 ………………………………（22）
  第四节 中国报业融合创新趋势 …………………………………（26）

内容融合创新篇

第一章 以科技资讯库建设为突破口促进融合发展
  ——《科技日报》融合创新的实践与探索 ……………………（33）
  第一节 流程再造，推进媒体深度融合 …………………………（33）
  第二节 转变观念，让移动优先入脑入心 ………………………（35）
  第三节 重点策划，有效传播加强舆论引导 ……………………（38）
  第四节 依托融合，探索新型服务模式 …………………………（40）
第二章 北京青年报社媒体融合实践与思考 ……………………………（43）
  第一节 我们做了什么：《北京青年报》媒体融合的实践与发展现状 …（43）

第二节　我们收获了什么：品牌影响力的延伸和团队的自信 ……… (47)
　　第三节　我们的问题：好内容没有卖出好价钱 ………………… (49)

第三章　廊坊日报社的转型升级与融合创新实践 ………………… (51)
　　第一节　廊坊日报近年来发展概况 ……………………………… (51)
　　第二节　廊坊日报社的转型升级路径 …………………………… (53)
　　第三节　廊坊日报社的未来发展方向 …………………………… (58)

第四章　以"内容导向"促深度融合
　　　　——《大河报》媒体融合的探索 ………………………… (59)
　　第一节　《大河报》自身媒体融合背景 ………………………… (59)
　　第二节　重构内容，塑造主流地位 ……………………………… (60)
　　第三节　注重策划，打造刷屏精品 ……………………………… (61)
　　第四节　分众传播，打造垂直平台 ……………………………… (62)
　　第五节　主动融入，形成传播合力 ……………………………… (64)
　　第六节　融媒支撑，力促人才转型 ……………………………… (65)
　　第七节　《大河报》融合转型问题与展望 ……………………… (66)

渠道融合创新篇

第五章　融合、创新、发展：光明日报报业集团媒体融合的新探索 …… (71)
　　第一节　光明日报报业集团基本情况 …………………………… (71)
　　第二节　光明日报报业集团的融合创新实践 …………………… (72)
　　第三节　光明日报报业集团媒体融合的创新特点 ……………… (78)
　　第四节　报业集团深化融合创新的路径方法 …………………… (79)

第六章　陕西华商传媒集团的数字化与媒介融合战略 …………… (81)
　　第一节　华商传媒——致力于都市报数字化转型和媒介融合的
　　　　　　积极探索 ……………………………………………… (81)
　　第二节　华商传媒的渠道融合——立体传播格局的形成 ……… (82)

第三节　华商传媒集团开拓全媒体版图的战略分析 …………………（86）

第七章　广西日报传媒集团媒介融合创新研究 ……………………………（90）
第一节　广西日报传媒集团的发展概况 …………………………（90）
第二节　广西日报传媒集团媒介融合创新的举措 ………………（91）
第三节　广西日报传媒集团媒介融合创新的展望 ………………（97）

平台融合创新篇

第八章　人民日报"中央厨房"
　　——打造媒体融合模板　搭建行业生态平台 ………………（101）
第一节　开启融合发展新征程 ……………………………………（101）
第二节　构建三大平台，打造融合发展新模式 …………………（102）
第三节　启动融媒体工作室计划，构建内容生产新机制 ………（103）
第四节　搭建资源共享新平台 ……………………………………（104）

第九章　浙江日报报业集团平台融合创新研究 ……………………（107）
第一节　浙江日报报业集团发展历程及其平台融合创新的现状 …（107）
第二节　从浙报集团看我国报业平台融合特点与规律 …………（112）
第三节　从浙报集团看我国报业平台融合发展趋势 ……………（115）
第四节　浙报平台融合创新发展的借鉴与启示 …………………（118）

第十章　融创与交汇：江苏新华报业集团平台融合的实践与思考 ………（124）
第一节　江苏新华报业传媒集团简介 ……………………………（124）
第二节　江苏新华报业传媒集团平台融合实践 …………………（125）
第三节　江苏新华报业传媒集团平台融合现存问题 ……………（129）
第四节　江苏新华报业传媒集团平台融合特点 …………………（131）
第五节　新华报业集团平台融合的启示 …………………………（133）

第十一章　成都传媒集团平台融合创新探析 ………………………（135）
第一节　成都传媒集团基本情况 …………………………………（135）

第二节　平台融合创新实例概述 …………………………………… (136)

第三节　《成都商报》和《每日经济新闻》新媒体平台的特点及
　　　　存在的问题 ………………………………………………… (142)

第四节　成都传媒集团进一步深化媒体平台融合创新的
　　　　路径与方法 ………………………………………………… (143)

第十二章　南方报业传媒集团融合发展走出新路径 …………………… (146)

第一节　集团背景与新媒体战略 ………………………………… (146)

第二节　"报网端微全覆盖",主题宣传的排头兵 ……………… (147)

第三节　"中央厨房"2.0进一步完善采编联动机制 …………… (149)

第四节　"南方+"强势来袭与新媒体技术深度融合 …………… (151)

第五节　全面转型打造"传媒+"稳居亚洲品牌500强 ………… (153)

产品融合创新篇

第十三章　澎湃新闻：传统媒体转战社交媒体的标杆 ………………… (159)

第一节　澎湃新闻的诞生背景 …………………………………… (159)

第二节　澎湃新闻的战略部署 …………………………………… (161)

第三节　澎湃新闻面临的挑战 …………………………………… (166)

第十四章　基于产品创新的媒体深度融合发展路径及成果研究
　　　　——以华西都市报"封面新闻"融合发展为例 …………… (169)

第一节　媒体融合发展现状 ……………………………………… (169)

第二节　华西都市报"封面新闻"融合发展探析 ………………… (171)

第三节　社会效益和经济效益的评估 …………………………… (175)

第四节　媒体融合发展未来趋势 ………………………………… (178)

第十五章　从衡阳日报社创新实践看地市报融合发展路径 …………… (181)

第一节　"六个转型"引领改革,构筑1+3+N的融合格局 …… (181)

第二节　扶持《掌上衡阳》,使之成为融合发展"领头雁" ……… (182)

第三节　重大报道直播先行，打造全媒体多元播报模式……………(184)
第四节　依托1+3+N，行业工作室从经营广告向经营行业
　　　　转变………………………………………………………(186)
第五节　"淘宝直播"引领，项目创收新机制初步形成……………(187)

经营管理融合创新篇

第十六章　大众报业集团：实行全媒全案营销　开辟经营转型的
　　　　　大众路径………………………………………………(191)
　　第一节　适应媒体形态重大变革，加快报业经营方式创新………(191)
　　第二节　大众日报对接党报转变转型　抓住全媒全案营销这个
　　　　　　"牛鼻子"……………………………………………(193)
　　第三节　齐鲁晚报以房产为突破口　全媒全案营销深化再升级……(196)
　　第四节　半岛都市报全媒全案营销转型　带动广告逆势增长……(198)
　　第五节　"互联网+行动、+产品、+平台营销"大众网在融合中
　　　　　　发展壮大……………………………………………(201)
第十七章　以融合为翅膀实现转型的腾飞
　　　　　——萧山日报媒体融合和报业转型的实践探索……………(205)
　　第一节　围绕用户思维，让内容产品创造最大价值………………(205)
　　第二节　以人的融合为核心，实现1+1>2的传播效果……………(207)
　　第三节　探索融合经营模式，助推多元产业二次发展……………(210)
　　第四节　推行深度改革，为融合转型提供体制机制保障…………(212)
第十八章　重庆日报报业集团媒体转型进程中的探索与实践…………(216)
　　第一节　创新技术手段，与国内一流技术企业合作………………(216)
　　第一节　创新传播平台，新闻传播能力进一步提升………………(218)
　　第二节　创新内容呈现形式，舆论引导力进一步扩大……………(219)
　　第三节　创新经营理念，集团综合实力进一步壮大………………(219)

第四节　创新集团管理，融合发展信心进一步增强 …………… (220)

第五节　下一步集团工作思路 ……………………………………… (221)

第十九章　贵州日报报业集团融合创新实践 ……………………… (223)

第一节　纸媒改版全新上市 ………………………………………… (223)

第二节　多元平台立体呈现 ………………………………………… (226)

第三节　跨界整合多元发展 ………………………………………… (228)

第四节　媒体融合创新特点与思考 ………………………………… (230)

国际报业融合创新篇

第二十章　美国报业融合创新研究报告 …………………………… (237)

第一节　美国报业发展现状 ………………………………………… (238)

第二节　美国报业融合创新实践 …………………………………… (242)

第三节　美国报业融合创新发展趋势 ……………………………… (245)

第二十一章　韩国新闻媒体的创新 ………………………………… (249)

第一节　韩国新闻媒体产业的现状 ………………………………… (249)

第二节　新闻产业主要热点及发展趋势 …………………………… (254)

第三节　韩国新闻媒体产业融合创新案例 ………………………… (258)

第二十二章　俄罗斯大众传媒融合发展情况报告 ………………… (261)

第一节　大型跨国传媒集团的融合发展情况 ……………………… (263)

第二节　俄罗斯本土出版机构的融合发展情况 …………………… (268)

年度热点观察篇

第二十三章　融合中的中国传媒业 ………………………………… (275)

第一节　党报、党刊得益于政策等红利而逆势飞扬 ……………… (275)

第二节	供给侧改革积极推进	(277)
第三节	中央厨房处处"冒烟"	(281)
第四节	出现了一些现象级传播产品，但却缺乏用户沉淀	(284)
第五节	特殊管理股开始试点	(285)
第六节	广东传媒业改革再出发	(287)
第七节	资本运作方式多元化，积极布局大数据产业	(288)
第八节	国家强化互联网媒体监管，力图实现线上线下同一尺度	(290)
第九节	中宣部等部门推动广电网络大整合	(292)
第十节	体制改革在个案上取得一定突破	(293)
第二十四章	**三维度将大数据融入传统报业**	**(294)**
第一节	大数据发展趋势决定媒体发展的泛互联网化维度：大数据新闻	(295)
第二节	大数据发展趋势决定媒体发展的媒体行业垂直整合维度：大数据媒体案例库	(297)
第三节	大数据发展趋势决定媒体发展的新闻大数据技术平台维度	(300)
第二十五章	**从单向度融合到多层次融合**	
	——基于2017年媒介融合盘点	(303)
第一节	2017年媒介融合的新特点：以技术导向的立体化融合模式凸显	(303)
第二节	行业融合："传媒＋延伸产业"的跨界融合模式是大势所趋	(307)
第三节	未来媒体视域下媒介融合的做点及路线图	(310)
第二十六章	**咪咕阅读承担社会责任，践行"三全三者"企业使命**	**(312)**
第一节	践行"三全三者"企业使命，引领产业规模发展	(312)
第二节	打造丰富产品体系，联合亚马逊推出电纸书	(313)
第三节	承担企业社会责任，推进书香城市建设	(315)

第二十七章　浅议微信小程序 (316)

第一节　小程序发展历程 (316)
第二节　微信小程序的价值 (317)
第三节　微信小程序面临的挑战 (318)
第四节　微信小程序愿景 (318)

参考文献 (320)

总　报　告

中国报业融合创新现状、问题与趋势

黄晓新　刘建华　卢剑锋[①]

第一节　中国报业概况

一、发行数量

2016年，全国共出版报纸390.07亿份，较2015年降低9.31%，占全国出版图书、期刊、报纸、音像制品和电子出版物总量的76.03%。2016年全国共出版报纸1 894种，平均期印数19 494.94万份，每种平均期印数10.29万份，总印数390.07亿份，总印张1 267.27亿印张，折合用纸量291.48万吨，定价总金额408.20亿元。与2015年相比，种数下降0.63%，平均期印数下降7.03%，总印数下降9.31%，总印张下降18.50%，定价总金额下降6.00%。其中，按照报纸级别划分，全国性报纸217种，占报纸总品种11.46%；省级报纸780种，占41.18%；地、市级报纸878种，占报纸总品种46.36%；县级报纸19种，占报纸总品种1.00%。按纸种类划分，综合报纸850种，占报纸总品种44.88%；专业报纸700种，占36.96%；生活服务报纸214种，占11.30%；读者对象报纸107种，占5.65%；文摘报纸23种，占1.21%。截至2016年年底，全国共有出版社584家，2016年共出版期刊10 084种。[②]

[①] 黄晓新，中国新闻出版研究院党委书记、副院长；刘建华，中国新闻出版研究院传媒研究所执行所长、研究员；卢剑锋，中国新闻出版研究院助理研究员。

[②] 国家新闻出版广电总局规划发展司编.2017中国新闻出版统计资料汇编［M］.北京：中国书籍出版社，2017.

再来看看2013年的这组数据，2013年，全国共出版报纸1 915种，平均期印数23 695.77万份，总印数482.41亿份，总印张2 097.84亿印张，折合用纸量482.50万吨，定价总金额440.36亿元。其中，按照报纸级别划分，全国性报纸219种，占报纸总品种11.44%；省级报纸799种，占41.72%；地、市级报纸878种，占报纸总品种45.85%；县级报纸19种，占报纸总品种0.99%。按报纸种类划分，综合报纸821种，占报纸总品种42.87%；专业报纸1 094种，占57.13%。截至2013年年底，全国共有出版社582家，2013年共出版期刊9 877种。①

从以上数据可以看出，相较于2013年，2016年报纸减少了21种，出版社增加了2家，期刊增加了207种，在融合创新的数字时代，作为同样的传统纸质媒体，图书出版机构数量基本稳定，期刊增加了200多种，报纸反而减少了21家。在新媒体强势挑战和市场环境剧烈变化的背景下，报纸在传统媒体中的及时迅速、信息选择和集纳等优势被新媒体的即时、海量、动态所取代，因此受到的冲击最大；而出版社出版的图书具有知识传承和文化意义，因此载体来源几乎没有变化；期刊对受众的清晰界定和内容的深度分析也是新媒体所难以取代的，甚至可以说是在这个海量信息纷繁冗杂、良莠不齐的时代所更加需要的，所以不减反增。

公开报道显示，大众报业集团2014年利润总额从2013年的7.35亿元降到3.22亿元，降幅为56%。2013年南方报业集团利润总额为1.29亿元，2014年下降至8 650万元，同比下降37%，其中政府还补贴1.26亿元。央视市场研究报告也称，自从2012年报纸广告由增长转下降后，跌幅每年都在增强，2014年降幅由上年的8.1%扩大到18.3%；在2014年，报纸广告资源量（意指报纸广告占版面积）下降了20.9%。因此，2014年成为中国传媒业走向媒介融合之路的关键节点。为了应对新媒体的冲击和传统媒体市场环境的变化，也为了让传统主流媒体重拾主流话语权和舆论引导力，2014年8月18日，中央正式出台《关于推动传统媒体和新兴媒体融合发展的指导意见》，媒体融合正式上升为国家战略。

---

① 国家新闻出版广电总局规划发展司编.2014中国新闻出版统计资料汇编［M］.北京：中国书籍出版社，2014.

事实上报业的颓势不仅出现在我国，在发达国家也早已凸显。2009年，有百年历史的《基督教科学箴言报》因严重亏损，停掉纸质版；2010年，《西雅图邮报》也出版了最后一期报纸，转型成为网络媒体。美国甚至有媒体不发行报纸，直接成为网络媒体，例如《赫芬顿邮报》。2016年3月26日，英国历史悠久的《独立报》出版了最后一期报纸，并宣告纸质版停刊，全面转向数字媒体。我国从2014到2017年初，也有多家报纸宣布停刊或休刊。

2014年1月1日，创刊于1999年的原解放日报报业集团旗下的一份新锐都市类晚报《新闻晚报》正式休刊，它是上海报业集团成立以后，旗下第一张休刊的报纸。2014年5月1日，上海文广集团主管主办的早晨出版的主流日报《天天新报》休刊。2014年5月21日，《中国包装报》宣布停刊。由于近几年连年亏损，总公司决定放弃《中国包装报》的经营权，将其转给了计生委，因此现在的《中国包装报》变更为《中国家庭报》。2014年8月1日，创刊于2001年1月2日的上海报业集团旗下的《房地产时报》休刊。2014年11月27日，创刊于2010年的《北方新报·包头版》在头版右下角刊登了一则停刊公告，宣布于2015年1月起实行停刊整顿；这是由内蒙古日报传媒集团主办，北方新报社出版，在包头地区公开发行的都市报。

2015年1月1日，河北日报报业集团旗下于1983年创刊的《杂文报》停刊，其曾是中国唯一的杂文专业报纸，内容针砭时弊，其文章和漫画曾被美国旧金山《时代报》转载推荐。2015年2月15日，榆林日报社于2011年4月1日创刊《榆林日报·都市生活报版》停刊。2015年7月1日，云南省残疾人联合会主办的《生活新报》停刊，其是1998年11月由原来的《残疾人导报》更名设立的。2015年7月12日，创刊于1959年10月5日的香港英皇集团《新报》停刊。2015年9月18日，上海壹周文化传媒有限公司向各印刷厂和负责人发布休刊通知，《上海壹周》于11月份起休刊。创办于2000年的《上海壹周》由上海文艺出版总社主办，由机关报《上海文化报》改版而成，以"优质优雅的都市生活，时尚实用的多维指南"为办报理念，曾在上海有着非常大的影响力。2015年9月21日，于2011年6月6日创办的湖南日报报业集团《长株潭报》停刊。2015年10月1日，创刊于1985年10月3日由中共上海市委财贸工作委员会主办的《上海商报》停刊。

2016年1月1日，浙江日报报业集团旗下的《今日早报》和《都市周报》

同时停刊，保留其微博、微信公号等新媒体矩阵，转战线上，两报分别创刊于 2000 年 10 月 8 日和 2007 年 4 月 12 日。同一天，九江日报社创刊于 2010 年 10 月 11 日的都市类综合报纸《九江晨报》停止发行纸质版，但其官方微博、微信公众号及 APP 继续运营，转战新媒体平台。也是同一天，创刊 34 年的《河南电力报》休刊。2016 年 1 月 15 日，《战旗报》《战友报》《战士报》《前卫报》《前进报》《人民前线》《人民军队》七大军区党委机关报宣告正式停刊。2016 年 4 月 1 日，创刊于 1999 年 3 月 14 日的香港东方报业集团旗下繁体中文报章之一《太阳报》停刊。2016 年 7 月 4 日起《鹰潭日报》旗下《赣东都市报》正式休刊。2016 年 8 月 31 日，于 2005 年 5 月 1 日创刊的新闻消费类现代都市报《时代商报》停刊。2016 年 9 月 1 日起，辽宁《时代商报》休刊。2016 年 9 月 27 日，创刊于 1949 年 6 月的河南省唯一以青年为主要读者对象的综合性报纸《河南青年报》停刊。2016 年 12 月 28 日，创刊于 2002 年 6 月 6 日的《国际先驱导报》宣布停刊，其依托新华社建立了遍及全球的新闻采集网络。

2017 年，曾经风行一时且较有影响力的《京华时报》和《东方早报》的停刊轰动业界。2016 年 12 月 29 日，《京华时报》宣布于 2017 年 1 月 1 日休刊，同时保留和发展新媒体业务。《京华时报》是创刊于 2001 年 5 月 28 日的新闻类综合性都市日报，由人民日报社主管主办，2011 年 9 月 2 日改为由中共北京市委宣传部主管主办，辉煌时期曾经占据北京早报市场的半壁江山，甚至曾稳居北京早报市场 70% 以上的份额。2016 年末，由前上海文汇新民联合报业集团创刊于 2003 年 7 月 7 日的《东方早报》也宣布于 2017 年 1 月 1 日停刊，报社所有员工都转入上海报业集团澎湃新闻网。

二、读者结构

2016 年，伴随互联网成长的"80 后"和"90 后"成为主要消费群体，他们的生活与互联网密不可分，用手机看新闻、聊天，用平板电脑看视频、看影视剧的生活方式已经成为习惯，在线视频市场规模也已经超过电影。互联网技术的发展和新兴媒体的日新月异，导致了受众阅读习惯和媒介接触行为的巨大改变，因此，传统报业面临市场严重下滑的窘境。根据 2017 年 4 月中国新闻出版研究院发布的第十四次全国国民阅读调查报告显示，2016 年，我国成年国民报纸阅读率为39.7%，比2015年的45.7%下降了6.0个百分点，同时与2015年相比，对纸质报刊的阅读量和接触时长持续下滑。而与此相对应的是，成年国民手机阅读接触率连续八年增长，2016年达到66.1%；成年国民日均手机接触时长连续八年增长，2016年达74.40分钟。不仅是年轻一代，老年人的报纸阅读率也在下降，据中国互联网络信息中心（CNNIC）的调查数据，2016年互联网新增网民中19岁以下和40岁以上的人数增加幅度最大，这说明，老年受众群体也开始逐渐接受互联网阅读方式。纸质报纸读者市场面临严峻挑战，转型迫在眉睫。

三、经营状况

2016年，报纸市场的"断崖式"下降趋势还在继续，也是连续下降五年来降幅最大的一年。广告是报纸的主要收入来源，2016年，报纸广告整体持续大幅度下降，其中，都市报广告又是受新媒体影响最大的。根据中国广告协会报刊分会和央视市场研究（CTR）的数据，2012—2016年中国报业广告刊登额的降幅分别是7.3%、8.1%、18.3%、35.4%和38.7%。2016年的报纸广告市场规模不足六年前的三成，与2011年比较，2016年的降幅已达到72%。根据CTR的统计数据，报纸广告市场广告刊登额降幅高达38.7%，广告资源量下降40.7%。其中市场化报纸的降幅更大，党政类报刊在政府资助下逆势小幅增长。[1]

从2016年中国报纸发行市场来看，2016年，市场化报纸发行量大幅下滑，党报行业报"稳中有升"。从近年全国各类报纸零售总量看，都市报的下滑幅度最大，2015年都市报零售发行下降幅度达到峰值50.8%，许多报刊亭因为零售额大幅下降，利润降低而无法维持经营。从2012年起，报纸订阅量就呈现加速下降的趋势，2015年的订阅率下降幅度超过50%，读者流失情况严重。2016年，市场化报纸的发行继续下滑，但党报和部分行业报得到国家政策扶持，发行量稳中有升。有采取政府全额订阅方式的，如《内蒙古日报》《吉林日报》等；有地方政府财政支持加大订阅量的，如四川省提供资金帮助《四川

---

[1] 崔保国主编. 中国传媒产业发展报告（2017）[M]. 北京：社会科学文献出版社，2017：15，148.

日报》2015 年订阅量增加了 10%；有采取财政支持党报经营活动的，如河北省 2016 年财政划拨 1.88 亿元支持《河北日报》扩大发行等。①

2016 年，政府开始动用财政资金支持报业发展，以巩固主流报媒作为新闻舆论主阵地的重要地位和作用。广州日报报业集团收到市财政局 3.5 亿元的财政专项资金，深圳报业集团得到连续 6 年、每年 1 亿元的财政资助。《羊城晚报》《文汇报》《南方日报》《解放日报》等，也得到政府财政各种形式的补贴。②

需要强调的是，报纸广告的下滑并非仅仅是由新媒体竞争、报纸媒介竞争力下降和受众媒介接触习惯的变化所导致的，整个宏观经济环境的变化也是主要原因，如房地产、汽车等报纸主要广告商市场的低迷、实体商业萎靡和大量实体店铺关张破产以及电子商务的蓬勃兴起等都是原因。③

四、运作模式

2016 年，报业广告收入和发行收入大幅下降，随着报业经营环境的持续恶化，很多报纸开始减少版面或出版期数，缩减发行量，相关内容用新媒体传播来取代，这样可以直接减少出版成本，缓解经营困境。同时，这也会使得报纸的原有人员过剩，所以转到新媒体部门或者裁员的情况，也不时发生。2016 年 2 月 16 日《东南快报》在头版宣布刊期由日报改为周五报，即周一到周五出版，周六、周日休刊。自 2016 年 2 月 20 日起，《晶报》试行双休日出合刊，周日内容随周六出版，法定节假日期间主要通过晶网、"晶报"新浪微博、"晶报"微信公众号发布新闻。2016 年 11 月 15 日，《中国青年报》在头版刊出题为《初心不改 触手可及》的文章，表示 2017 年《中国青年报》全新改版，周六、周日不再出版纸质报纸，而是将内容转移到新闻客户端上。④

当前，报业在新媒体领域已经发展成微博、微信、客户端的"两微一端"的标配模式，并且这些新媒体的用户数量远超过报纸的读者数量，既继承了报

---

① 中国报业 2016 发展报告呈现出报业"断崖式"经营下滑 [EB/OL]. 新华网，http://www.xmtnews.com/p/3405.html.
② 崔保国主编. 中国传媒产业发展报告（2017）[M]. 北京：社会科学文献出版社，2017：149.
③ 参考《中国记者》杂志值班主编、传媒经济学博士、清华大学传媒经济与管理研究中心研究员陈国权编写的《中国报业 2016 发展报告》。
④ 王卫明，徐玲玲. 2016 年报纸的创新与遗憾 [J]. 青年记者，2016，(12).

纸原有的公信力和引导力，也具备了一定的传播力和影响力，因此成为报业发展的重心。但是，目前发展得比较好的"两微一端"都属于中央媒体或较有实力的地方报业集团，发展状况很不平衡。

报业一方面在内容和产品、渠道和平台上积极探索与新媒体的创新融合；另一方面，在经营管理上开展跨界经营、多元化经营，创新经营思路，并与新媒体结合起来进行多元化经营转型。一些报业集团很早就开始了在电商、房地产、旅游、会展、酒店、文化产业、物流等领域的多元化经营，如大众报业集团、浙江日报报业集团等很早就看到了这片蓝海，并通过多元化经营逐渐让集团发展壮大。随着互联网的发展和新旧媒体的深度融合，2016年，多元化经营与新媒体链接，开始线上线下结合，已成为报业产业融合创新的重要组成部分和主要发展方向。

第二节　中国报业融合创新的现状

经历了2014年"顶层设计"、2015年"媒介融合"和2016年的"深化探索"，当前中国报业融合发展呈现出百花齐放、气象万千的态势。内容生产方面，"两会"期间、党的十九大期间的报业融媒体产品竞相涌现，"现象级"传播层出不穷；平台建设方面，《人民日报》、《光明日报》等主流媒体，开发建设的"中央厨房"、数据服务、人工智能等工程取得阶段性成效；技术创新方面，传统主流报纸紧盯移动技术前沿，顺应移动传播规律，加强视频业务建设，积极打造直播产品，着力把新技术运用到实际新闻报道工作中。移动直播、H5应用等技术在采编制作环节普遍采用，机器人写稿、无人机采集、虚拟现实等技术从无到有，推出了更多互动新闻、个性化新闻、可视化新闻等，不断挖掘和释放出移动媒体的发展潜力。

一、报业纷纷打造以"中央厨房"等为代表的融媒体中心，并将其作为媒体融合的龙头工程

2017年1月5日，中共中央政治局委员、中央书记处书记、中宣部部长刘

奇葆在推进媒体深度融合工作座谈会上的讲话中指出："中央厨房"就是融媒体中心，推进媒体深度融合，"中央厨房"是标配、是龙头工程，一定要建好用好。这个讲话掀起了各类媒体包括报业"中央厨房"建设的浪潮。

事实上，"中央厨房"的建设由来已久，如《广州日报》于2014年12月1日起成立的中央编辑部其实就是"中央厨房"的雏形，现在很多报纸或报业集团成立的"中央厨房"叫法也不尽相同，如光明日报报业集团的"融媒体中心"、中国青年报的"融媒小厨"、新京报的"全媒体移动采编平台"、郑州报业集团的"新闻超市"等，但"中央厨房"无论以何种名称存在，无论以什么样的物理空间呈现，其实质是一种制度，目的是重构采编发网络、再造采编发流程，从而倒逼生产流程、组织架构、业绩考核、盈利模式等的深度转型，推动体制机制等的不断完善。笔者在实地调研中了解到，浙江日报报业集团的的中央厨房——媒立方系统已实现了常态化使用，在浙报传媒大厦22层有一个专门的中央厨房控制室，也是每天"一日三会"举行的地方，左右两边的座位环形围绕在显示屏周围，是采编人员和设计人员值班的地方。这个中央厨房控制室中央是一个演示大屏和一个操作小屏，大屏可显示当日新闻的所有动态，如今日热点新闻TOP10、今日本报记者上传所有素材、所有选题、已用的选题和在编辑的稿件，等等；还可以切换大屏内容，转为新媒体云服务平台业务监控，可实时监控微信粉丝数、不同微信公号粉丝动态、云平台用户数变化趋势图、互动活动动态、活动参与人数趋势图，以及在地图上清晰显示不同地域用户的浏览情况，等等。这个中央厨房以媒立方技术平台为主要支撑，而这个媒立方的常态化使用直接倒逼了集团组织架构、采编发流程以及内容生产体制机制和考核机制的改革和优化，推动形成了"一次采集、多种产品、多媒体传播"的工作格局。集团将原浙江在线新闻中心、浙江新闻客户端编辑团队与浙江日报采编部门合并，以"大编辑中心＋垂直采编部门"模式成立"一中心八个部"。全媒体编辑中心包括纸媒的夜班编辑部和把网站和APP融合一体的数字编辑部，八个全媒体新闻部负责报纸、网站、客户端、微信微博、视频直播多端新闻产品的采集、编辑、分发，这次一体化深度融合共涉及323人的岗位调整。不仅如此，集团按照"中央厨房"的功能定位，进一步建立完善工作机制，细化一系列配套措施，确保改造后的采编流程和策采编发网络紧密结合、无缝衔接。设立全媒体指挥监测中心，统筹调度采编资源，通过每日早会、午会、晚会三会统一指挥配置报、网、端、微采编资源，采编早会分析研判当日新闻线索，布置采访选题；采编午会汇总采访进展情况，确定重点选题；采编晚会研判稿件质量，确定版面安排。这样的工作机制，有效保证了指挥运行忙而不乱、高效有序。在2017年全国"两会"期间，浙报集团深度融合、联合发力，集中展示了全媒体深度融合的立体化传播效果。2017年3月4日至15日，浙江日报每日至少刊发8个专版，钱江晚报日均刊发6个版。浙江在线发布1 000篇稿件，总点击量800多万。浙江新闻客户端共发布1 559篇相关报道，总点击量达3 800万。加上微博、微信等转发转载，移动端稿件总点击量超5 200万。

二、大部分报社或报业集团不断完善融合背景下的人才引进、培养、考核和激励机制

媒体的发展关键要靠人才，培养适应媒体融合发展的全媒体人才、新媒体内容生产人才、技术研发人才、资本运作人才、经营管理人才已成为业界共识。当前，传统报业非常注重培养和引进新媒体技术人才和复合型人才，尤其是既懂传统媒体又懂新媒体，懂数字技术又懂融合运营管理的跨界复合型人才；同时，建立自上而下的培训和学习体系，培养新型媒体人才队伍，来适应当前媒体发展需求。除此之外，建立统一科学的绩效考核机制，完善创新激励和项目孵化等机制，培育和激发员工创业创新意识，用机制来倒逼人才自我成长、提升其终身学习的意识和动力才是培养人才的根本。

浙报集团在创新人才机制上始终不遗余力。笔者在调研过程中了解到，浙报集团前几年以岗位薪酬管理为目标着力深化人事和分配制度改革，打破事业企业身份界限，实现了同岗同酬。近两年，在此基础上积极探索接轨互联网企业的管理新模式，即P序列岗位管理和KPI考核，制订了《互联网技术人员管理办法（试行）》和《实行P序列岗位管理细则》，并在新媒体和技术部门试行。2016年1月起，管理范围逐步向地方分社、浙江日报、共产党员杂志等单位覆盖，实践证明能够大大激发创造力和生产力，因此计划逐步在集团全面推开。P序列岗位管理的核心是按能力业绩定岗定薪，量化绩效指标考核，由原先的岗位管理变为能力评价管理，通过分类定义岗位、确定岗位任职资格模型、制定与市场接轨的薪酬标准、推行目标明确的KPI考核办法，实现岗位层

级能升能降、薪资能高能低、人员能进能出。同时，配套实行 KPI（关键绩效指标）考核，部门为每个人员设定合理的、可量化的工作目标，按季度和年度进行阶段性考核评级，考核结果与薪酬、晋升、淘汰挂钩，形成以绩效为导向的评价体系。据先行实施 P 序列岗位管理的 5 个技术部门统计分析，两年多来，有 20% 的职工岗位等级得到提升，30% 的职工薪酬得到提升。同时，出台新媒体创新孵化管理办法等系列制度，通过新媒体孵化基地和中国新媒体创业大赛等形式积极鼓励采编人员参与新媒体创新。每年按营业收入 2% 提取专项研发经费，投入新媒体产品及技术研发。目前为止三年多来，投入孵化资金超过 2 000 万元，扶持 21 个项目，集团 300 多名采编人员参与到这些孵化项目中来，多个项目在孵化期间迎来了用户增长井喷，目标用户总数 90 万，实际完成 225 万，平均用户增长达到 350%。集团还遵循互联网传播规律，自主研发以用户为核心的传播力指数考核评价体系，包括用户规模、活跃度、10 万 + 阅读数、竞品排序等内容，从阅读指标、互动指标、转载指标三个维度，为新闻产品传播效果评估和绩效考核提供明确量化指标，以精准数据评价有效解决了传统媒体绩效考核的模糊性问题，大大促进了新闻原创能力、精品生产能力、产品运营能力、用户凝聚能力的全面提升。

部分报业集团或报社开始探索核心团队和公司骨干持股来创新人才激励机制。上海报业集团旗下的澎湃新闻是集团在成立之后推出的现象级产品，其在人才激励机制上进行了大胆创新。"澎湃新闻"参照网络创业公司管理模式，实行核心团队集资持股，集资持股既是一种激励机制，也是一种风险与责任的绑定机制，极大地提高了团队的积极性。再如萧山日报资本公司成立之后，成为报社首家团队持股的公司，项目负责人和公司骨干员工持股 12.5%，萧报传媒持股 37.5%，投资公司持股 50%，以期进一步与市场接轨，激发出新的发展活力。该公司主要负责报社的财经广告代理、银行保险企业相关产品的策划代理、信贷基金代理、社会小额贷款等业务。

三、以资本运作和市场化手段助力媒体融合深入发展

媒介融合已经从内容融合、渠道融合、平台融合的状态进入媒体与资本相互融合共生的高级阶段，资本的参与可以积极整合各方资源，促进传统报业在媒体融合上做强做大做优，这是积极顺应传媒出版产业发展规律的重要趋势。

从前几年的挂牌上市，到如今与资本公司合作，以基金、金融投资、融资并购等为手段，建立媒体融合的投融资机制，报业纷纷通过资本运作创新媒体融合的空间。2016年2月2日，重庆日报报业集团旗下的重庆晨报传媒有限公司举行增资扩股签约仪式，重庆文化产业投资集团有限公司向重庆晨报移动客户端上游新闻注资6 000万元，推动媒体融合转型升级。广东省政府和广东报业也在资本运作方面动作频频。2016年3月27日，由广东南方报业传媒集团有限公司、广东羊城报业传媒集团有限公司、广东南方广播影视传媒集团有限公司、广东省出版集团有限公司等省直4家传媒出版企业和海通创意资本管理有限公司、中赛信合（北京）投资管理有限公司等金融机构共同发起设立的广东省首支媒体融合投资基金——广东南方媒体融合发展投资基金在广州成立。该基金吸引社会资本加入，总规模100亿元，重点支持广东传媒出版企业转型升级和媒体融合重大项目，"传媒+金融"的产业运作模式将不断为传统媒体的转型升级和融合发展提供助力。同年7月19日，由广东省委宣传部、省财政厅联合发起设立的政府投资基金——广东省新媒体产业基金正式揭牌。该基金重点支持广东省国有媒体企业新媒体发展项目、媒体融合发展重点基础性项目、传统媒体产业转型升级重点项目、国有文化企业的重组改制等。该基金由省财政出资10亿元引导，吸引金融机构等社会资金参与，募集目标规模100亿元以上。

在媒体融合方面走在前列的上海报业集团在资本融合方面自然也不逊色。2016年12月28日，上海6家国有独资或全资企业对澎湃新闻网运营主体——上海东方报业有限公司战略入股，增资总额为6.1亿元，增资完成后，上海报业集团对东方报业公司的持股比例由100%变更为82.2%。进入新媒体或是新领域，资金问题是首先要解决的，报业集团不能仅仅把目光盯在体制内、预算内的钱，而要敢于创新机制做新的事情。"界面"就是上海报业集团与金融资本、企业资本等合作建设的项目，上海报业集团以略超50%的比例控股，其他投资方包括国泰君安、海通证券、弘毅资本、小米、360等。

四、报业通过"内容+服务"提升媒体服务能力，通过强化服务性以实现运营创新

"内容+服务"不仅极大地提升了报业的媒体服务能力，而且可以优化和

延伸出更多的商业增值服务，为报业带来新的产业模式和盈利模式，已成为媒体融合时代报业运营创新的新蓝海。如广州日报移动新闻客户端除了要打造内容权威、资讯及时的掌上主流新闻门户之外，早已将服务民生、加强服务性放在了突出重要的地位，其与本地公共服务平台的功能对接，实现个税、医保、水电、挂号、违章查询等众多本地生活服务功能，并适当开展与线下商家的生活服务合作。这与整个广州日报报业集团的发展方向也一致，集团其他项目如"南风窗传媒智库"项目、"微社区 e 家通"项目、"广报汇"智慧城市综合服务平台等，都是广州日报报业集团提升媒体服务能力的重要举措。

2016 年 11 月 18 日，《光明日报》融媒体中心正式发布我国首款人工智能新闻信息服务平台"光明小明"，整合了目前最先进的人工智能、大数据分析和语音识别技术，在光明日报客户端、光明日报小明微信公众号提供文字和语音两种方式的对外服务。通过光明小明，用户可以查询各类新闻和各种生活服务信息，还可以查询机票、预定电影等。光明日报报业集团利用新兴的人工智能技术强化了媒体服务能力，既充分满足了受众在资讯、生活等多方面的需求，又创新了新闻传播形式，丰富了传统媒体的职能维度，利用媒体平台便利人民生活。

浙报集团是最早提出"新闻＋服务"战略的媒体之一，集团提供面向互联网用户的综合文化服务，以边锋浩方平台为基础，努力构建包括网络阅读、影视、动漫、游戏、视频和衍生产品等在内的完整的数字娱乐产业链；同时，集团以政务服务、媒体电商、区域生活门户、居家养老、网络医院、教育培训等项目为重点，进行垂直领域和区域性"新闻＋服务"平台化运营，形成线上线下有效互动。如《钱江晚报》发挥都市报特点，以互联网思维挖掘媒体平台价值，重点建设立足数据应用的城市生活综合服务体系；网络医院以打造全媒体健康资讯矩阵为重点，着力开发"智慧医疗""远程诊疗""健康管理"等新型服务业态；老年报打造独具特色的智慧型文化养老综合服务平台，在杭州、嘉兴、温州、衢州等地建设多个居家养老服务中心，形成了集政务服务、养老服务、浙商服务、网络医院、艺术产业等于一体的城市生活综合服务体系。此外，浙报集团全面承接浙江政务服务网系统集成和运营，积极推动新闻服务和政务服务深度融合，同时通过布局大数据产业链整合优质产业资源，致力打造国内先进的互联网数据中心和云计算服务平台，为政府、金融企业、中小型互联网公司、高校、传统互联网等提供数据增值服务。

萧山日报社围绕萧山区党委政府和区域老百姓打造新闻和垂直内容等免费产品和增值服务。围绕党委政府的中心工作发布新闻，并提供舆情监测、网络问政等定制化的政务服务。对区域老百姓构建本地以家庭单位为核心的用户服务平台，打造"线上+线下、平台+实体的社群融合生产力"，就是将特定行业或有共同兴趣爱好的读者和用户集聚到一起，打造教育、养生、养老、理财、公益、旅游、房产等线上社群，并针对每个板块或行业建立公司，"一行业一公司"为用户提供相应的产品和服务，实现精准用户营销。这一创新举措使萧山日报2016年的营业收入达到2.97亿元，实现利润2 950万元，而2003年利润仅为279万元。

五、以"两微一端"为标配打造全媒体传播矩阵

当前，大多数报社或报业集团拥有多个客户端和微博微信公号，旨在用不同的新媒体产品全面占领新媒体用户和融合产品市场。这一点，从以下这些数字可见一斑。很多报纸开通了多个微信公号，报纸微信公众号的数量也突飞猛进地增长：2014年7月25日，开通不到两年就达580万个；2015年底已突破1 000万，目前据估计已超过1 300万[1]。有学者对中央及各地有代表性的104份主流综合性日报（其中大部分来源于人民网研究院发布的《2015年中国媒体移动传播指数报告》中的"报纸移动传播百强榜"，剔除同一省份超过5家地市报纸中排名第6之后的报纸，以及专业化、行业化、非日报或个别非报纸，补充未上榜的15种省级党报和10种地方主流日报）进行调查统计时发现，上述报纸中只有西藏日报一家未开通微博官方账户，微博开通率近百分之百[2]。

而对于人力财力投入相对要大得多的客户端，各大报纸也不惜成本地加大建设力度。2016年新开通的省级以上报业集团客户端，既有从无到有的，如2016年1月17日天津日报报业集团推出移动客户端"新闻117"，以及广西日报传媒集团的"广西日报"、河南日报报业集团的"大河"、甘肃日报报业集团的"神舟"、羊城晚报报业集团的"羊城派"、青海日报社的"中国藏族网

---

[1] 辜晓进，张鑫瑶，徐蔓.2016：中国报业"两微一端"战略新解读[J]. 新闻战线，2017，(1).
[2] 辜晓进，张鑫瑶，徐蔓.2016：中国报业"两微一端"战略新解读[J]. 新闻战线，2017，(1).

通"、福建日报报业集团的"新福建"等①；也有继续开通多个客户端的，如2016年3月28日深圳特区报新闻客户端"读特"正式上线，再如2016年10月19日，作为重庆日报报业集团新媒体矩阵的新成员，由重庆商报社与重庆晨报社携手打造的财经新闻客户端"上游财经"正式上线，以及安徽日报报业集团的"必闻"、江西日报传媒集团的"南昌ZAKER"等。

目前，重庆日报报业集团已拥有15报4刊13网5端、1个手机报、81个官方微信、25个官方微博。浙江日报报业集团拥有《浙江日报》《钱江晚报》《上虞日报》《浙商》《浙江老年报》《传媒评论》等以服务传统读者为目标的33家纸媒，和以服务互联网用户为目标的"三圈环流"新媒体矩阵。"三圈环流"即"核心圈""紧密圈""协同圈"。"核心圈"是以"浙江新闻"移动端、浙江在线新闻网站、浙江手机报和浙江视界等四大媒体为核心的党报，以发出主流声音、传播主流价值观为特征，是党和政府的喉舌、宣传和舆论阵地。"紧密圈"包括边锋浩方网络平台、腾讯大浙网、云端Pad客户端、钱报网及各县市区域门户等。"协同圈"包括微博、微信、APP等，目前，浙报集团已拥有300多个法人微博、微信公众号和APP组成的新媒体矩阵。

六、利用多种手段实现报纸与微博、微信、客户端等新媒体产品的协同传播

当前，报业已经意识到协同传播对深化媒体融合的重要意义，注重利用新媒体手段提升报纸质量，通过优化版面设计、增加数据新闻和图解新闻等手段来吸引读者，加强深度调查报道、权威观点评论和原创新闻，开始注重在生产传播、技术运用、运营管理、营销推广等方面报纸与新媒体的协同效应。通过研究新媒体传播特点，为了突出纸媒的传播优势，实现协同传播和优势互补，一些报纸特别对纸质版进行改版。如2016年1月6日，《株洲晚报》改版，突出了对重要新闻的深度报道，对普通新闻采用集纳版式刊发；同年4月26日，《齐鲁晚报》改版，纸质版主要刊登主流、权威、实用的深度新闻，把海量、即时、动态的信息交给新闻客户端等新媒体矩阵，可见《齐鲁晚报》充分意识到了内容协同传播的重要性，不仅如此，《齐鲁晚报》还充分考虑到互联网时

---

① 辜晓进，张鑫瑶，徐蔓. 2016：中国报业"两微一端"战略新解读 [J]. 新闻战线，2017，(1).

代读者的浏览习惯，特别加大了纸质版和网上图片新闻的权重；同年10月21日改版的《南方日报》恢复重点版，重新打造"时局·观察版"，增加深度报道的比重，同时增加广东新闻的版面，增强纸版新闻的深刻性和可读性①。2017年2月13日，《广州日报》和《晶报》同时在头版宣布改版，均提出要回归新闻本源，专注内容生产。《广州日报》强调此次改版聚力于"广州宣传""本地新闻""文化新闻"三个方面，回归专业；《晶报》重申内容为王，推出《纪念日》《数读》等新版，这都体现了纸媒对自身和新媒体优势的重新界定，回归新闻专业和内容生产，与新媒体互补共生。2017年3月27日，创刊九周年的《东莞时报》宣布改版，称绝大部分的版面和人力安排，放在做好东莞本地或与东莞相关的新闻及资讯上面，并致力于举办更多的活动，体现出报纸要在贴近性和互动性上发力。在报社改版致读者信中表示："今后，你将会发现，我们的很多内容，会先在微信上呈现。而你在微信上发表的观点，可能成为我们内容的一部分，呈现在第二天的报纸上。"这体现出《东莞日报》开始注重传统媒体和新媒体在内容生产上的协同，将新媒体上用户感兴趣的产品和内容深度挖掘呈现在纸质媒体上，将纸媒的内容生产更彻底地转为"用户导向"，这也是传统媒体与新媒体协同传播的一个方面。

不仅可以在报纸上精选精编和深度发掘新媒体内容，也可以在报纸上刊登客户端、微信等的新媒体二维码，方便用户分享与互动，让读者和用户的身份随时可以转化。如2016年5月4日，人民日报"中央厨房"的H5产品印成二维码登上了报纸纸质版的新闻头版。

协同传播在"两会""9.3阅兵"等重大事件报道中尤为凸显，网站滚动播报、微博微信同步直播并设置话题引起热议、视频节目跟踪报道、报纸深度解读，不同媒体、不同渠道、不同终端的协同合作呈现出立体化、多层次、多角度的全媒体专题报道，大大提高了传播力和影响力。

七、运用各种技术来创新内容生产方式和内容表达形式，打造报业媒体融合的新形式和新产品

技术是实现媒体融合的内在动力之一，报业充分重视对大数据技术、云计

---

① 王卫明，徐玲玲.2016年报纸的创新与遗憾[J].青年记者，2016，(12).

算技术、移动互联网等新媒体技术在内容生产建设过程中的应用，提高与新兴媒体的融合度，不断提升用户体验以扩大影响力。从最早的图文盘点、动图制作、短视频使用到后来的图解、数说、电子地图、动漫、图文直播、手机视频直播、H5 页面推出，全媒体的内容表达方式在持续不断地创新和完善。例如，上海报业集团旗下的澎湃新闻特别重视全媒体的内容生产方式，要求每一个记者、编辑都要具备全媒体的生产能力。所以，澎湃新闻的内容呈现凸显了其全媒体的生产方式，其内容产品不仅通过文字呈现，还有视频、动画、直播、VR，大量使用可视化数据新闻；除此之外，融合绘画、摄影、音频、视频、文字而开发的多媒体连环画 H5 产品，已经非常成熟。澎湃新闻内部已经分别组建了各领域的专业技术和策划团队，他们与新闻采编部门密切配合，不断推出新的融合产品。

2016 年 6 月 6 日，重庆晨报上游新闻 APP 客户端率先推出全国首个 VR 新闻频道，引入 VR 采编流程之后，记者通过地面轻巧的便携装备加高空全景 VR 设备，720 度无死角还原新闻现场。2016 年"两会"期间，光明日报、光明网推出了《两会新闻中心 360 度全景》和"全景看两会"两组专题作品，通过全景照片技术摄制，以 H5 页面技术推出，充分利用各种技术来还原真实现场，让受众感受会议现场，提升参与感和互动感。2016 年，《中国日报》实现世界首例人工智能视频采访。通过整合人工智能技术，采访真人而制作虚拟视像，可全天候、全方位回答全球受众的提问，成为世界上首家将人工智能技术融入新闻采访实务的媒体[1]。当前，H5 展示、VR、AR、全景摄像、人工智能、无人机航拍等新技术手段，不断创新新闻产品的种类和呈现形式，未来的产品竞争将更加激烈。

八、视频类产品成为报业与新媒体融合的发力对象

腾讯网总编辑王永治认为，或许下一代统治移动终端的将是视频类内容。新媒体带来了视觉传播时代，视频类产品深受广大媒体用户青睐，随着 5G 的到来，视频产品必将迎来发展的黄金时期。当前新媒体视频竞争者很多，但是优秀的原创视频却很少，报业已经意识到这一点，纷纷布局视频领域。广州日

---

[1] 王卫明，徐玲玲. 2016 年报纸的创新与遗憾 [J]. 青年记者，2016（12）.

报报业集团进一步发展音视频部，形成具有广州特色、侧重服务的精品视频栏目，在全媒体平台上展示广州日报新媒体成果。2016年6月22日，《云南信息报》新媒体影视中心成立，并与多家省内视频制作机构签约，布局视频领域的内容生产和传播。2016年10月23日，《南方周末》和灿星文化联合投资成立的广东南瓜视业文化传播有限公司，筹划推出一系列文化类和生活方式类的节目，《南方周末》正式涉足视频领域。

上海报业集团也一直跟随用户需求，对视频产品非常重视。2017年1月，澎湃视频频道上线，设立多个视频栏目并推出多场新闻视频直播。上海报业旗下另一重要新媒体产品"界面"也将利用B轮融资，组建一个超过50人的年轻的、充满激情的拍摄团队来做视频项目。浙江日报报业集团也充分意识到了视频内容火爆的发展趋势，专门组建全媒体视频影像部，以"视频标配化、直播常态化"为目标，打造视频内容生产的排头兵和专业队。部门成立以来已生产原创视频680条，日均原创10条，全网传播阅读量10万以上的有329条，总播放量达1.2亿次，单条最高播放量达到642万次。浙江新闻客户端推出的短视频《98秒看完2017年全国两会》，24小时内全网累计播放量超过300万次。

九、建立和充实自身的用户数据库，充分利用大数据技术打造新的融媒体产品和盈利模式

在大数据时代，数据已经成为和人、财、物同样重要的社会资源，通过对用户数据的分析和处理，既可以根据用户需求对原有产品进行更新和完善，重视用户反馈并不断优化用户体验；也可以根据得到的研究结果打造新的融合产品，进行内容的特色化、小众化生产，进而进行分众化、分渠道传播，满足用户的个性化需求。通过开发利用数据资源既可以更好地服务于传播目标和传播决策，实现更好的传播效果；也可以整合数据资源打造新的融媒体产品或数据服务，对报业突破现有传统业务瓶颈、丰富产品类型和服务内容、探索多样化盈利模式等具有重要作用，可推动报业融合深入发展。

浙报集团于2016年4月正式上线的"媒立方"系统，是融媒体智能化传播服务平台，它包括一个大数据平台和一个智能传播服务平台，可以实现全媒体、全流程、全天候新闻采编发布和传播效果监测，全媒体指挥监测中心实行

24小时实时反应，接受各类爆料及热点推送，通过抓取内容资源库中的资源，并通过大数据分析，提供实时舆情分析及反馈。大数据平台通过抓取内容资源库中的资源，对不同内容的产品根据不同的用户画像有针对性地进行传播，实现精准投放和个性化传播。智能传播服务平台包括资源中心、创作中心、策划中心，当新闻产品加工完成时，智能传播服务平台可以统一推送到网站、APP、微博、微信、数字报刊等多个端口，并根据用户喜好实现一次加工、多种生成、多元传播的全媒体传播体系。[①] 不仅如此，2016年3月，浙报集团旗下浙报数字文化集团股份有限公司牵头建设浙江大数据交易中心获浙江省政府批复同意，公司以自筹资金建设"浙江大数据交易中心"，定向增发募集资金19.5亿元人民币，建设"富春云互联网数据中心"，同时建设"大数据产业园"并设立"大数据产业基金"，目标是打造大数据交易中心、大数据产业基金、大数据产业园、大数据服务四位一体大数据产业生态圈，布局大数据产业链，旨在实现对数据的集聚、开发和应用，实现更有针对性的产品设计和服务，达到精准传播，并且促进数据资产转化，实践数据商业价值，建立数据融通的数据交易服务产业生态圈。

澎湃新闻也意识到了这一点，已经开始重视将内容和资源生成大数据、解读大数据，让大数据新闻化、可视化，并与复旦大学新闻学院合作建立数据新闻实验室，探索用大数据来建立新的内容生产方式。

十、重大主题报道纷纷采用移动直播形式，新闻移动直播逐渐常态化

2016年中国直播市场出现井喷式增长，据中国互联网络信息中心（CNNIC）发布的第40次《中国互联网络发展状况统计报告》显示，截至2017年6月，网络直播用户共3.43亿，占网民总体的45.6%。不受传统电视直播的时空、设备限制，移动直播可以通过电脑、移动设备等随时随地获取直播信息，且移动直播的互动性强，受众可以随时提问解决问题，受到受众的普遍青睐。因此，各大报纸纷纷推出自己的直播类产品或直播报道进入移动直播领域，产

---

① 李忠. 资本、服务、用户、团队——浙报集团媒体融合与转型发展的四个意识[J]. 中国出版，2016，(24)：15—18.

生了很多有影响力的新闻作品，提升了自身内容产品的到达率和舆论引导力。

《光明日报》在2016和2017两会期间进行了"炫融直播"，主持人在后方演播室根据节目进展随时与前方记者连线，前方记者通过定制的"光明可视"APP，用手机完成和后方主持人的连线，直观便捷。此外，光明日报报业集团在两会期间还通过Skype for Business平台进行"微沙龙"直播。网络"微沙龙"可以实现国内外多方异地连线，邀请代表委员和专家进入讨论室进行与主话题相关的讨论，主持人随时插播事先准备的与话题相关的资料，观看直播的网友们可以进行发言互动。"微沙龙"讨论在光明网、光明云媒客户端、光明校园传媒等渠道进行直播。

2016年8月8日，由《人民日报》全媒体平台直播的"新疆哈密传统刺绣品牌战略网络新闻发布会"在线上顺利举行，这是《人民日报》在视频直播领域的全新尝试。2017年2月19日，人民日报社正式上线全国移动直播平台"人民直播"。同一天，新华社、中央电视台也同时推出自己的直播类产品。同年3月，上海报业集团旗下新媒体产品界面正式上线直播频道。2016年10月，《新京报》开始在移动直播领域发力，与腾讯合作推出视频新闻项目——"我们视频"，表示"只做新闻，不做其他"，立志"要做最好的移动端新闻视频"，在视频直播中推出了很多重量级报道。报业对新闻的移动直播逐渐常态化。

十一、深层广泛的融合创新已成为报业融合发展的常态

深层广泛的融合创新指的是融合创新已不仅是报业与新兴媒体之间的媒体领域内的相互融合衔接，而是指报业与影视、电商、动漫、游戏等不同业态之间的跨行业融合，同时也是指报业与教育、贸易、物流等国民经济社会发展各个产业门类的跨产业融合。如宁波日报报业集团与本地农产品电商龙头企业合作，共建宁波区域农产品电商平台。浙报集团旗下钱报公司通过创立地产传媒中心，同时接入房地产业和电商领域，房产广告收入已经实现了很大的增长；浙报集团推出的"悠游浙江"电子商务平台，不仅是旅游电商平台，而且还服务于旅游机构、旅游主管部门，提供品牌策划、宣传和活动执行等旅游解决方案；浙报还与携程等合作，开发浙江旅游大数据等产品或服务；浙报集团打造的垂直专业O2O电商——钱报公司"钱报有礼"电商平台，已形成一定的品

牌影响力和公信力，且有自建的发行物流配送体系；而浙报集团早年收购边锋和浩方两大游戏平台，为其带来的充沛资金和海量的潜在用户，为新媒体项目的培育和媒体融合的深化提供了有力条件。

越来越多的报纸看到了跨行业融合和跨产业融合的商机。2016 年 7 月 5 日，《北京晚报》电商平台——"北晚优品"上线，与中粮我买网携手在食品等领域展开战略合作。相关负责人表示，良莠不齐、鱼龙混杂、服务滞后充斥着互联网电商平台，北晚优品以《北京晚报》的公信力为背书，为市民百姓提供最有保障的产品。北晚优品还计划建立社区服务体系和会员体系，为会员提供管家式专属物质供给和生活保障服务。同年 9 月 8 日，扬州报业传媒集团在扬州举行了战略级合作项目集中签约仪式，对"大运扬州"演艺项目、"特色小镇"旅游项目、印刷物资供应链金融项目、扬州发布与支付宝合作项目、扬州发布与乐视合作项目、扬州发布"互动频道"合作共建项目等六大合作项目进行了集中签约，扬州报业传媒集团开始向文化、旅游、新媒体经济、智能生活服务等领域进行深入广泛的跨界融合创新。

在深层广泛的融合创新上，期刊、电视等传统媒体在影视、动漫、游戏、网络文学等方面的融合动作频频，而报业除了大型报业集团之外，由于资金和人才等的限制，还没有放开手脚，未来还有很大的发展空间。

第三节　中国报业融合创新的问题

一、缺乏融合创新终极蓝图

在融合创新的历史大潮中，中国报业基本上是一种被动的、应景的、拆招式的态势。所谓被动的，是指报业作为媒体类型迭代竞争中的市场主体，错失了未雨绸缪、占据第一落点的先机，丧失了先发优势，从而陷入一系列蔑视、排斥、恐慌与自弃的被动行为中。应景的与拆招的就是被动之后的主体抗争，或出于生存的需要，或出于管理部门的要求，或出于技术与资本力量的驱动，报业通过一系列的增量行为，给自己全身配置了层出不穷的新媒体武器。然而，这些增量新媒体，如同小舢板一样，既不能与传统媒体母船融为一体，成为新型媒体战舰，又没有力量与市场大潮中的新媒体进行PK，徒然成为一串美丽的数字游戏。报业在被动的应景与拆招之后，陷入了深度的疲惫与无助中，自我否定与自我放弃也就成了报业组织与从业者的一种"新常态"。

有没有报业融合转型的救世良方呢？习近平同志早就给出了答案：即"你就是我、我就是你"的深度融合。这种深度融合的前提就是报纸融合创新终极蓝图。确定终极蓝图需要大智慧、大勇气与大战略。首先，必须解决存量问题，要直面报纸存量中的管理模式、生产模式、经营模式与人才培养模式问题，要调整激活存量中人财物要素的活力与生产力，通过"放血"与"变血"的方法改造不适宜新媒体环境的一切元素。第二，明确报纸融合创新的目的不是自我生存与救赎，而是积蓄力量更好服务党和人民，为经济社会发展提供信息参考与意见管理，成为有传播力、公信力与影响力的主流媒体而非"豪门食客"。第三，融合创新需要用户思维，报纸必须改变传统读者思维习惯，迅速变身现代市场主体，在用户思维的指引下，不注重一城一地的得失，通过多元产品经营，实现协同联动创收效应。最后，要成为"阳光媒体"，即不论是传统媒体还是新媒体，都以主体身份独立存在，依然发挥不可替代的媒体传播功能，只是各自在信息传播这个大盘子中所占比例与角色不同。他们融合后的呈现形态跟阳光一样，看起来是白色的，但实际上是由红、橙、黄、绿、蓝、青、紫七种单色光等独立的颜色组成的。在媒体融合后的"阳光媒体"中，报纸、期刊、电视、网络、移动互联网等就是红、橙、黄、绿、蓝、青、紫等各种独立的颜色。阳光媒体实现了"你就是我、我就是你"的深度融合，存量与增量融为一体，终极蓝图也就得以实现。

二、缺乏融合创新协同机制

习近平在越南岘港亚太工商峰会主旨演讲中，强调各国要同舟共济，加强"协同联动"，新时代中国深度参与全球经济治理的这个主张，是我们媒体融合创新的重要理论指导。当前媒体融合创新协同机制的缺乏表现在三个方面。

第一，报纸个体中央厨房的协同机制欠缺。在新媒体的冲击下，"中央厨房"是传统媒体融合创新的标配，大家一度以为找到了生存发展的抓手。中央厨房的核心是建立内容生产一体化组织体系，从调整组织架构入手，梳理和优化重组编采发流程，形成"一次采集、多种产品、多媒体传播"的工作格局。然而，理想与现实总是有一些距离，中央厨房依然存在一系列问题，诸如资金、技术、人才等，也存在不平衡不充分的问题。中央厨房不是任何一家报纸想做就能做得起来的，即使构建了一个形式上的实体，但大多很难成为日常性的工作机构。中央厨房的突出问题就是协同性问题，一是记者之间的不协同，跑不同口的记者很难就一个采访主题形成协同效应，依然是各干各的活、各跑各的路；二是编辑中心的不协同，报纸、公众号、网站、户外数字媒体等不同类型的编辑中心很难发挥协同效应；三是经营与采编的不协同，有些看似合在一起，但其实是各占山头，有些报社把采编行政经营合为一体，看似融为一体，但每个人都搞经营的方式又偏离了报纸主业的初衷，不是值得复制的商业模式。

  第二，报纸主体之间的协同机制欠缺。报业作为一种类型媒体，在救亡图存的大业中应该需要一种协同机制，但事实是"大难来临各自飞"，机警度高的、危机感强的报纸似乎更聪明一些，他们尽管也丧失了第一落点发展的机会，但很快抓住政策优势开展多种经营，走上了新媒体大潮中的康庄大道，但大多数报纸还在生存线上挣扎。尽管在融合创新上也相互学习，然而，这些市场主体就如同一堆分散的原子，没有一种协同机制把他们的集体力量整合起来，共同开拓融合创新大业。殊不知，如果森林不在了，孤零零的一棵大树最终依然会被狂风刮倒的。"抱团取暖"是一种选择，但是，如果这个团中的很多个体自身不发热了，大家依然会被冻死。

  第三，报纸业界与理论界欠缺协同机制。理论界不仅是总结成功经验、发现规律，进行理论研究，更应该是直面问题、提供解决方案，进行应用研究。对于今天的报业而言，既需要理论界给予战略信心鼓励，更需要理论界的策略点子抓手。然而，我们的理论界似乎太"无情"，不仅难有可咨借鉴的真知灼见，而且更多的是对报纸这一传统媒体的抛弃。这种毅然绝然的抛弃，对报纸从业者而言，不是那么容易的。报纸业界伤心之余，很多主体关闭了与理论界沟通的渠道，埋头搞生存，这种缺乏对话的孤军行为，最终还是会尝到苦果的。

三、缺乏融合创新精品内容

  在融合创新道路上，要彰显传统媒体的核心竞争力，与新媒体最终融为

"你就是我、我就是你",精品内容永远是王道。报纸既不能在时间上优于新媒体,又不能在权威上、深度上、可读上优于新媒体,那就真的要被无情抛弃了。当然,我们说的精品内容包括消息、评论、深度报道等各种新闻产品,报纸在这些方面都应该而且能够有所作为。通过精品内容为政府、企业和老百姓做好服务,再通过广告、其他产品经营获得政府、企业与老百姓的回馈,改变原来赤裸裸的二次销售方式,而是通过协同联动创收机制获得更好的利益,成为用户信息服务不可或缺的提供者。

要把内容创新作为根本,全面提升传播力引导力影响力公信力,必须做到:一是要塑造新型传播格局。构建人工智能支撑下的新媒体矩阵,对传统媒体进行资源优化整合,构建起以移动互联传播为主要渠道、以报纸传播为权威依托的新型传播格局,报纸、在线网站、微博、微信和专业APP同时发力,以获得量大质优的稳定用户。二是要提升影响力公信力。要坚持以社会效益为首位的两个效益相统一,全面强化内容精品化水平,提高原创内容生产能力,紧跟政策趋势,紧抓时代命脉,紧扣人们心弦,生产人们喜闻乐见的产品。三是利用互联网大数据技术及前沿人工智能指导精品内容生产。遵循互联网传播规律,以用户为核心,着力产品传播力指数考核评价,利用用户规模、活跃度、"10万+"阅读数、竞品排序等可以量化的新指标体系,评价消息、评论及深度报道的传播力,调整生产方向与生产方式方法。

四、缺乏融合创新必胜信仰

2015年2月,习近平在会见第四届全国文明城市、文明村镇、文明单位和未成年人思想道德建设工作先进代表时强调:人民有信仰,民族有希望,国家有力量,锲而不舍抓好社会主义精神文明建设。纵观人类社会发展史,信仰是一种重要的力量,尤其是在艰难困顿时期,在普遍认为不可能的情况下,信仰是支撑一个人、一个组织、一个国家坚持走下去的核心力量。

对于报纸等传统媒体而言,融合发展是图亡救存的唯一道路,除此,别无他法,否则只能是放逐自己到历史的尘埃中。然而,对于融合创新发展,不用说社会公众与其他组织,就连很多报纸领导与从业人员都信心不足,认为融合创新还不如直接把报纸关掉,办一些公众号之类的新媒体就可以了。其实,融合创新要达到的"你就是我、我就是你"的目的,不仅仅是一种政治考量,也是一种经济考量、一种社会考量、一种精神道德考量。很多人认为政府保留报纸是自己的舆论引导与意识形态宣传的需要，事实并非如此。经济考量就是通过融合创新使传统媒体获得新生、具有强大的自我生存能力，更能体现媒体的公正性与客观性，也能增强媒体的传播力与影响力；社会考量就是通过融合创新实现"阳光媒体"的目的，保留人类社会发展史上一切作出重大贡献的事物，如同我们倡导的多元文化一样，不能只有一种文化一种声音一种意见，而应该是百花齐放的大花园，使这个社会在多元丰富中持续发展，多元媒体也是当代人们受惠先贤、泽惠后世的历史选择与责任担当。精神道德考量就是通过本身就是传承精神文化载体报纸的自我涅槃，向全社会证明信仰的力量。我们相信，只要报业有对融合创新必胜的足够信仰，就一定能够摆脱在救亡图存道路上挣扎的命运，就一定能够走向"你就是我、我就是你"的崭新媒体世界。

第四节　中国报业融合创新趋势

一、报纸种数将不断减少，报纸在洗牌整合的过程中逐渐形成一省一报团

按照学界与业界的统一说法，2014年是媒体融合元年，我们把元年之前的2013年与之后的2016年进行比较，中国新闻出版统计资料汇编显示：出版社的数量几乎没有变化，2013年是582家，2016年是584家；期刊增加了207种，2013年是9 877种，2016年是10 084种；报纸减少了21种，2013年是1 915家，2016年是1 894家。报纸减少数量最多，虽然21不是一个很大的数据，但实际反映了报纸举步维艰的巨大困境。为什么只是这21家报纸关门，其他报纸却没有倒闭，不是因为其他报纸做得好，更多可能是出于各种因素的考虑苦苦挣扎而已，如果让报纸自己选择，也许可能会有成百上千的报纸愿意宣布停刊转型。美国早就实行"一城一报"，据悉美国98%的城市只有一家报纸，美国的"一城一报"是报业经过多年自由竞争的结果。今天，数字技术、网络技术与移动技术的快速发展，使媒介资源趋向于无极限，人们的媒介获得

权与传播权无限扩大，在线网络、微博、微信、公众号等自媒体的出现，言论观点的多样性让我们走向了信息大爆炸时代，对媒介垄断与信息闭塞的担心已无基可寻。新媒体反而大大压缩了传统媒体的发展空间，受众资源大多流向新媒体，这就有必要思考还需不需要那么多都市报的问题了。报业未来发展趋势应该是一省一报团，这个报团既有传统媒体又有新媒体，既有媒体公司又有非媒体公司，既有产品生产组织又有服务提供组织。在传统媒体中，报纸数量会大大压缩，以省为地理空间的话，那么一个省只需保留一张省级党报，一张都市报，在党报与都市报中，会有各市县级专栏或专版，与报纸相匹配的公众号会成为各级政府与组织信息资源的聚散地与发布中心。

二、媒体技术不断革新，人工智能将成为报纸融合创新的活力源泉

人工智能不是一个新概念，1958 年建立了 Unimation 公司的机器人之父恩格尔伯格发明的世界第一台工业机器人就有人工智能的雏形，"护士助手"作为自主式机器人，大大提升了人们对人工智能的期待。此后几十年，人工智能基本处在一个较为稳定的发展状态。2016 年 3 月，谷歌研制的阿尔法狗在人机大战中战胜当代世界围棋第一高手李世石，人工智能突然像新生事物一样石破天惊，给人们提供了无限想象。阿尔法狗（AlphaGo）的关键原理是"深度学习"，简言之，就是输入大量矩阵数字，利用非线性激活方法取权重，再输出另一个数据集合，这个数据的输入与输出，就会形成人工神经网络，具备类似人脑的信息处理、综合、研判与决策功能。这个人工"大脑"能够处理精准复杂的事物，就像人们识别物体标注图片一样进行辨认与取舍。人工智能把模仿人们机械性行为的技术，推进到模仿人们思维方式的技术，它可以取代大量的简单思维方式的劳动力，譬如物流、超市等。应用到传媒领域，可以实现机器人写作，消息、评论甚至深度报道都可以通过人工智能来实现。除了采编系统，对于发布系统而言，更是人工智能的天下。诸如中央厨房之类的融合技术标配，基本是就是大数据与人工智能的结果，随着人工智能对内容生产方面的深度参与，可以确定，除了创意性的文学作品与较复杂的深度报道解释性报道之外，人工智能将会在采编发生产链各个环节及经营管理等相关领域长袖善舞。相信，不久的将来，基于人工智能融合创新的媒体商业模式定会大放异彩。

三、媒体生产日趋多元，全媒人才是报纸融合转型成功与否的关键

媒体是从事精神文化生产的机构，对于人才尤其是创意人才永远都处在渴求的状态，那种有独特创意的全媒型人才更是媒体融合发展的生死维系者。习近平对新闻人才的培养十分重视："新闻舆论工作队伍的政治素养、理论水平、政策水平、业务能力，直接关系党的新闻舆论工作效果。要适应新形势新任务的要求，加快培养造就一支政治坚定、业务精湛、作风优良、党和人民放心的新闻舆论工作队伍。"他对党和人民需要的合格新闻出版工作者提出了四个要求，其中一个就是"要不断提高业务能力，会使'十八般兵器'，成为全媒型、专家型新闻出版工作者"。全媒人才的培养需要高校与媒体形成联动机制，共同发力，整合各种培训资源，建立多方联动培训机制，拓宽学习培训渠道，不断优化、提升全媒人才队伍的思维模式、知识结构和操作技能。在高校一般性的传媒人才培养基础上，媒体应该进行常态化的专门培训：一是要促使采编人才队伍深度融合、整体转型，采编人员进行全媒化武装，强化采编人员适应融媒体报道的能力培养、技术装备建设，以适应全媒体报道要求，要侧重视觉化采编与传播能力训练，给采编人员新装备包含智能手机、外接镜头、手持三脚架、麦克风等专业设备的全媒体采访包，具有录音录像、视频直播、无线传输等功能，作为全媒型记者的标配。二是要促使技术、运营人才队伍绝对全媒化，迅速补齐技术支撑体系的短板，确保采编队伍实现内容生产，使采编、技术、运营真正成为围绕媒体融合生产高速高效运行的一支生力军。

四、受众需求日益跨界，平台型媒体是黏附用户的不二选择

在媒体融合的实践中，传统媒体逐渐走向了平台媒体的成功转型之路。美国社交媒体网站创始人乔纳森·格里克（Jonathan Glick），在2014年2月发表《平台型媒体的崛起》一文中，最早提出平台型媒体的概念。平台型媒体指的是"平台（Platform）"和"媒体（Publisher）"的交集部分，是互联网科技平台和媒体的双向融合过程。平台既不是生产车间，也不是物流管道，更不是呈现终端，它与承载其上的主体有一种相互依存、互为利用的关系，是一种共赢

经营模式。一方面，平台有各种产品与服务的生产者，内容生产者发挥粘附用户的作用，通过提供质优价廉甚至免费内容，用公共（公益）服务的形式对用户进行脱敏，获得信任，成为"流量黑洞"。另一方面，通过平台上的"流量黑洞"，开展广告经营及其他产品经营服务，以获得利润。Facebook 是较为典型的平台型媒体，中国的大型电商淘宝、京东也是一种特殊的平台型媒体，浙江日报之所以成功，也得益于其平台型媒体的倾力打造。对于报纸而言，融合创新之后，作为品牌象征的报纸其实就是一种符号性、象征性机构，通过品牌的公信力与影响力构筑一个生活平台，在提供生活信息服务的基础上，开展多种媒体与非媒体产品经营服务，在协同联动生态圈中创造价值，获得利润。

内容融合创新篇

第一章 以科技资讯库建设为突破口促进融合发展

——《科技日报》融合创新的实践与探索

王小龙[①]

《科技日报》是富有鲜明科技特色的综合性日报，是党和国家在科技领域的重要舆论阵地。随着互联网的兴起，各种新兴媒体和传播技术层出不穷，媒体生态发生了深刻变革。在融媒体时代，如何增强党报的影响力和公信力，是对党报新闻宣传和舆论引导水平的一次集中检验。

2016年以来，《科技日报》以建设中国科技资讯库为突破口，确定了建设中央厨房、资讯库发布平台、智库服务平台三步走媒体融合的发展路径。以搭建中央厨房为抓手，再造采编流程，推进媒体深度融合；以新媒体建设为契机，转变观念，推动转型，让移动优先入脑入心；通过重点策划，打造"爆款"形成有效传播，强化舆论引导能力；通过整合各种科技资源，探索大数据运作，着力打造三大融合平台和融合智库，走出了一条具有特色的融合发展之路。

第一节 流程再造，推进媒体深度融合

在实践中，我们发现搭建中央厨房，实现新旧媒体融合的关键是要对报社现有采编资源进行深度整合，进一步明确策划、采访、编辑、发布、评价各环节职能，加强发布端口的协同管理，创新媒体内部组织结构，构建新型采编发

[①] 王小龙，科技日报融媒体中心新媒体室副主任。

网络。

目前除报纸外，我们还有科技日报微信、科技日报微博、科技日报头条号、科技早新闻微信和中国科技网等发布渠道。先前在报纸上采用的那一套工作流程已经无法适应新媒体发展的需要。流程再造就是打破之前按照部门设置进行管理的方式，按照信息流的本来面貌，重新设计整个流程，整合整个报社的采编资源，实现全媒体互联互通，以移动优先驱动各个环节，融合各个层面，形成合力，从而实现最优的传播效果。

在结构上，《科技日报》中央厨房设总编辑、副总编辑、执行总编，以及执行组及项目组。总编辑负责整体统筹，副总编辑负责日常运转。执行总编由采编一级部门负责人轮值担任，具体工作包括：主持每日选题会、编前会、定稿会，组织重大、突发新闻报道，负责把关、签发各端口发布稿件。执行组由各采编部门一、二级负责人组成，具体工作包括：对各自部门所报新闻选题、采写、编辑的稿件进行初步把关，参加选题会、编前会、定稿会，落实各端口发布情况，并对重要稿件的传播效果进行分析、汇报，根据实际业务需要，执行总编还可调用各部门采编人员组成临时项目组，完成突发新闻或重大事件的报道任务。

一、策 划

各采编部门全部参与新闻选题策划，由选题策划、新闻报题、采访预告等内容组成中央厨房选题库。采编业务部门需在每个工作日组织选题策划，分别于上午10时、下午4时前将选题发送至中央厨房线上系统。每日上午召开选题会，筛选、布置选题，下午召开编前会确定选题落实情况，安排稿件发布。对于突发和专题新闻，会有部门负责人在线上把关。

二、采 访

新闻中心、记者部、国际部等发稿部门主要承担采写任务，所采写的稿件、采集的数据，最终都会进入中央厨房预稿库及素材库。稿件会进入下一个流程，素材数据会形成积累，为相关采访或项目提供支持。记者在采访中获得的采访对象资料、相关文献等，可传至中央厨房相应数据库，可根据上传素材数量及被引用次数，设置相应的数据库使用权限。

三、编　辑

中央厨房对新闻稿件实行三重编辑把关。发稿部门初审初编、执行总编把关签发、发布端口完善提升，不同环节各有侧重，实现差异化编辑。各发布端口编辑对轮值主任所签发稿件，根据平台特点进行精编，形成新闻产品。

四、发　布

各发布端口负责人对新闻产品进行审校后发布，可根据平台特点，对发布时效提出要求，实现融合联动发布。在这里无论报纸、新媒体还是网站的编辑都可以根据自己的需要选取稿件。

五、评　价

评价，是传播的重要一环。我们设计了一套系统能够对中央厨房生产的新闻产品进行传播效果分析。通过线上分析与线下分析相结合，相关结果反馈至选题策划环节，并为绩效统计提供依据。受众喜欢什么、想要什么，哪些稿件更受欢迎，一目了然。

目前这套流程仍在测试和完善当中，但已经有良好的效果：首先，之前在报纸上屡禁不绝的重稿现象，现在基本上得到了杜绝；其次，稿件质量得到了大幅的提升，在网站、新媒体、报纸多层接力传播下，传播效果越来越好，社会反响越来越大。

第二节　转变观念，让移动优先入脑入心

当前，我国已全面进入移动互联网时代，据中国互联网信息中心2017年7月份发布的《第40次中国互联网络发展状况统计报告》显示，截至2017年6月底，我国网民规模已达7.51亿，其中手机网民规模达7.24亿，占网民总数96.3%，较2016年年底增长2 830万人。据统计，我国移动应用程序总量超过

1 000万款；移动支付用户规模超过5亿，手机外卖用户达到2.74亿，手机在线教育用户达到1.2亿；手机网络用户规模接近6亿，微博月活跃用户达到3.61亿，其中92%为移动应用用户。

由此，对传播方式带来了巨大的改变。以前在PC时代，人们都守着电脑，通过门户网站、搜索引擎获取信息。而现在则是人手一机，随时随地获取最新消息，"终端随人走，信息围人转"。移动终端成为人们获取信息的主要渠道。移动优先不是一句套话，而是一个媒体人"无法忽视的真相"。

对改革和融合而言，最难的部分、最大的阻力就是那些传统的"报纸思维"。这一现象在传统媒体中广泛存在。笔者总结了下，主要表现在以下几个方面：首先是端架子，面对新的语境和传播环境仍然有不少媒体不能放平视角，端着架子写稿、说话，长此以往必然会流失大量的读者和观众；其次是节奏慢，以前最快的媒体是广播和电视，现场直播及时发声无人能敌，现在最快的是社交媒体和自媒体，网红、网络意见领袖不可小视；再次是少互动，很多习惯了一对多传播的传统媒体，根本没有与受众进行互动的意识。殊不知，这才是新媒体的核心优势。新华社一篇仅有45个字的短讯《刚刚，沙特王储被废了》，成为互联网上"现象级传播"，文章阅读量近800万，点赞量近20万，增加粉丝至少50万，其中编读互动成了二次传播的新亮点。

改机构易，改观念难。作为一家有着30多年历史的党报和中央媒体，《科技日报》有不少优良的传统，也有太多的惯性。在实践中，我们主要在以下几个方面进行了探索。

一、改写法，让内容生产顺应移动传播大趋势

移动优先，首先要以人为本，这代表了媒体融合发展的方向，是带动媒体深度融合的催化剂。内容生产是传统媒体的看家本事，在移动传播时代要更加重视。

对传播而言，无论什么时候，都是内容为王，优质内容都是稀缺资源。我们要做的不是推翻这一点，而是让其根据受众和传播环境的需要进行革新，适应人性化的需求，顺应移动传播的趋势。

先说人性化。这一要求其实是向人类自然交流方式的回归。在科技新闻的写作中，我们要求记者更多地去发掘人性和人的故事。业内人士都知道，典型

人物报道是党报的规定动作。这类报道很容易写成伟光正、高大上，远离了人物的本来面目，也远离了受众。

2017年5月，习近平总书记对黄大年同志先进事迹作出重要指示。随后中共中央组织部、中共中央宣传部、中共教育部联合印发关于认真贯彻习近平总书记重要指示广泛开展向黄大年同志学习活动的通知。全国上下掀起了一股学习黄大年精神的热潮，各种报道层出不穷。《科技日报》在完成常规稿件后，从2017年7月14日起，连续推出五篇由本报记者采写的黄大年的人物小通讯：《大战前夕，静得像平安夜》《能修车能拉琴，还能造无人机》《做饭要汤汤水水，做事不能汤汤水水》《脑力能赢，体力也要赢》《对健康自信的他终于被疾病击倒了》平均下来每篇只有七八百字。简洁明快的语言，素描式的写法，却让黄大年的形象丰满立体了起来。与其他报道相比，可谓是一股清流。在报纸上首发后，科技日报微信公众号进行了精心制作，发布后取得了良好的传播效果。

再说移动传播。融媒体时代，不少重头、深度、大篇幅的报道都会"水土不服"。原因在于它们并不适合在移动端进行传播。如果还用之前的老一套必然会碰钉子。2017年08月08日21时19分46秒在四川省北部阿坝州九寨沟县发生7.0级地震。地震发生后，《科技日报》四川记者站和相关跑口记者迅速行动起来，大量消息从前方涌来。后方编辑快速对这些稿件进行剪裁、改写，根据新闻要点化整为零在新浪微博上及时发出，当晚即获得了大量评论和转发。

二、改思路，改观念，培养全媒型传播人才

移动互联网已成为舆论传播的主要渠道，"两微一端"日臻成熟，网络直播、知识问答、微视频等新型业态快速发展。在这个大背景下，主流媒体应当强化移动互联网思维和融媒体发展理念，主动适应移动互联网发展的新趋势，坚定不移实施移动优先战略，充分运用多种技术手段和表达形式，管好新媒体，用好新媒体。而推行这一战略的关键在于人，在于具备移动传播的内容生产理念、掌握全媒体技术的人才。

《科技日报》首先对机构进行了改革，将此前相互之间较为独立的总编室、第二编辑室、新媒体室、校检室、照排室整合成为新的融媒体中心，再通过融

媒体中心将国际部、新闻中心、记者部等业务部门带动起来，加入媒体融合的实践中来。通过每日例行的选题会、编前会加强各个部门的沟通，将全媒体的概念潜移默化地灌输给每个业务骨干。此外，报社还多次邀请国内媒体研究专家来举行专场讲座，安排骨干人员参加中国记协和其他机构组织的专门培训，为采编人员提供"充电"的机会。

知己知彼，百战不殆。培养全媒型人才不但要针对采编人员，还要针对媒体管理人员。只有大家的观念都实现了转变，才能实现真正意义上的内容创新。《科技日报》也在这方面进行了尝试，除了常规的集中学习、考察、参观外，报社编委会领导多次专门来新媒体室了解工作，2017年两会期间，还和一线新媒体编辑一起策划选题。

第三节　重点策划，有效传播加强舆论引导

一、深入现场，做好舆论监督

2016年6月，被称作"共和国科学第一楼"的中国原子能研究所旧址拆迁一事引起了广泛关注。最初报道此事的是《科技日报》在6月20日推出的两篇文章《京城之大，能容得下小小的原子能楼吗？》《"孵化"原子弹的地方——共和国科学第一楼的尘封往事》，在发现新闻线索后，记者快速采访并形成稿件，首先在科技日报微信、中国科技网和今日头条上进行了传播，之后在报纸上推出，引发了巨大反响。期间报社新媒体编辑敏锐观察到这一热点，并与网友进行了密切互动并促成了该报道在知名科学公众号"知识分子"上的转载，进一步扩大了影响力。经澎湃新闻等媒体传播后在当时形成了一大舆论热点。

2017年4月10日起，在《科技日报》头版显著位置连续刊发贵州瓮安生物群化石濒临危机亟待保护系列报道：《全球最古老生物化石濒临危机，专家急了——贵州瓮安：一座矿山挖掉地球6亿年历史》《本报昨日磷矿挖掘报道引发广泛关注——贵州瓮安责令停止开采 制定化石保护方案》《公益科研与经

济发展撞车，谁该让道——贵州瓮安生物群化石保护引发观点碰撞》，并通过短视频的方式对整个事件进行了报道。

这些稿件直指科研与经济发展之间的矛盾，揭露了一些地方为经济利益，肆意破坏濒临危机的化石群的现象，不仅在国内形成了广泛的舆论影响，甚至惊动了《科学》《自然》等国际顶级科学刊物前来采访，《科学》杂志也进行了跟进，于4月21日刊发了相关报道。这些报道直接推动了贵州当地政府对瓮安生物群化石的保护，起到了舆论监督的作用。

二、紧抓热点，打造爆款，扩大影响力

互联网是奇妙的地方，网友的口味更是神秘莫测。在实践中，我们强烈感受到，要不断清空自己，抛弃长期以来在传统媒体工作中所养成的思维定式，全面拥抱互联网。

2017年2月24日，在《科技日报》2版，国际新闻版面右侧一个不起眼的位置，有一条名为《世界上唯一一块金属氢消失了》的消息。这条看似稀松平常的消息，被新媒体编辑敏锐地发现，并在科技日报头条号上以《由于操作失误，世界上唯一一块金属氢没了！》的标题推出，随即被大量转载，引发网友的广泛关注，在新闻评论后用这一标题进行的造句大赛也就此展开。该文截至25日早上8点15分，已经达到180万的阅读量，评论近3 000条。这一话题很快就登上了当日的微博热搜榜。"由于操作失误……"这个句式成了网络流行语。

三、坚持内容为王，以精品力作赢得发展优势

习近平总书记指出，内容永远是根本，融合发展必须坚持内容为王，以内容优势赢得发展优势。当前，移动互联网新技术快速引进，新应用层出不穷，新业态蓬勃发展，在浩荡海洋中具有说服力、感染力的高质量内容仍然缺乏。《科技日报》紧抓这个根本，加大策划力度，一年来推出了大量精品，不少获得巨大的社会反响。

2017年8月14日，《科技日报》在头版用近三分之二个版面，4 000多字的篇幅，推出本报记者采写的特稿《死亡"暂停"：液氮罐里的阴阳穿越——

中国首例本土人体冷冻的故事》，对中国首例本土人体冷冻事件做了深入、详实的报道。报道 14 日见报后，中国科技网、科技早新闻公众号、科技日报头条号和科技日报公众号及时进行了跟进。当天上午，就在国内形成了舆论热点，相关话题当天就在新浪微博上获得了千万级的阅读量。有关话题的讨论直到 8 月下旬仍在继续。第二天，乘胜追击又推出了名为《和"万寿无疆"有关的希望、科研和钱——对话人体冷冻的信仰者们》的后续报道，对网友在评论中提到的焦点问题一一做了回答，同样取得了不错的传播效果。

自从采用采编流程后，特稿成为《科技日报》中央厨房的一道特色大菜。主要业务部门都会为这道菜"憋大招"。这两篇关于人体冷冻的稿件便是我们进行采编流程再造后的一个突出成果。相关稿件是提前一个月策划、采访、酝酿，并最终通过全媒体方式进行发布的。

第四节　依托融合，探索新型服务模式

今日头条的愿景是连接人和信息，其实对任何一家媒体来说都是如此。从某种意义上讲，未来所有的媒体都是数据公司。除了提供及时的新闻和信息外，更重要的是对数据的加工、分析，提供可视化、可读化的呈现。因此，手握大量信息资源的媒体，除报道新闻事实外都开始将成为数据公司作为自己未来的发展方向。除广告之外，基于大数据的内容生产和内容变现将成为媒体的一个新的发展方向。媒体融合首先是资讯的融合，归根到底是数据的融合。

正是基于这样的判断，《科技日报》提出了建设中国科技资讯库的设想，并以此为引领，在实践中探索媒体融合更长远的路径。通过统筹报社纸媒、网媒、新媒体等媒体资讯资源，统筹科技系统资讯资源，统筹地方科技资讯和国际科技资讯资源的方式，建立起面向用户的新型服务模式。

一、以多平台解读科技政策，促进科技成果转化

在围绕国家战略和社会需求，建设中国科技资讯库的同时，《科技日报》正在构建三大平台。第一是构建科技政策"云传播"平台，汇集政策解读、发

布传播、舆情监测、评估反馈、研究咨询等功能于一体，面向科技人员、企业家、创业者，提供专业化服务。第二是构建国家科技计划成果展示转化平台。在大数据分析的基础上，通过多媒体融合展示，推动科研成果的推广普及，打造永不落幕的科技成果展；通过定制研究，提供专业咨询服务；通过建立市场估价标准，促进资本、市场和技术的对接，加速成果转化。第三是构建融媒体研究推广平台，依托国家科技计划项目，重点推进传媒技术开发、产品推广，引领科技传媒发展。

围绕科技资讯库的建设，《科技日报》不断探索和开发新的平台型产品，逐渐从"一库三平台"向"一库N平台"拓展。同时，作为资讯库建设的重要部分，我们着力于科技资讯产品的国际合作与交流，分别与俄罗斯卫星网、《以色列时报》、英国皇家学会签署了科技新闻与信息交流合作协议，这将促进我国科技界对国际科技资讯的即时了解、国际科技界对我国科技创新成果的即时关注，促进国际间的科技合作与交流。

二、以科技智库为科技管理部门提供决策咨询服务

为科技管理部门提供决策咨询服务，是科技资讯库建设的重中之重，也是拓展和提升媒体功能，实现媒体融合、转型升级的应有之义。目前，《科技日报》正在积极筹划建设科技智库服务平台，以融合发展的思路统筹现有分散在科技系统的相关信息资源，有效实现科技信息资源的深度整合，着力解决目前存在的信息碎片化、公共数据独占和独享、已有的信息传播效果参差不齐等问题，加快推进科技创新公共信息资源开放，更好地释放科技创新信息的经济价值和社会效应，为国家科技管理部门提供高品质的决策咨询服务。

需要说明的是，科技资讯库和新闻主业之间的关系并非相互割裂相互独立，而是相互促进的。记者的新闻调查、采访、报道会不断地充实资讯库的内容，而记者编辑也是资讯库的用户，能够从资讯库中获得选题线索、历史资料、行业分析，专家名录等信息，采访和编辑工作将会变得更加轻松、高效。待资讯库完善后，两者将形成良性互动关系。

习近平总书记指出："人在哪里，新闻舆论阵地就应该在哪里。"融合发展关键在融为一体，合而为一。相加不是目的，相融才是。经过这几年的探索，我国的主流媒体移动优先的步子已经迈开，内容为本的理念正在实现向移动传

播时代转变。不过在推进移动优先战略时，我们仍然需要坚信传统媒体，尤其是党报、党刊在深度报道和舆论引导等方面的优势和价值。在融媒体时代，要善于使用互联网和新的传播技术，让移动优先成为推动媒体融合发展的推动因素，而不是削弱传统媒体自身价值的负面因素。主动拥抱未来，迎接变革，才是正确的姿态。

目前，媒体融合还是一个新鲜事物，没有太多经验可寻，也没有坦途捷径可走，大家都在摸着石头过河，实际工作中还有太多需要面对的问题和困难。只有保持一种开放的态度和探索的精神，才能在未来的竞争中立于不败之地。

第二章　北京青年报社媒体融合实践与思考

沈峥嵘[①]

早在十年前，移动互联网就成为传统媒体行业的"灰犀牛"，它站在天际间，慢慢地野蛮生长。近几年，当已壮大的灰犀牛向我们狂奔而来时，虽然传统媒体人一直在喊"狼来了"，面对移动互联的当头一击，仍然感觉到猝不及防。目前，互联网和移动互联网已深刻地改变了传播环境和媒体生态，传统媒体的影响力和盈利能力都呈断崖式下滑。传统媒体人，自上而下，都有强烈的危机感和求变的动力，除了逃离的，多数人都在寻找路径，尝试创新。只是由于体制、资金、人才、文化等条件的限制，这些尝试往往是局部的，影响力也是有限的。

《北京青年报》同国内所有传统媒体一样，也是在"摸着石头过河"的状态中度过的。对媒体融合，编委会有共识：变是必须的，不变，一定走向死亡；怎么变，要慎重，盲目地变，有可能死得更快。

第一节　我们做了什么：《北京青年报》媒体融合的实践与发展现状

同其他传统媒体一样，报社领导层多次提出"要坚定不移推进媒体深度融合，大力发展新媒体业务，强调移动新闻产品优先，形成一次采集、多种产品、多媒体传播的工作格局，不断提升在移动互联舆论场上的影响力"。在实

---

① 沈峥嵘，《北京青年报》助理总编辑。

际工作中，也多次召开编采业务部门的研讨会，将创新的权利下放，督促部门在各自领域开展新媒体实践，并建立了一系列行之有效的奖励政策，提高业务部门创新的动力。随着移动互联网迅猛发展，北青在移动端持续发力，加快推进媒体融合，文字、图片、音频、视频多媒体互动传播，在移动互联网上，延展了北青品牌的影响力。

一、微信公众号矩阵实现较快发展，成为全国报刊媒体融合创新100佳优秀案例

2014年以来，北青利用微信平台的迅速发展，初步建立了微信公众号矩阵，有主打时政、评论和热点事件报道的A集群，代表公号有"政知"系列、"团结湖参考""深一度"等；主打本地新闻和垂直类服务的B集群，代表公号有社区报公号群、"教育圆桌""职人职说"等；体现北青报人文关怀的C集群，代表公号有"北青影像""天天副刊""体坛叨sir"等。2016年，《北京青年报》被国家新闻出版广电总局评为"全国报刊媒体融合创新100佳优秀案例"。

"政知"系列——2014年5月13日上线，形成了以"政知局"为龙头，包括"政知道""政知圈"在内的"政知"系列微信公众号，粉丝数量超过100万。其中，"政知局"主打原创时事解析；"政知道"力推时事常识，揭秘幕后，解疑释惑；"政知圈"则重点关注时事新闻中的人物。2016年，"政知"系列微信公号实现全年累计阅读超过2 460万的好成绩，同时向多平台延伸发展，与新浪微博、网易新闻客户端、腾讯新闻客户端、今日头条等多个平台合作，尝试推出不同的新媒体产品。在新浪微博及网易、腾讯新闻等客户端的订户总数近150万；今日头条平台订阅用户达40万，阅读量累计近8亿；在搜狐公众平台的总阅读数近5亿。其中，"政知"头条号更创造了累计阅读量6.04亿、单篇最高阅读数超过865万的惊人成绩。此外，2016年年底，"政知局"入驻蜻蜓FM平台，开辟"政知"系列音频新业务，已推出两期节目，收听人数将近8万，总体效果超出预想。

"团结湖参考"——2014年5月30日上线，主打时政分析和时事评论，粉丝数约35万，强调在对材料的全面占有和对事物有较强的把握能力的基础上，提供前瞻性、权威性的解读、分析、预测，力图在众说纷纭的舆论场上做一个

定调者，除了提供令人信服的结论以外，更注重挖掘事件丰富的内涵。在评论热门新闻事件时，"团结湖参考"一直坚守底线、强调媒体责任。在传达主流价值的过程中，努力做到"信达雅"三个标准。所谓"信"，就是说自己相信的话，理解几分就说几分，不过分夸大、不人云亦云，这种真诚的态度能够赢得读者最大限度的信任和理解。所谓"达"，就是在政治上有大局观、在人情方面力求练达。评论新闻事件不是就事论事，而是放开眼界，从时代的政治大图中寻找最准确的解释。所谓"雅"，就是要做到有温度、有情怀，拒绝书呆子气和八股文风，让读者从文章中获得信息增量和情感增量。"团结湖参考"的时政评论文章之所以经常获得很高的转发，除了立意力求准确、权威之外，文风灵活也是重要原因之一，被读者誉为"有情怀的评论"。"团结湖参考"的经典之作"蔡三篇"使该公号在三天之内粉丝激增8万，创造了迄今为止时政评论微信公众号领域的奇迹。目前，"团结湖参考"的阅读数在时政评论类公号中仍处于领先位置。

"教育圆桌"——2014年5月8日上线，由本报与北京市教委联合运营，主打教育类资讯，权威解读教育政策，回应社会教育关切，试图在教育垂直领域构建社交平台。目前，粉丝数量25万。"教育圆桌"发挥自身资源优势，深耕校园，开办了"校园名片"等金牌栏目，并举办了"圆桌大讲堂"等丰富多彩的线下活动，实现了线上及时推送、线下贴心互动的有效结合。2016年，"教育圆桌"通过开展各类活动，为内容变现作出了有益探索。

为了鼓励编采人员做好公号，北青建立了相关奖励机制，公号每涨1万粉丝，报社就奖励公号运营团队1万元钱。同时，我们还尝试为"团结湖参考"建立了专门的团队，试行产品化运营。

二、北青网发挥内容分发平台作用，流量不断增长，盈利能力逐步增强

北青网成立于2000年，是北京青年报官方网站，拥有新闻采访权，每日推送5 000多条新闻资讯，将北青生产的优质内容在互联网上进行二次传播，致力于做一个有较强影响力和盈利能力的内容分发平台，连续多年实现盈利，是传统媒体办的网站中盈利能力最强的网站之一。北青网已实现全网站H5化，正向移动化、视频化方向发展。从传播力和影响力上看，传统媒体办的网站目

前排序情况：人民网、新华网、央视网处于第一梯队；北青网、光明网、中青网、环球网处于第二梯队。

北青网始终保持正确舆论导向，积极参与北京市"两会""建党95周年""国庆67周年""长征80周年"等重大报道，进一步扩大了网站的传播力和影响力。其中，"建党95周年"专题在网站首页首屏重要位置每天更新推送，推送图文、视频300多篇，点击量超过320万次。

北青网通过提升内容品质，加强业界合作，日浏览量节节攀升，继2015年11月和2016年4月分别突破3 000万和4 000万之后，2017年又突破5 000万，日访客数超过2 000万。2016年，北青网盈利超过1 000万。同时，还荣获了由中央网信办官方杂志《网络传播》评选的"2015—2016年度省级网站传播力十强"称号。

三、再造新闻生产流程，推出"北青即时"，打造中央厨房式内容生产中心，抢占移动互联舆论主阵地

为适应移动互联时代的内容生产传播规律，北青强化"北青博联社"内部微信群的作用，优化新闻发布机制，综合运用微博、微信、网站等新闻产品，第一时间将北青记者采写的内容，通过"北青博联社"，推送到各个新媒体平台，抢占各平台首发位置，即时采集、即时推送，快速做出反应、迅速送达用户，在传播中抢得先机，增加北青品牌曝光率，初步形成了中央厨房式的内容生产中心。

2016年，"北青即时"多篇独家报道被腾讯、搜狐、网易等重点网站弹窗，有力提升了北青的品牌影响力。

四、顺应发展趋势，尝试新闻直播业务

2016年，北青推出了"北青直播"品牌，目前与网易、新浪、微博、今日头条、小米等直播平台进行了合作，产生了《女排归来》（500万＋）等百万以上流量级别的直播报道。

五、打造"淘宝头条北京频道"，尝试将内容与商业服务有效结合

2016年，北青与淘宝头条共同打造"淘宝头条北京频道"，目前已有"教

育圆桌"、"老北京城新生活"等40多个自媒体账号入驻，通过在图文中插入淘宝商品、文章中加入广告位、与商家合作宣传等方式实现内容变现。

六、社区传媒——向下生根，服务最后一百米

北青社区传媒成立于2013年10月，目前主要业务为运营社区服务平台"OK家"（APP）、开办社区驿站、出版发行《北青社区报》，全力打造一个基于社区物理基点而展开的、充满黏性的、线上线下相结合的社区传媒互联平台，是北京青年报社探索战略转型的一项重要举措。

社区服务平台"OK家"是基于移动终端的小区生活信息服务软件（APP），提供快递代收发、跳蚤市场、社区聊吧、优惠信息等最贴近社区居民的服务。目前已开放北京市1 500个小区，注册人数超过70万，并仍在快速增长中。未来还将不断接入更丰富的服务项目，提高用户黏性，努力成为中国最大的社区服务平台。

社区驿站分为线下活动和实体店面两部分，线下活动包括举办居民交流沟通及各类培训讲座、居民众享活动等。实体店面提供基本的沟通及维护服务，包括快递的代收代发、金融自助终端等便捷服务。目前已开通130个社区驿站，未来还将不断拓展，力争覆盖北京的所有重点社区。

第二节 我们收获了什么：品牌影响力的延伸和团队的自信

传统媒体的转型实践一直饱受诟病，多认为媒体融合发展的形势大于功能，更有人揶揄传统媒体人，以为搞个网站、开个微博，就成新媒体了。这样的批评有一定道理，如果仅仅把媒体作为一个企业，国内媒体的转型实践确实没有找到成功的商业模式，产品形态、推广运营、盈利能力等，都处于初级阶段。形成这种状态的原因非常复杂，即便如此，在转型实践中，我们还是有很大收获的。

我们为什么要实践媒体融合？北青编辑部的同仁有三点认识：一是近年，伴随纸媒发行量的减少，以及阅读人群年龄结构的老化，纸媒的影响力也自然

随之下降，媒体融合实践可以把北青的品牌影响力扩展到移动互联网上，让品牌价值得到延展；二是无论媒体的介质、形态怎么新，专业的内容一定有其价值，在各个新媒体平台上，作为媒体人，不能失声；三是传统媒体容量在不断缩减，我们的团队需要平台，在实践中学习移动互联的传播技能，学习移动互联的话语模式。三年多的实践，我们的目的基本达成。

首先，全媒体改变了我们的生产周期和产品形态。纸媒是按"天"过日子，无论新闻在什么时间发生，记者都习惯于晚上五六点钟发稿，编辑晚饭后工作，印刷厂后半夜开机，报纸第二天才送达读者手中。现在，编辑记者都建立了"唯快不破"的观念，不仅突发事件抢时效，官方发布也抢时效，北青网站、微博、微信、直播等新闻产品基本实现了 24 小时发布。对固定思维方式、工作模式的打破，为编辑部带来活力，在重大社会事件中，专业团队的持续发声，也让公众看到传统媒体存在的价值。

其次，《北京青年报》的品牌价值通过媒体融合实践得以提升。曾有人质疑传统媒体，好的内容就能有更多受众吗？答案是肯定的。在纸媒时代，都市报的发行量基本在六位数以内，新媒体的阅读量大大出乎我们的意料，在这里举几个典型的例子。在微信公众号的爆发初期，"团结湖参考"的《后周时代的九大政治猜想》阅读量达到 180 万＋，《郭美美：渴死在沙滩上的美人鱼》阅读量 80 万＋，公号"放牛班"的《iPhone 6 被掰弯以后》阅读量达到 150 万＋。这还仅仅是开始。2016 年 5 月，北青即时新闻刚刚上线，5 月 1 日至 10 日，话题"魏则西事件调查"的总阅读量就达到了 4 363 万；2016 年 10 月，当八达岭老虎咬人事件的舆情海啸退去之后，本报记者获得了独家采访的机会，并拿到了事发时的完整视频，本报为不同媒体平台量身打造了不同版本的新闻产品，第一时间同时发布，几乎获得了所有门户网站的弹窗推荐，收获了过亿的阅读量。2017 年 4 月，在微博这个传播力居前的平台上的两个数据也证明了传统媒体的影响力，6 日，本报首发的《北京自住房公租房将为新北京人开展专项分配试点》获得了 1 622 万的阅读数，10 日，《因索赔被判敲诈入狱五年"三聚氰胺"受害儿父亲九年维权今日终判无罪》阅读量突破 2 100 万——这样的阅读量，在传统媒体时代都是不可想象的天文数字。这些数据足以说明，新媒体让传统都市报突破了地域的限制，其品牌影响力在移动互联网上得到了有效的延展。

在媒体融合实践中，北京青年报维持了团队的稳定性。北京青年报从20世纪80年代就开始采取公开招聘的方式招募人才，这一传统一直延续至今，为报社积累了一支相对高素质的团队。传统媒体的人才流失近几年越来越严重，《北京青年报》编辑部也感受到了这样的压力。2012年以前，300人的团队每年主动离职的只有三五个人，2013年则达到17人，2014年为27人，占编辑部总人数的9%。这样的比例在纸媒每况愈下的今天，还是可以接受的，适当的流动，保持了团队的活力，也没有影响业务的传承。这样的结果得益于我们在新媒体上的实践。报社老人主动学习新媒体技能，新的表达方式、新的传播途径、新的采访方式，还要采购新的采编工具，并学习使用。改变既有压力，也带来了动力和成就感。

第三节 我们的问题：好内容没有卖出好价钱

与国内大多数传统媒体同仁一样，我们媒体融合实践的最大问题是，好内容没有卖出好价钱，也就是没有找到好的商业模式。北京青年报的媒体融合实践，"第一利益点是传播效果和对北青品牌的补益"，我的同事认为，如果没有我们自己的新媒体平台，好内容带来的"渠道流量收益，好比乞丐手中的破碗，可果腹一餐，长远看不可能是出路"。

新技术的出现改变了媒体的形态，也改变了受众的媒体消费行为，在商业利益的驱动下，各新媒体集团在新技术和大资金的支撑下，在互联网、移动互联网上迅速跑马圈地，建立开放的传播平台。传统媒体独立、封闭的传播渠道逐步瓦解，原来我们掌控着产业链中的所有环节，现在我们除了报纸外，其他的新闻产品都靠其他媒体的平台传播，在各平台的角色几乎与自媒体没有区别。

相较于传统媒体，新媒体的赢利模式是多元的，内容付费、电子商务、软文、硬广、服务等。内容付费、软文、硬广是传统媒体比较熟悉的赢利方式，但是这些方式的赢利规则都由平台制定，我们丧失了定价权，也缺乏与平台议价的筹码。而电子商务与信息服务等赢利方式，又是传统媒体不熟悉的领域，我们缺少技术能力和运营人才。

技术的创新迭代越来越快，媒体形态不断变化，无论是新兴媒体还是传统媒体，变革的压力都是空前的。媒体未来的路，谁也无法说清楚，大家都在摸着石头过河。相比新兴媒体企业，传统媒体转型更为困难。我们的差距在于，体制僵化，机构负担过重，管理者没有承担创业风险的意愿；企业制度不完善，对团队缺少激励机制；团队人员老化，缺乏互联网思维；对新媒体发展模式缺乏认同；对新媒体技术缺乏研究，也少有人才积累。

未来，传统媒体的转型需要补足这些短板，否则，不可能在新媒体领域找到商业模式，也就不可能真正站稳脚跟。

第三章 廊坊日报社的转型升级与融合创新实践

段艳文 王军峰[①]

近年来,地方报业在推动传统媒体与新兴媒体融合发展上都做出了有益探索。而在地市级报刊的媒体融合发展中,廊坊日报报业集团的实践,为地方报业的媒体融合发展提供了新的样本和典范。

第一节 廊坊日报近年来发展概况

《廊坊日报》创刊于1956年5月1日,是中共廊坊市委机关报,由中共廊坊市委主管主办。

在2005年,报社在确立了新的领导班子之后,明确了"办报兴社、管理兴社、经营兴社、发展强社"的理念。并在互联网的发展下,于2006年10月18日开通了《廊坊日报》的电子版,成为传统媒体+互联网的初步尝试,也成为宣传廊坊地区、展示廊坊地区的重要媒介平台。

在2009年,廊坊日报报业集团经过大规模的广泛调研,重新对报纸进行了定位,率先提出了"打造都市型党报"的定位。在这一理念的指导下,廊坊日报紧跟新媒体技术的发展,充分利用新媒体技术、积极开通新媒体平台,并在报刊电子版之后,陆续开设了手机报、廊坊传媒网、呼叫平台、QQ群、二

[①] 段艳文,中国期刊协会《中国期刊年鉴》杂志社常务副社长、主编,吉林师范大学传媒学院客座教授,研究方向为期刊转型与创新、中国期刊史;王军峰,西京学院传媒学院教师,研究方向为新媒体传播。

维码、云报纸和"两微一端"等各种形式的新媒体平台，初步形成了新媒体平台矩阵。

2014年4月28日，《廊坊日报》打造的"廊坊云报"正式诞生，搭建起了现代化报业集团的框架，这在河北尚属首例。

2014年8月18日，中央全面深化改革领导小组第四次会议审议通过了《关于推动传统媒体和新兴媒体融合发展的指导意见》。在这一大背景下，2015年，廊坊日报社全媒体传播平台中央控制室（中央厨房）开始兴建，2016年1月1日，廊坊日报社中央厨房开始正式投入使用。目前，中央厨房已经具备了新闻资源的集散功能，全媒体、全天候发布功能和调度指挥功能。这成为廊坊日报推进传统媒体与新兴媒体深度融合发展的又一个重要事件。

《廊坊日报》在与新兴媒体融合发展的过程中，取得了显著的成效，被业界称为"廊坊日报效应"，各种荣誉也纷至沓来。例如，在2013年的时候，《廊坊日报》就被国家新闻出版广电总局评为"全国百强报刊"。当年，《廊坊都市报》正式创刊，就获得"全国十佳成长性报纸"称号。2015年，《廊坊日报》《廊坊都市报》分别荣获"2015传媒中国年度十大影响力地市党报""中国十大地市党报""中国品牌媒体百强地市级党报品牌十强""2015传媒中国年度十大创新力都市报"等荣誉。在2016年，廊坊日报社荣获"全国媒体融合创新先锋品牌奖""2016中国传媒最具投资创新TOP100"，被评为"'十二五'中国创新社会管理先进单位"等。2017年11月，廊坊日报社荣获"第五届全国文明单位"称号。

目前，廊坊日报媒体平台的直接用户达到150万，影响用户达到800万，这也推动了报社经营的不断发展，实现了经营收入在2014、2015、2016连续三年的逆势上扬。尤其是在2016年，面对国内报纸停刊潮，面对报业的断崖式下滑，廊坊日报社通过采取多元化发展、多级开拓的经营方式，实现了经营创收稳中有进的良好态势，广告收入增长30%以上，报纸发行增长30%，由2005年的3万多份发展到现在的近10万份；经营创收由2005年1 000多万元发展到现在近亿元。

可以说，廊坊日报社的发展及其取得的成绩，为我国地市级传统媒体与新兴媒体融合发展，提供了新的典范和标杆。

第二节　廊坊日报社的转型升级路径

一、转变理念，实现发展

要实现传统媒体与新兴媒体融合发展，不仅只是利用新兴媒体，还要转变理念，以新的理念、新的思路去指导并推动媒体的融合发展转型。廊坊日报社在发展的过程中，也紧跟新媒体的发展，遵循新媒体传播规律，以新的理念推动自身的融合发展和转型升级。而这种理念的转变也经历了一个发展的过程。

早在2005年左右，廊坊日报社新领导班子成立之初，就明确提出了"唱响主流旋律，体现民本情怀"的办报理念，同时，报社还提出了"本土就是主流，贴近就是力量，服务就是品牌，互动就是影响"的办报宗旨，并将市场机制引入新闻传播领域。这基本上奠定了报社发展过程中，重本土化新闻、贴近民生，服务用户，以新媒体平台实现与用户互动的基本理念。正是在这种理念下，报社始终把目光集中在民生领域。例如，打造服务市民群众专栏，先后开辟了"媒体110""律师法律援助热线""纠风进行时"等栏目。这些栏目既服务于用户，又连接了用户，增强了用户黏性，真正做到了体察民情、反映民意、关注民生、排解民难。

在2013年，廊坊日报社根据时代发展的需求，又提出了"媒体融合发展、经营转型升级"的发展新思路，在内容生产模式创新和经营方法创新两个方面进行了实践探索。

在2014年，中央发布《关于推动传统媒体和新兴媒体融合发展的指导意见》之后，媒体融合进入国家战略层面。在这种背景下，传统媒体和新兴媒体融合是大势所趋，这意味着传统媒体的转型升级必须依靠媒体融合，依赖新媒体平台，以互联网思维进一步服务用户需求。在这种情况下，报社确立了"传播+服务"（新闻+服务）的基本模式，以服务用户各方面的需求；还确立了"策划 + 活动"的基本方法，以多元化的方式实现报社经营模式的突破。同时，廊坊日报社通过学习和借鉴厦门日报社、温州日报社、萧山日报社的先进经验，结合报社实际，探索并实施了"三个六"思维模式。

1. 实现"六个变"

一变纸媒为全媒。以全媒体实现与受众的重新连接，以全媒体、立体化的渠道服务用户。二变平面为平台。将党报平面媒体变为服务用户日常生活的平台，以服务黏住用户，实现经营创收。三变单向为互动。在互动交流中，为用户做好服务，增强用户黏性，扩大传播效果、深化服务精度、提升创收水平。四变品牌为资源。将党报影响力、公信力和权威性与新媒体实现对接，进一步提升传统媒体在新媒体时代的公信力、权威性等。五变传播为服务。以服务黏住用户，以服务创造价值，实现多元化营收。六变读者为用户。深挖用户潜力，提供精准服务，满足用户需求。

2. 要遵循"六规律"

规律一为活动增加广告。通过策划互动、举办活动，以活动的影响力实现广告收益。规律二为服务创造收入。通过服务达到双赢互利，以创收性服务获取经济效益。规律三为以公益性服务获得社会美誉度。规律四为团购双赢互利。通过党报自身的品牌影响力，组织媒体的读者和用户团购商品，这既使用户获得实惠，也提高了商家销售，报社也从中营收，实现了三赢。规律五为评选带来效益。利用评选实现名利双收，增加粉丝规模，这不仅扩大了媒体的社会影响力，而且为媒体带来经济效益。规律六为融合把控未来。通过融合发展跟上潮流，通过转型升级增加收入，占领时代潮头和制高点，掌握主动权，使我们的生存和发展有立足之地。

二、以技术推动融合，提升媒体传播力、影响力和服务力

2015年，廊坊日报社投资了280万元建立了中央厨房，实现了集中心枢纽、信息聚合、指挥协调功能于一体，中央厨房在整合信息资源的基础上，根据不同的媒体平台属性、特征，以及发布形式的不同，进行信息的差异化编辑和发布，实现稿件资源的分配，形成"前端采集一体、终端发布多元、传播全天候进行"的"一、多、全"的新闻信息发布新模式，初步达到了"全媒体发布、全天候传播、全能型记者、全方位创收"的效果。

中央厨房推动了《廊坊日报》两个方面的融合：一是以中央厨房为新闻"配餐"，实现内容融合。将不同形态、不同媒介的内容进行数字化处理和传

播，实现生产的集约化和内容增值。而中央厨房的搭建，为新闻信息生产"采、编、摄、传、播"的整个过程提供了内容生产的平台。以该平台为基本的技术支撑，廊坊日报社又探索了新闻传播"梯次发布、循环传播"的新的模式，实现了新闻一次采访，多次加工，多平台发布，多种形式交互传播。例如，2015年监督新闻"百余株老梨树一夜之间遭腰斩"通过报网互动，特别是将事件发布在微博微信和网站上，当日阅读量超过50万，累计阅读量超过100万，引起广泛关注。二是以中央厨房为指挥中枢，实现渠道融合。为此，廊坊日报社打造了新媒体矩阵，拓展了传播渠道；还建设了呼叫平台，直接服务于社会、市民、读者和客户。在基础传播设施建设上，报社建设了具有"屏联网""屏联端"强大功能的廊坊云报屏72块；还建设电子阅报栏。这就形成了"纸媒、网媒、掌媒"的优势互补，形成了综合性、全方位、立体化的传播态势。

同时，廊坊日报社还打造了五大平台，以全媒体平台扩大传播影响力，以大数据平台实现媒体信息精准分发，以舆情监测平台提升舆论敏感性，以活动营销平台增强营收能力，以便民服务平台提升服务力。这五大平台在不同方面形成合力，共同塑造了《廊坊日报》的品牌影响力。

全媒体平台。廊坊日报社着力打造新媒体矩阵，充分利用新媒体技术、新媒体传播等优势，增强平面媒体的传播力。在发展的过程中，报社逐步形成了"三报、一刊、一网、一端"+"四微、一屏、一栏、一台"8类23个媒体终端，打造了融合共生、优势互补、功能强大的媒体矩阵，形成了"以报纸传播为基础，以网络和系列新媒体传播为两翼"的新闻系统传播格局。矩阵的形成，扩大了传播影响力，提升了用户黏性，有利于在新媒体时代的舆论引导。

大数据平台。在大数据时代，充分挖掘大数据中的有价值信息，以数据驱动新闻生产，成为各个媒体机构都在探索的转型方式。以今日头条和一点资讯为代表的数据计算类信息分发平台已经在市场上占据了较好的份额。传统媒体也在不断地数据化自身，以数据挖掘推动转型。为此，廊坊日报社投资了300万元，建设了大数据平台，通过大数据平台，在精准掌握用户需求的基础上，实现信息与用户需求的智能化匹配。

舆情监测平台。在新媒体时代，网络舆情频发，这给管理带来了很大的挑战，如何检测网络舆情，维护社会稳定，就成为媒体的重大责任和使命。廊坊日报社以大数据平台为基础，通过关注、跟踪本地热点事件，统计分析事件整体报道与时间变化的趋势和关系，以及特定时间段内报道信息的发布数量变化曲线，同时，检测跟踪论坛、博客、微博、移动客户端、微信等平台的信息发布，实现对新媒体平台的舆情监测、分析、预警。

活动营销平台。以活动创新营收方式，是廊坊日报社在经营上的重要策略，为此，报社通过大数据平台进一步细分客户、跟踪客户、研判市场需求，为客户提供更精准化、更人性化的服务，实现创收增收的目标。同时，廊坊日报社探索了"线上推广、线中拓展、线下活动"三位一体的服务模式，打造了线上到线下全方位整合营销的新模式，实现了报社的多元化经营。

便民服务平台。在如今，以用户为中心，为用户提供服务，成为媒体黏住用户，实现与用户的重新连接的重要方式。而只有黏住用户，才能实现进一步的营收和舆论引导。为此，廊坊日报社以智慧社区和发行中心"淘廊坊"为切入点，与北京笑脸科技公司合作，通过对市民生活中"吃、穿、住、行、游、购、娱、健"的服务平台打造，实现了日常生活中水、电、暖、气、物业、卫生、停车等各种费用的网上查询与支付。这不仅提升了报社的影响力和服务力，而且增强了用户黏性，拓展了报社的创收路径。例如，智慧社区项目包括移动APP、社区网站、智慧魔屏等多种智能终端，通过这些终端可以实现社区管理、社区服务、社区建设、社区动员、社区组织、社区党建等服务。

三、以管理促进体制机制创新

媒体融合不仅仅是内容和技术层面的融合，也是管理和体制机制方面的融合。为了推进管理体制机制的融合，适应媒体融合时代发展的需求，廊坊日报社对媒体内部的运行机制和组织架构进行了重新调整。招聘15名专门的采编和技术人员成立了新媒体中心，实现了专业人干专业事。

同时，廊坊日报社在制度建设上，也建立健全了《全媒体采编流程》《全媒体记者、编辑职责》《新媒体广告经营管理若干规定》等一系列规章制度，通过这些制度规范了报社的生产流程的同时，也保证了报社新闻信息生产运作的体制机制上的创新。例如，以先云端，再网站，然后纸媒发布的方式流程，充分发挥了不同新闻端口的作用，满足了不同读者的需求。

重构奖励机制，激发融合的内在动力。根据新媒体全天候、全方位传播的需要，出台了《新媒体考核办法》，加大了新媒体发稿数量和质量的考核权重，特别是以发布条数、点击率、点赞率、转发率为依据，运用利益杠杆，引导传统纸媒采编人员向全面掌握"采、编、摄、传、播"技能的全能型编辑记者转变，丰富新闻产品种类，提高产品质量。

四、以人才为后备抓手

习近平同志认为，媒体融合需要紧紧抓住"人"这个关键要素。这是因为随着媒体融合程度的加深和媒体形态的多元化发展，人才缺乏成为媒体融合发展的一个瓶颈。因此，培养勇于突破常规的创意型人才已是当务之急，打造勇于打破常态的"全媒型"团队已是刻不容缓。

廊坊日报社在推动传统媒体与新兴媒体融合发展的过程中，始终把人才队伍建设作为推进媒体融合发展、实现转型升级的重要抓手。一方面，报社抓紧培养全能型记者。按照媒体融合发展的要求，积极打造"懂媒体、善管理、会经营"的复合型人才，苦练"采、编、摄、传、播"复合型基本功，培养全能型记者，适合融合发展、转型升级需要。通过打造全媒体记者，使内容生产从过去的粗放单一向高效集约化转变，从各自为政向开放多元转变，从专业生产向吸收读者、客户参与转变，提升了内容的加工能力、生产能力，特别是提升了增值服务能力。另一方面，鼓励创新。报社要求全体员工在媒体融合发展、经营转型升级的背景下，保持锐意进取的勇气、敢为人先的锐气、蓬勃向上的朝气，要求全体员工要"在职在岗在状态，敬业创新作贡献"。以具有创新意识的全媒体型人才为抓手，推动媒体融合发展。为此，报社"以人为本"，推行全员培训机制，建设长效实用的全新培训体系。报社坚持"兼收并蓄，熔于一炉，化为己有，有所创新"的学习原则，坚持"走出去、请进来"与"内部培训"相结合的培训方式，集中授课，适时考核。

为了开拓员工眼界，报社多次组织干部员工到厦门、杭州、苏州、温州、嘉兴、东莞等多地报社考察学习；派出几十名骨干记者分别去《今晚报》《厦门日报》《嘉兴日报》《东莞日报》《河北日报》等报社研修学习；邀请专家学者和业界名人200多位前来授课。每周五上午集中学习培训，几年来风吹不动，雷打不摇，既提高了干部职工业务素质，又形成了"比学赶帮超"的氛围，提高了采编、经营、行政人员的综合能力。同时聘请国内知名专家学者和技术尖子进行融合发展理论和 VR、H5、摄影、摄像、无人机拍摄等现代传播技能的培训，采编人员逐渐实现向"采、编、摄、传、播"现代化全能型采编团队转变，为融合发展、转型升级夯实了人才素质基础。

第三节　廊坊日报社的未来发展方向

2017 年，廊坊日报社开启了全新的发展战略布局，实现经营的全面转型升级，通过进一步学习新技术，打造新业态，创造新价值，推动媒体融合的进一步发展。在战略方向上，廊坊日报社主要从宏观、中观和微观三个层面着手。

宏观层面是目标。廊坊日报社在未来的发展中实现全媒体的智能化传播，实现报社五大平台的协调联动，通过彼此助力、互通共享来进一步实现新闻资源和广告经营资源在这五大平台上的最优组合，最大化地利用资源，以提高报社的影响力、品牌力。

中观层面是保障。廊坊日报社进一步建立和完善与全媒体发展相适应的采编和经营流程，以及与之相应的机制体制。以机制体制为筋骨，进一步推动和保证媒体深度融合及经营转型升级。

微观层面是抓手。廊坊日报社进一步细化生产流程，以"中央厨房"为核心的协调和发布平台，完善和提升新闻信息采编、发布过程中的各项细节，使之运行得更加科学化、规范化、高效化，进一步提升廊坊日报社的新闻舆论传播力、引导力、影响力及公信力。

第四章 以"内容导向"促深度融合
——《大河报》媒体融合的探索
闫伊默[①]

创办于1995年的《大河报》，隶属于河南日报报业集团，在全国都市报兴盛的浪潮中在中原大地一纸风行。随着新媒体技术的发展，跟其他同类纸媒一样，不可避免地受到冲击和挑战。目前，在中原都市报生态中，《大河报》尽管仍然保持着"一家独大"的地位，但基于纸媒面临融合发展趋势的现实背景，其不可避免地会遭遇转型的阵痛。融合发展是大势所趋，深入转型时不我待。都市报媒体融合没有现成道路可循，亦步亦趋的"邯郸学步"亦非正途。基于自身环境、资源及禀赋综合考量，《大河报》进行了以内容为导向的深度融合探索，并取得了较好成效。

第一节 《大河报》自身媒体融合背景

首先，传媒技术的发展不断重构传媒生态，融合发展是大势所趋。基于复杂的经济、技术、社会等背景，迭代发展是传媒发展规律。但网络技术的发展，使传媒迭代共存有别于以往传统的印刷媒体、广播媒体及电视媒体的"相安无事"，而是由"网络媒体"一统江湖，呈现出"不融合即出局"的态势。在新媒体冲击下，传统纸媒尤其是都市报发行量下滑、受众流失、市场经营效益下降，生存和发展遭遇窘境。这一较为普遍的状况，跟全国其他同类报纸一样，《大河报》亦未能幸免。

---

① 闫伊默，华南师范大学新闻传播系副教授。

其次，同样是由于传媒技术的变革，都市报以往在内容上的市民化、市场化等传播特征，与新媒体传播内容相较已无优势。再加之现代社会的风险较为突出和普遍存在，传媒作为国家治理的重要维度之一，都市报传统上舆论监督取向的定位和理念得到调整和校正，从而使其在当下传媒生态中的优势更显捉襟见肘，都市报既往的社会影响力及舆论反映和引导力日渐萎缩。

最后，在媒体融合过程中，都市报经历了媒介形态的多元化，形成了网站、微博、微信、APP等多元媒介格局；在经营上也不断尝试各种既有盈利模式，但并没有带来所期待的效果。基于部分市场先期形成的有效模式，由于其得以形成的因由较为复杂，后来模仿者简单的移植改造并不奏效。互联网的创新基因决定了传统媒体在融合发展上必须以创新为本，简单的互相抄袭和形式上的修修补补，绝非媒体融合之正途。

总体上新媒体之于传统媒体带来的内容、经营及人才等诸多挑战，使得《大河报》必须求变求新，在新媒体融合发展趋势的大背景下，基于自身传统和资源禀赋，明确自身定位、重塑传播理念、谋求发展合力，探索符合自身的融合转型之路。

第二节 重构内容，塑造主流地位

《大河报》是党报集团——河南日报报业集团的子报，这一背景决定了其跟党报一样承担着重要的宣传职能和社会责任，主流地位和主流社会影响力是其内在诉求。

从当下传媒生态看，在新媒体发展所重构的传媒格局中，传统都市报和新媒体之间在市场化和市民化的传播取向上已经优势不在，初期靠社会新闻、娱乐新闻的市场化操作思路在效果上日渐乏力。

从外部环境看，近些年国家层面关于互联网新闻传播的规范化管理及对传统版权维护的支持，为传统媒体融合转型发展在政策上提供了较好的外部发展环境，有效维护了新闻传播秩序。都市报借此机会，在内容上进行重构，以期找回昔日的社会影响力。

面对媒体融合发展进程中"内容为王"和"渠道为王"的争论不休，经历初期摇摆迷茫之后,《大河报》审时度势确立了"内容取向"的融媒发展思路,强化媒体的社会价值,注重内容建设、恪守媒体责任、彰显人文情怀,强化自身的主流定位和主流价值。

在具体操作上,《大河报》除了在纸媒上围绕重大主题和中心工作进行谋划、主动设置议程,还积极通过新媒体进行主流新闻产品的制作和传播,并与河南日报报业集团所属媒体形成充分互动。2017 年 10 月 15 日,党的十九大召开在即,为烘托主题、营造氛围,大河报·大河客户端历时半年创作完成的微视频《家》上线。8 分钟视频讲述了郑州一户普通市民的幸福生活,向大家展示了一个共同主题:"家是最小国,国是千万家。"有了祖国的强大,才会有幸福的小家;有了小家的幸福,才会托起美好的中国梦。传统"家国"观念的故事化传播,在受众中引起强烈共鸣。据后台监测数据显示,全网阅读量超过 243 万人次,有效强化了国家认同,为党的政治生活大事——十九大召开营造了较好的舆论氛围。

在主流内容和价值重塑中,作为都市报的《大河报》在同一主题的多元呈现中有着较大发挥空间,在叙事表达上与作为机关报的党报在效果上形成互动和互补,从而通过融媒新闻产品的传播影响力来彰显自身的主流地位和主流影响力,同时也为都市报的融合发展与转型做出了有效的路径探索。

第三节 注重策划,打造刷屏精品

报道策划是《大河报》的传统优势,在新媒体传播背景下,碎片化信息传播环境和受众碎片化信息接受使得深度报道遭遇困境。然而,也恰恰是在这种背景下,受众对深度信息的内在诉求才显得更加重要。关键是如何在内容和形式上,找到信息和受众之间的连接,在此基础上通过传播形成共鸣。报道策划是对现有新闻资源的整合,通过策划使新闻信息之于受众的潜在效能得到最大程度的发挥和呈现。

"小切口"彰显大主题。脱贫攻坚是当前中心工作,对这一重大主题进行多角度立体呈现,是《大河报》主题宣传的应有之义。2017 年全国"两会"期间,大河报·大河客户端推出了以脱贫攻坚为主题的微纪录片——《春光的春光》。纪录片的主人公闫春光,是兰考县张庄村的普通农民。纪录片选择

"兰考"这个符号性的地点,通过讲述闫春光脱贫致富的故事,辅以兰考今昔对比的穿插,来反映河南省脱贫攻坚的成绩和贫困群众的精神风貌。

微纪录片《春光的春光》从创意、拍摄到制作,历时近两个月。从新闻视频呈现到航拍视觉打造,从纸媒呈现到微纪录片摄制,《大河报》进行了一次新闻产品生产和呈现方式的全新探索。《春光的春光》特意选择在全国两会期间推出,《大河报》在播出前设计了创意电子海报刊发,报纸同时刊发了纪录电影出炉记、深度解读"台前幕后"。大河客户端、大河报官方微博、微信再次推送,大河全媒体户外大屏、郑州高铁东站大屏以及高铁列车同步播放,河南日报报业集团所属各平台协同推广,助力"春光"实现刷屏。《大河报》"两微一端"及腾讯、优酷、中原自媒体联盟等点击量超千万。

参与式传播放大影响力。为迎接党的十九大,大河报·大河客户端精心策划的参与式报道感动了全国亿万网友。2017年9月27日、29日两天,《大河报》联合多家单位在郑州机场T2航站楼、郑州东站举行了"国旗耀中原"大型快闪活动。上千人齐唱《歌唱祖国》,引发亿万网友点赞"厉害了我的河南!",该活动视频直播在微信朋友圈、微博刷屏。10月16日,大河报·大河客户端据此制作的纪实微电影《旗》上线,集中展现了河南人民爱国爱家的豪情壮志,呈现了1亿河南人"燃"的一面。《旗》上线24小时,全网点击量突破百万。大河舆情研究院监测数据显示,全网阅读量超过3 183万人次。

围绕主题开展活动,彰显媒体责任。每年高考结束,《大河报》都会与爱心开展助力贫困学子上大学。2017年,《大河报》与精准脱贫相结合,将募集到的爱心助学款用于最需要帮助的贫困地区优秀学子。为此,大河爱心助学特别行动为全省1.2万余名驻村第一书记开放绿色通道,请他们推荐所驻村的优秀寒门学子,助贫困生圆梦大学。河南日报报业集团所属全媒体平台及环球网、大众网、网易新闻、今日头条等平台纷纷进行推送转载助学消息,多篇报道点击量突破千万。由此,《大河报》发起的"爱的信息"迅速覆盖全省18个省辖市,并在全国产生强烈反响,在帮助优秀贫困学子的同时,放大了精准扶贫的传播效果。

第四节 分众传播,打造垂直平台

基于新媒体传播特性,传播渠道和受众呈现分化趋势,建立在此基础上的分众化平台减少了传播中间环节，使传播对象和传播效果更为精准。垂直细分意味着聚焦、专注，把有限的资源集中在某些特定领域或某种特定需求，开创新领域，抢占消费者特定认知。

《大河报》已不仅仅局限于一般的全媒体平台建设，而是深耕垂直平台，在直观化新闻生产上进行了积极探索，并取得了较好效果。2016年短视频和网络直播成为新媒体传播风口，《大河报》积极跟进，着力打造短视频和网络直播产品。2017年2月12日，大河报·大河客户端记者通过手机对河南浚县古老的正月十六庙会社火进行了直播。通过4个半小时的直播，浓郁的传统年味透过屏幕，飞跃全球，传递到海外的欧洲、澳洲、非洲游子心头，在那里的河南人纷纷点赞。监测数据显示，此次直播在大河客户端等平台的总播放量超500万次，评论数2.1万，点赞数突破65万。

一手播河南，一眼懂中原。2017年6月6日，前期已运行近一年的大河报"豫直播"正式上线，并成为河南省内唯一的原创直播平台。试播当天推出了"直播助农，公益24小时"大型活动，帮助山沟里的茶农叫卖农产品。此次直播在各大平台上累计播放量达300多万次，大河报官方微博、微信等总点击量超过100万。7月23日至8月4日，"豫直播"对少林寺1 500年以来的首届少林无遮大会进行了14场直播，超过500万人观看；"十一"长假期间，"豫直播"8天时间推出了22场直播，全网点击量破百万。

2017年12月16日，在郑州举行的2017（第十三届）大河财富中国论坛暨大河财立方创立大会上，大河财立方财经全媒体平台宣告正式上线。大河财立方财经全媒体平台，主要以大河报财经新闻为基础，整合河南日报报业集团、大河网络传媒集团的优质财媒资源，牢牢确立移动优先战略，构建立体分发通道和传播生态，着力打造中原地区最具影响力财经全媒体平台。

大河财立方财经全媒体平台充分借鉴国内先进通讯社生产模式，对河南的上市公司、拟IPO、新三板、银行、保险、证券、基金、资管、创投等领域，形成无盲点覆盖。它所生产的新闻形态丰富多样，包括报道稿件、直播、短视频、图集、调查等，真正实现了"7×24小时"生产、分发。同时，该平台还搭载国内领先的AI写稿机器人XiaomingBot，旨在实现对传统媒体的生产力重构，从技术端支撑该平台采编生产对"人机协同"作战的探索。

除自有新媒体平台外，大河财立方将充分融合河南日报报业集团旗下的优质财媒资源，并与今日头条、一点资讯、天天快报等国内一流第三方媒体合作，聚拢10多个新闻端口，纵贯移动端、PC端、纸媒端。

"大河财立方"是一项立体综合的品牌工程，除媒体传播矩阵外，投资运营平台亦是其重要功能。"大河财立方"投资运营平台，引进多家国有战略投资者尤其是"金融豫军"，联合组建河南大河财立方传媒控股有限公司，通过市场化机制和手段，有效配置股东层面在各自领域的牌照优势、平台优势、资源优势和互补优势，构建国内财媒界首家金融投资服务链接商。

"大河财立方"的媒体传播矩阵与投资运营平台，各自独立运行，经营层面相互赋能。一方面通过改革创新，扩大主流媒体在财经领域话语权和影响力；一方面借助市场化机制和力量，实现"财媒＋金融"的外溢效应，为媒体深度融合发展提供支撑。

第五节　主动融入，形成传播合力

《大河报》作为河南日报报业集团的子媒体，其自身媒体融合在新媒体格局中意义并不大，打破媒体之间的竞争区隔，积极与集团内外新媒体平台进行融合是应势之举，也是媒体深度融合的内在要求。

2017年6月6日，河南日报报业集团"中央厨房"正式运行。此前，报业集团不断完善"中央厨房"的建设运行，进行了大量实践探索。新版"中央厨房"运用移动互联网、大数据、云计算等先进技术，通过新闻线索采集、选题跟踪、信息沟通、数据反馈等功能，统一指挥、统一调度，实现"多点采集、中央汇聚、多平台发布、全时段传播"，积极推进在内容生产、传播方式和经营模式全领域的深刻变革。

同时，河南日报报业集团与全省18个省辖市党报签署了"共同行动"计划纲要。报业集团将为省内各报业媒体提供新型内容生产、大数据运营、政务服务、舆情监测处置等应用，实现指挥调度、选题策划、采编联动、分发传播等全流程融合，努力构建纵向贯通省市县、横向汇聚媒体和党政部门的区域性生态型媒体融合平台。

为消除媒体融合壁垒，河南日报报业集团在集团层面成立大河网络传媒集团，负责对集团所属新媒体进行统一运营，《大河报》自身诸多新媒体平台亦统一纳入其中。因此，在实际运行中，大河报·大河客户端与河南日报报业集团所属的《河南日报》《河南日报（农村版）》《河南商报》《河南法制报》、河南日报网、河南日报客户端、大河网、河南手机报等传播平台打通，实现信息共享、同步传播的一体化运行模式。同时，大河报·大河客户端还依托自身品牌及原创新闻产品生产能力与新浪微博、今日头条、天天快报、百度、一点资讯等机构合作，开设《大河报》头条号、企鹅号、一点号、百家号等，实现内容统一对外分发和推广，借助既有占据市场前位的新媒体平台壮大自身影响力，并实现内容变现。

2016年底，人民网研究院在论坛上首次发布《中国媒体融合传播指数报告》，大河报在报纸媒体融合传播 TOP10 中名列第九，跻身国内媒体融合大军第一梯队。截至 2016 年年底，大河报微博矩阵有 30 多个账号，1 600 多万名粉丝；微信矩阵有 40 多个账号，500 多万名粉丝；大河客户端目前已经有 1 300 多万用户，加上与全省 428 家各地自媒体联盟的 1 600 多万名粉丝，总用户量超过 3 000 万。《大河报》在媒体融合发展中借助上述新媒体矩阵，实现了传播效果的放大和影响力的倍增。2017 年 6 月，由世界品牌实验室主办的第十四届中国 500 最具价值品牌发布会在京揭晓榜单，《大河报》再次成为河南唯一上榜媒体品牌，品牌价值比 2016 年提升 12.6 亿元，达到 94.76 亿元。

第六节　融媒支撑，力促人才转型

新媒体发展使传统媒体面临人才流失、人才结构及人才素质等诸多严峻挑战，传统媒体要转型融合发展必须有全媒体人才相匹配、做支撑。为此，《大河报》通过"内培外引"，一方面集中自身技术人才开展内部培训及相关技术开发，同时多批次面向社会招聘技术人才，打造自身技术团队，推动编辑记者向全媒体记者转型。2017年，以"中央厨房"为牵引，《大河报》完善薪酬考核，倒逼记者自我革命，向全媒体记者转型。"全媒体思考+创新+应用能力"逐渐成为大河报人的标配。

2017 年，河南日报报业集团开启培养全媒体人才的"惊蛰计划"，通过理念创新、教育培训、优化管理、考核激励、项目孵化，带动采编队伍向全媒体记者、全媒体编辑转型，锤炼一支适应媒体融合发展战略的全媒体"特种兵"。《大河报》要求一线采编人员积极参加"融媒春训营""融媒咖啡馆"，学习VR技术、无人机技术、手机微直播、H5制作等融媒技术，提高全媒体技能。此外，《大河报》还要求采编人员了解和学习不同渠道的传播方式，具备"全媒体思考"能力，能将新闻报道或话题以最合适的渠道传播，同时掌握文字、图片、视频、音频等不同的叙述方式。

《大河报》采用视频、直播、H5、海报、720全景、图集、音频等多种多样的方式，带给用户最新潮的交互式体验。正是人才队伍的全面转型，《大河报》采编团队制作的《春光的春光》《家》《旗》等一系列融媒产品才能够大放异彩。

第七节　《大河报》融合转型问题与展望

基于自身优势及环境，《大河报》以"内容取向"为特色的融媒转型之路，尽管取得了一定成效，但在深度融合发展的理念、资金、技术及人才等方面仍然面临较大挑战，亟须通过进一步深化改革实现突破。

首先，媒体融合发展理念需要继续强化。传统媒体办报理念惯性依然存在，不同层面管理者及采编人员网络思维意识不强，初期媒体融合的"报纸+互联网"发展思路仍不时显现，融合发展理念停留在"报纸内容的互联网平台平移和渠道放大"，创新动力不足，融合发展缺乏互联网思维的宏观谋划。

其次，媒体融合资金投入依然是亟须突破的瓶颈。都市报传统广告盈利模式遭遇新媒体较大冲击，盈利能力大幅下降，其他多元产业盈利乏力，外部融资能力和渠道有限，再加之办报成本的冲抵，自有资金很难为需要较大投入的媒体融合提供资金支撑。

最后，媒体融合人力资源建设面临困境。新媒体对传统媒体冲击的一个重要表现，就是优秀传统媒体人才的流失。在新媒体普遍较为优厚待遇的吸引下，传统媒体缺乏留住人才的资本。同时，作为媒体融合重要支撑的技术人才，传统媒体对其没有足够的吸引力。

都市报上述融合发展所遭遇的困境,《大河报》同样需要面对。都市报融合发展的转型,没有可以遵循的现成路径。在探索适合自身转型路径的道路上,需要强化互联网思维,以互联网平台的宏观视角对融合发展进行统领,在此基础上实现体制机制、内容及生产传播流程的再造。

(本文撰写参考了《河南日报》《大河报》及其新媒体平台刊发的相关报道,同时参阅了王自合等人刊发于2017年第11期《传媒》杂志的文章《从主题宣传看都市报深度融合模式》。)

渠道融合创新篇

第五章 融合、创新、发展：光明日报报业集团媒体融合的新探索

董媛媛[1]

媒体融合是当今媒体发展的必由之路，技术的更新换代、媒体生态的日新月异为媒体融合的不断发展提供了新的机遇与挑战。光明日报报业集团作为我国老牌的传统媒体，率先进行媒体转型，尝试新技术、创新新产品、拓展新渠道、培养新人才，成为我国媒体融合领域的领跑者，为其他传统媒体的转型发展提供了大量可借鉴的经验。

第一节 光明日报报业集团基本情况

光明日报创刊于1949年6月16日，是中共中央主管主办，中央宣传部代管的中央党报。光明日报"立足知识界，面向国内外"，重点报道教育、科技、文化、理论等领域的新动态、新突破、新理论、新成果以及知识分子典型人物，报道和发表知识分子关注的新闻、言论和作品等。其读者的层次水平普遍较高，主要分布在政府机关、企事业单位和公办高校等，是知识分子互相交流的学术平台和精神家园。

光明日报报业集团拥有中央重点新闻网站——光明网和《文摘报》《中华读书报》，以及《书摘》《博览群书》《教育家》《新天地》杂志和光明日报出版社、光明日报手机报，在全国设有41个记者站，在世界22个国家和地区派有常驻记者，读者遍及社会各界和120多个国家和地区。

---

[1] 董媛媛，北京交通大学语言与传播学院副教授。

如今随着新的媒介技术的快速发展，光明日报报业集团紧跟媒介发展潮流，不断探索媒介融合发展的创新方式，不仅取得了显著成绩，更是成为我国主流媒体在媒介融合创新领域的领跑者。

第二节　光明日报报业集团的融合创新实践

据中国互联网络信息中心发布的第40次《中国互联网络发展状况统计报告》显示，截至2017年6月，中国网民规模达7.51亿，互联网普及率达到54.3%，超过全球平均水平4.6个百分点。其中，手机网民规模达7.24亿，手机网民占比达96.3%，移动互联网主导地位强化。[①] 新媒体的快速发展不仅体现在移动互联网成为人们获取信息的主要渠道，新的媒介技术的广泛运用更是丰富了人们获取信息的方式。VR、AR、全景摄像、人工智能成为传媒发展的新的技术支撑，直播、短视频等平台的火爆也为媒介融合提供了新的思路。

2017年2月19日，中共中央宣传部部长刘奇葆到中央电视台调研媒体融合发展情况时强调要深入学习贯彻习近平总书记系列重要讲话精神和治国理政新理念新思想新战略，全力推动媒体深度融合取得突破性进展，不断深化新闻单位融合传播创新，着力打造一批形态多样、手段先进、竞争力强的新型主流媒体，进一步提高新闻舆论传播力引导力影响力公信力。[②] 光明日报报业集团紧跟党的战略发展，抓住新媒介技术发展的契机，注重受众需求、发展品牌特色、创新传播形式、深入探索媒介融合，为传统媒体的转型发展提供了有价值、可借鉴的经验。

一、"融媒体"概念驱动产品创新

光明日报报业集团率先提出了"融媒体"的概念，迅速成立了"融媒体"中心，并提出了理念、流程、技术、产品、渠道、人才、市场、资本的八个融合。在"融媒体"理念的指导下，光明日报报业集团充分拓展思路、尝试运用

[①] 第40次中国互联网络发展状况统计报告［R］.中国互联网络信息中心，2017－8.
[②] 石佳.推动媒体深度融合取得突破性进展［N］.光明日报，2017年2月20日第4版.

新兴媒介技术，推出了一批成功的创新融合产品。

1. 人工智能提升媒体服务能力：光明小明人工智能新闻信息服务平台

2016 年 11 月 18 日，由光明日报融媒体中心开发的"光明小明"正式发布。这是我国首款人工智能新闻信息服务平台，整合了目前最先进的人工智能、大数据分析和语音识别技术，在光明日报客户端、光明日报小明微信公众号提供文字和语音两种方式的对外服务。通过光明小明，用户可以查询各类新闻和各种生活服务信息，还可以查询机票、预定电影等[1]。光明日报报业集团利用新兴的人工智能技术强化了媒体服务能力，既充分满足了受众在资讯、生活等多方面的需求，又创新了新闻传播形式，丰富了传统媒体的职能维度，利用媒体平台便利人民生活。

2. 交互式新闻新探索：轻 WEB 游戏、轻 WEB 应用

随着智能手机的广泛普及，HTML5 成为移动互联网时代内容信息的新的呈现方式。在报网融合的大背景下，光明网不断尝试将 HTML5 的新特性与自身内容结合起来，巧用轻 WEB 游戏和轻 WEB 应用形式，增强视觉冲击力、实现与受众更强的互动。

2016 年全国两会期间光明网参考网络流行的"读心术"游戏推出《两会声音，小明更懂你》轻 WEB 游戏，将各部委负责人接受采访时所说的民生要点用"猜"的方式随机呈现，并请网友点赞，网友在游戏的同时了解了两会内容。轻 WEB 游戏具有逻辑互动功能，游戏的形式为原本严肃的新闻信息增添了趣味性，受众在游戏过程中潜移默化地接受了新闻内容，从而取得更好的传播效果。

2016 全国两会报道后期，光明网推出了移动端报道《快看，"习"式桌面主题来袭》。报道模拟了手机桌面及 APP 的形式，将习近平总书记全国两会期间"下团组"时的热点话题及内容呈现出来。这种轻 WEB 应用充分调动了受众的好奇心和求知欲，受众在探索每个"APP"内容的过程中获得满足感，传播效果良好。

光明日报在移动端投放的专题作品呈现出巧设计、精编排、新形式、大内

---

[1] 李政葳."光明小明"，以人工智能提升媒体服务能力 [N]. 光明日报，2016 年 12 月 17 日第 6 版．

容的特点，用活泼形式传播严肃内容既能满足当下移动端受众对娱乐的需求，又能更广泛地、深入地传播新闻内容。既是光明日报报业集团在媒体融合领域的成功探索，也是传统纸媒转型发展的有效经验模式。

3. 新媒介技术提升用户体验：虚拟现实、全景场景

虚拟现实技术为传统媒体在新媒体时代的发展提供了新的发展方向，随着虚拟现实技术的普及，VR+的新媒介形态更是席卷了整个媒体行业。光明日报率先将虚拟现实技术运用到新闻报道中，在2016年两会期间推出了融媒体作品《政协新闻发布会VR实况》，受众可以通过头戴式设备或者直接通过智能手机完成全景体验。VR技术营造的临场感拉近了普通民众和政协新闻发布会的距离，增强了人们的参与感和主人翁意识，也让发布会内容得到了广泛有效的传播。

2016两会期间，光明日报还推出了《两会新闻中心360度全景》和"全景看两会"两组专题作品。通过全景照片技术摄制，以HTML5页面技术推出。受众只需要旋转智能手机，就可以通过手机中内置的陀螺功能，实现屏幕图景的平滑移动。全景场景为受众带来了全方位的感受、营造了身临其境的感觉，受众可以从任意一个角度互动性地观察场景，同时也最大限度地保留了场景的真实性。通过全景作品受众可以更真切地感受两会现场，了解两会情况，满足了受众的猎奇心理。

4. 移动传播强化"观点立端"：光明日报客户端

为进一步落实中央相关指示精神，坚持新媒体与传统媒体"一个品牌"的具体举措，2016年12月16日光明日报主办的移动客户端"光明云媒"正式更名为"光明日报客户端"，并在架构、内容、技术和服务上进行了全面改进。光明日报客户端的正式更名是光明日报报业集团在媒体融合进程中的一个里程碑，它在新媒体领域延伸、拓展、深化了光明日报的品牌影响力，通过深度融合重塑生产流程，将光明日报的内容生产力转化为光明日报客户端的内容优势。[①] 光明日报报业集团通过"两微一端"的合力建设，强化移动端传播能力，打造适应互联网传播新格局的新媒体产品和平台，完善新媒体矩阵建设。

---

① 张薇. 光明日报客户端正式更名上线[N]. 光明日报，2016年12月17日第1版.

二、多平台联动优化媒介融合

1. 借力直播创新报道方式：炫融直播、微沙龙

据中国互联网络信息中心发布的第 40 次《中国互联网络发展状况统计报告》显示，截至 2017 年 6 月，网络直播用户共 3.43 亿，占网民总体的 45.6%，直播平台内容由 UGC 向 PGC 转变。[①] 网络视频直播的井喷式发展为媒体提供了新的报道形式，网络视频直播以其较强的互动性、真实性、灵活性、便捷性成为新的媒介热点。

光明日报在两会期间进行了"炫融直播"，主持人在后方演播室根据节目进展随时与前方记者连线。前方记者通过定制的"光明可视"APP，用手机完成和后方主持人的连线，非常便捷。此外，光明日报报业集团在两会期间还通过 Skype for Business 平台进行"微沙龙"直播。网络"微沙龙"可以实现国内外多方异地连线，邀请代表委员和专家进入讨论室进行与主话题相关的讨论，主持人随时插播事先准备的与讨论话题相关的资料，观看"微沙龙"直播的网友们可以进行发言互动。"微沙龙"讨论在光明网、光明云媒客户端、光明校园传媒等渠道进行直播。

网络直播的互动性强，受众可以通过随时提问解决自己的问题。不受传统电视直播的时空、设备限制，网络直播可以通过电脑、移动设备等随时随地获取直播信息，更适合当今人们的快节奏的生活。光明日报在两会期间借力各大直播平台，让两会的新闻报道内容更深入人心。

2. 自创多信道移动直播平台：钢铁侠

"钢铁侠"多信道移动直播云台是光明网最新设计研发的全媒体报道设备，集视频新闻信息采集、发布于一体。只需一位记者便可快速实现视频、全景、VR 等内容的同步直播和录制。通过后台的云控制台、云存储及流媒体服务系统，记者可以一键同步实现 PC 端、新闻客户端及 H5 页面等跨平台 VR 视频内容的适配与分发，让多种媒体产品在同一平台快速生产聚合。"钢铁侠"多信道移动直播云台可以提供高达 3K 画幅、4M 码流的视频和 VR 信号，观众可直接通过手机或电脑裸眼观看高清 VR 直播画面。网友也可以通过微信等社交平

[①] 第 40 次中国互联网络发展状况统计报告［R］. 中国互联网络信息中心，2017 - 8.

台进行观看、分享、参与 VR 直播互动。① "钢铁侠"实现了跨平台的内容集成与发布，将各个平台优势发挥到最大化。同时，它简化了复杂的技术，让前方记者可以方便快捷操作完成信息的采集与发布。当然，这一单兵设备背后是一个二十多人团队的配合运营。这不仅是光明日报报业集团的一次成功创新，也是我国媒体融合探索进程中的一个重要成果，让技术创新进一步推动媒体融合。

三、多渠道协同深化媒介融合

1. "媒体+智库"创新互动双向成长：中国智库索引

加强智库自身建设、提升智库治理能力，是建设符合发展规律、满足党和国家需要的高水平智库的必由之路。为推动共商、共建、共享的新型智库共同体建设，光明日报智库研究与发布中心联合南京大学中国智库研究与评价中心共同研发了我国首个智库垂直搜索引擎和数据管理平台——中国智库索引（CTTI）。"媒体+智库"不但可以实现思想的传播，还可以通过数据分析掌握公众的思想和观点，形成深度挖掘、深度传播产业链，为"下好媒体融合先手棋，打好理论传播主动仗"打下了坚实的基础。光明日报在新媒体时代注重新兴智库共同体建设，积极促进智力资源深度融合，为中国特色新型智库建设贡献力量。

2. "新媒体+出版"共建出版新生态：出版头条客户端

手机是当今人们上网的主要途径，手机阅读也成为越来越多的人选择的阅读方式。在新媒体快速发展的大背景下，光明日报作为长期重视出版行业资讯传播的国内传统主流媒体联合中国出版协会共同主办了"出版头条"客户端。"出版头条"基于大数据挖掘，及时呈现出版行业最新资讯，还提供在线实时多媒体采编工具可以随时进行新闻的编写。光明日报通过自身多年在新媒体、媒体融合方面的经验，和中国出版协会共同搭建通往大众传播的平台和桥梁，实现优质内容和技术的双向融合。

3. "互联网+科普"打造知识分子网上精神家园：光明网与中国科技馆签约合作

团结和依靠科学家与广大科技工作者，共同做好科普知识的宣传工作，是

---

① 逯成业. 光明网"钢铁侠"自述 [J]. 青年记者，2017，(10)：59—60.

光明日报的传统优势和新闻特色。2016年11月4日，光明网与中国科技馆签约合作，共同制定和实施"互联网+科普"战略，运用光明日报在媒体融合中的经验和传播力，全力支持包括中国数字科技馆项目在内的各项科普信息化工作，让科学知识在网络时代得到更广泛的传播。

4. "电台+纸媒"共创留学服务平台：光明日报《留学》杂志与山东经济广播签约合作

2016年12月18日，光明日报《留学》杂志与山东经济广播电台签订了战略合作协议，旨在电台与纸媒，声音与文字之间搭起一座互通有无、携手共享的桥梁，共同打造一个具有媒体公信力的留学服务平台。推出《留学看天下》电台节目，并在各大音频收听平台同步更新，同时通过线上社群和线下沙龙等活动增加用户黏度。

四、创新体制机制，打造全能型精兵强将

1. 队伍融合夯实媒体融合基础

人是传播活动的灵魂。"由于互联网的带动，媒体成为一个模糊广电、通信、设备制造等诸多传统领域的产业，现在又呈现出从'跨行业'向'全产业'发展的趋势。"[①] 建设一支政治可靠、业务过硬、有责任有担当的创新人才队伍，是传统媒体与新兴媒体融合发展的关键。

光明日报是国内率先成立融媒体中心的主流媒体之一，融媒体中心是一个集报纸、子报刊社、网站、客户端、微博微信、手机报、室内外信息屏等各种发布渠道为一体的新闻报道加工基地。过去由于融媒体技术使用门槛过高，让队伍融合成为媒体融合的一大难题。如今光明日报通过技术简化、专业技能培养等方式，克服了技术带来的传播障碍，让记者们可以轻松掌握融媒体技术，发挥自己内容采编优势的同时快速参与到融媒体产品的生产中。最终，使编辑记者成为"访得了部长、堵得住委员，扛得起镜头、俯得下视角，上场能主持、下场会写稿"的融媒体"特种兵"。[②] 为进一步全面、深入、系统完善媒

---

① 光明日报媒体融合发展专题调研组. 破解媒体融合发展的人才瓶颈——媒体融合发展系列调研报告之五［N］. 光明日报，2015年8月21日第5版.

② 陈建栋. 技术驱动媒体融合快速发展——从光明日报两会报道看媒体融合建设成果［J］. 中国报业，2016，(07)：19—21.

体融合打下了重要基础。

2. 项目工作室驱动媒体融合

光明日报社打破以往以部门和版面为核心的工作机制，成立融媒体项目工作室促进融媒体团队协同作战。根据不同项目、不同平台对稿件进行针对性的包装。坚持一体策划、策划先行，建立常态化融媒体策划机制。灵活传媒人才激励制度、鼓励编辑记者自由组合"内部创业"，充分调动员工的主动性和积极性，推动全社编辑记者主动参与媒体融合发展。将媒体融合的思路深入每个员工心中，成为媒体融合工作顺利发展的核心。

第三节 光明日报报业集团媒体融合的创新特点

光明日报报业集团经过多年的探索与实践，形成了系统化、多元化的媒体融合体系，成了传统媒体在媒体融合领域的先行者。纵观2016年光明日报报业集团在媒体融合领域的整体情况，可以总结出以下四项创新特点。

一、融媒体理念贯通全面融合

光明日报报业集团以媒体融合为基本理念，进行了多元全面的融合，在产品、平台、渠道、经营管理等方面多管齐下。每个方面纵向深化融合，尝试新技术、拓展新领域、整合新资源、培养新团队，以融合促发展。同时，各方面各领域横向协同发展，共同搭建了光明日报融媒体体系。真正做到了深度、全面的媒体融合。

二、发挥品牌优势，提升内容公信力

光明日报是我国有历史、有威信的中央党报。在媒体融合的发展过程中，光明日报报业集团始终坚持"光明"品牌，严把内容质量关，创新了一批品牌特色的精品产品和栏目。顺应互联网潮流，在光明日报官方微博、微信平台上营造了一个"接地气"的中央党报形象，深得年轻受众喜欢。在信息爆炸的互联网时代恪守新闻专业主义原则，让内容得到专业化提升。提升内容公信力，

深化品牌影响力。

三、新技术带动新融合

以坚持党性原则为内容建设的根本，以先进技术为内容建设的支撑。产品是媒介融合的创新抓手，新媒介技术的发展为产品创新带来了广阔的发展空间。光明日报率先尝试使用虚拟现实、人工智能、全景摄像等技术，创新产品及服务平台。推出了如"光明小明"人工智能新闻信息服务平台、《政协新闻发布会VR实况》融媒体作品等广受好评的创新成果。新技术的发展带动了新融合，光明日报报业集团也在新技术使用与完善的不断探索中稳步推进媒体融合进程，取得良好成效。

四、多渠道合作丰富融合

光明日报报业集团积极拓展政府、企业、行业协会、高校等渠道，通过建立签约合作关系保证媒体融合内容的多样性和专业性、技术的先进性以及人才资源的充足。多渠道合作丰富了光明日报报业集团媒体融合的广度，有效地推动着光明日报报业集团走在行业媒体融合的前列。

第四节 报业集团深化融合创新的路径方法

光明日报报业集团在媒体融合领域已经积累了较多经验，通过对光明日报报业集团媒体融合实践成果的梳理和考察，可以看到媒体融合需要从理念到实践进行系统深化。报业集团可以从以下几个方面入手，不断探索深化媒体融合创新的路径方法。

一、做强渠道、做精内容、做好技术

渠道带来资源，报业集团在媒体融合过程中要重视渠道的拓展，充分利用渠道资源优势，丰富融合维度、借渠道之力让融合更加专业化。媒体融合要做的不是简单的"1+1=2"而是"1+1>2"，所以传统媒体在媒体融合的过程

中不能丢掉自身的内容优势，特别是在信息过剩的今天，内容为王显得更加重要，内容是媒体融合的基石。想要达到"1+1>2"的效果就必须做精内容，充分发挥报业集团在内容方面的绝对优势。同时，报业集团要乘新媒介技术的发展浪潮，做好技术支持，敢于尝试新技术、敢于创造新技术，让媒体融合跟得上时代甚至领先时代。

二、紧跟国家政策导向，强化服务意识

报业集团作为党和国家的喉舌，要传递好党和政府的声音、及时反映人民群众的需求、沟通好党和人民群众的联系、做好舆论方向的引导。在媒体融合的过程中，报业集团要善于寻求政府在政策、资金、人力、资源等方面的支持，紧跟国家政策导向，发挥报业集团的责任和义务。同时，要强化服务意识。一方面是建立用户导向思维，重视用户需求。另一方面要转变思路，由内容生产者转变为内容服务者，提升媒体服务能力，增强用户黏度。

三、重视全能型人才的培养

媒体融合对媒体人的自身能力提出了更高的要求，不再单纯满足于采编播三位一体，而是提出了适应新媒体发展的更全面的能力要求。现今媒体融合的发展对全能型人才需求很大。报业集团一方面可以通过简化技术降低技术门槛，让原有的新闻团队更方便操作技术。另一方面需要重视全能型人才的培养，打造一支专业的、全能的团队以适应日新月异的传媒生态变化。

光明日报报业集团是我国传统媒体在媒体融合领域探索的先行者，取得了较为注目的成果，为我国传统媒体的发展转型提供了很多可以借鉴的经验。媒体融合是一项长期工程，与时代相适应、与人民需求相关联。传统媒体在媒体融合的过程中，要始终保持高瞻远瞩的视野，始终保持内容为王的优势，始终保持媒体应尽的责任义务。敢于求变、敢于创新，在新媒体时代重新焕发媒体的品牌影响力、做好舆论的引领者。

第六章 陕西华商传媒集团的数字化与媒介融合战略

李 炜[①]

华商传媒集团是以都市报华商报为基础，通过自我发展、自我积累，快速成长起来的传媒企业。陕西华商传媒集团有限责任公司是国内唯一在多个区域运营都市报的传媒集团，目前拥有报纸、期刊、网站和其他产品公司，形成了较为完善的传媒产业链。在文化产业大繁荣和媒体融合的历史性机遇面前，华商传媒集团依托成熟的市场化运营体制和完善的专业化业务运作模式，形成了以资本为纽带的强大产业整合能力，在文化产业中打造集群优势。

第一节 华商传媒——致力于都市报数字化转型和媒介融合的积极探索

华商传媒集团经营管理六报五刊五网和十多家公司，业务涉及报纸、配送、印刷、会展、投资、网络、出版、户外广告、杂志、DM等产品形态，员工上万名。集团的四张都市报——西安《华商报》、长春《新文化报》、沈阳《华商晨报》、重庆《重庆时报》均位居区域市场第一，稳居"全国都市报30强"，多次同时入选"中国地标大报"行列；期刊集群——《钱经》《淑媛》《自驾游》《大众文摘》《益寿宝典》等形成一定影响力。在新媒体的布局中，华商传媒对市场反应迅速，建立起华商网、辽一网、新文化网、橙网等全国多

[①] 李炜，西藏民族大学新闻传播学院副教授，传播学博士，研究方向为新媒体传播。

个区域的网络新媒体，成为传媒转型的积极开拓者。

鉴于华商报是华商传媒集团的基础产品，且华商报在陕西地区的成功运营已成为集团业务的重要标杆，本文以华商报为讨论起点，分析华商传媒数字化转型和媒介融合的战略布局。

华商报是陕西侨联主管的一份综合类都市生活报。具有以西安为中心，辐射宝鸡、咸阳、渭南、延安、榆林等全省所有中等城市的发行网络。华商报办报宗旨是全心全意为市民服务，突出市民化、都市化、生活化和时尚化。它是西安、陕西乃至西北地区发行量、阅读率、影响力较大的报纸。

2003年2月18日，西安华商网络传媒有限公司成立，以聚合华商报报业媒体资源为基础，与网民24小时全方位交流互动，致力于做区域最具影响力与用户价值的互联网媒体。华商网的定位即为互联网媒体。其核心竞争力在于提供华商原创的即时陕西新闻资讯，聚集百万量级的论坛注册用户，24小时交流互动；致力于为网友打造覆盖衣、食、住、行、玩、学、摄等各类需求的在线生活服务平台。至2016年，华商网确定了"生存就是战略"的口号，实现网络扁平化管理，专注公司的影响力塑造，形成一个千万级（PC）、两个十万级（微信、直播）、三个百万级（华商头条、华商论坛、华商网微博）、四个孵化级（大数据、VR、无人机、内容创业）的立体网络传播格局。

第二节　华商传媒的渠道融合——立体传播格局的形成

一、华商网——传播形态的聚合平台

2014年华商网明晰了"互联网媒体"的公司定位，同时为了顺应媒体融合趋势，华商网与华商报社全面展开报社内容多介质分发工作，一手资讯"先网后报"的模式初见成效；借助报社资源，华商巷议、华商影像、华商重磅、华商作文、华商情感等频道先后上线；行业频道融合发展，内容与用户规模都得到快速提升。在运营服务方面，华商网努力为客户提供——打通多介质的全

方位传播营销；从 PC 到移动终端的专业产品；数十万的本地黏性用户；大型活动和项目的策划执行。目前华商网已成长为西北地区最大的新闻门户。在华商传媒的立体传播格局中，华商网逐步成为媒介融合的重要支撑，成为信息内容的汇聚平台。华商网在子频道和栏目建设中，发挥出网站的门户优势和信息传播优势，用户可以在网站的大"数据库"中检索到报纸、论坛、评论等全方位内容。另外，网站的新闻专题设置也较为成功，在许多陕西地区的宣传报道和系列报道中容易形成集合优势，文字、图片、Flash、视频等媒体元素的不同组合也形成了有力的报道单元。在华商网可以轻松地找到华商传媒旗下的各个渠道和终端产品，数字版、电子报、微信微博、APP尽显其中。

二、华商数字报+华商电子版

在数字报方面，华商报首先完成了"网络+"的移植，形成了"华商数字报"。这种数字报可以追溯到报纸网络化初期出现的 e-Paper，e-Paper 保持了纸质报纸的全貌，只是由铅字印刷的纸张变成了电子化的版面。但在阅读时，受众可借助数字报的超链接，完成对于图文信息的浏览，既可以欣赏到报纸的精美排版，也可以在扫描式阅读后就某一条报道做详细的阅读。

华商电子版与数字报的不同则在于电子版打破了 e-Paper 的固定版式，借助互联网的传播特性，在频道建设的基础上，充分利用网络页面的延展性将报纸的内容进行了重置。通过色彩、字体、图文、影像的结合，华商报通过电子版的形式打造出一张立体报纸。这张立体报纸具备了多媒体的传播特性。在网页中，原先黑白的铅印图片变成了生动多彩的生活影像，借助于有效的频道区隔，华商报也将报纸的原有版面进行了延展，实现了多时空的报道议程。目前的电子版频道设置包括"要闻""西安""陕西""华商影像""评论""巷议""中国""国际""体育""娱乐""经济""专题新闻"等频道，涵盖了从地方到国际、从政经到文体的报道议题。其中"华商影像"作为网络化的特色频道，形象生动地呈现出社会生活的点点滴滴，在对百姓生活进行影像纪实的同时，往往还配有文字报道。作为融合新闻报道的初级报道形态，可以看出定位为都市报的华商报延续了报纸图文兼具的报道风格，注重可视化设计，发挥了团队的报道优势。

三、华商头条——争做移动端的信息消费入口

华商头条作为华商报官方新闻客户端,是华商传媒集团移动客户端建设的拳头产品。自2015年推出到目前,已开设有"头条""现场""地市""八卦""活动"等多个栏目。在用户流量的争夺战中,华商报抓住了其核心优势,即在关注国内国际消息的同时,更加注重对于本地新闻的挖掘和报道。作为在陕西地区有影响力的都市报,华商报一方面坚持凝练价值观与百姓视角,另一方面也充分认识到如何利用百姓力量推动媒体影响力的提升。在前述栏目中,"现场"汇聚了华商报的记者和用户对身边事的记录和观察,通过对UGC内容的优化,华商头条将其华商报著名的"新闻热线"移植到客户端,增强了用户使用其客户端的黏性和热情。"地市"频道的运用则体现出明显的聚合战略,华商头条将针对陕西十个地市的不同用户群体设计出不同的专属界面,在完成了市场细分、内容细分、读者细分的基础上,将受众的注意力汇聚到同一个客户端中。此外,"活动"栏目作为华商报品牌活动及读者活动的展示平台,也吸引了大量用户的参与。在新闻信息服务方面,华商头条客户端重视可视化产品的开发,运用H5、动图、视频、图解等多种传播方式,对热点新闻事件进行解读。

除了通过栏目细分外,华商头条也在公共服务信息入口方面做了尝试,如在客户端中增加了天气预报、交通违法查询、公共自行车网点等信息服务。

四、华商微信与微博——社会化媒体助力媒介融合

华商报在社交媒体方面反应灵敏,先后在新浪和腾讯的官方打造微博@华商报、推出华商报微信公众号,以及华商报手机QQ订阅号等新媒体产品。华商网官方微博主推陕西本地资讯、曾获"新浪微博区域先锋媒体奖",是集华商网内容推荐、网络热点、网友投稿及线索提供为一体的生活服务互动平台。相较微博内容,华商微信由于平台内容推送方面的限制更注重思想性和服务性。微博和微信实现了信息的精准传播,同时也为媒体和用户搭建起直接沟通的桥梁,华商传媒在与用户的互动方面也契合了社会化媒体的语态风格,容易引起用户共鸣。华商报官方微博拥有910多万粉丝,位居陕西媒体类微博影响

力第一名；华商报官方微信也在陕西媒体微信公号中排名第一。作为媒介融合的助推器，华商报的微博与微信也注重将报纸的主要议题与社会化媒体中的讨论热点进行呼应，保证新闻时效的同时对报道线索、新闻内容的拓展都弥补了纸质媒体的缺憾。

五、华商论坛——古老论坛的坚守与开拓

华商论坛是华商传媒版图中实现用户交流和话题延展最为典型也最悠久的互动产品。华商论坛被誉为陕西"最佳人气论坛"，是众多陕西新闻用户进行话题互动的重要空间。论坛的注册用户逾百万，日均发帖量超过 20 000 帖，同时在线人数超万人，现有开放板块 60 余个，从新闻评论、华商杂谈、陕西论坛到全民乱拍、游山玩水、亲子嗨吃、汽车自驾等有关、有用的生活资讯与话题谈资满足了不同年龄段网友的各类需求。随着社会化媒体的演进，论坛这种古老的用户交流方式渐渐展现出新的发展特点。就华商论坛而言，其存在的空间已不再拘泥于网页，而是移植到了客户端入口，相关的热点话题也可以由版主推送到社交网络。对于用户而言，围绕"话题"进行交流的习惯并没有被打破，相反却可能使话题引起更大的反响。

六、华商舆情——创造媒体品牌附加值

华商舆情是华商传媒集团近年来业务拓展的重要产品。依托于华商论坛，华商传媒实现了对陕西地市舆情的全面覆盖。华商网舆情监测平台以关注陕西省内网络舆情热点和提高陕西舆情应对能力为宗旨，为党政机关和企事业单位提供舆情监测、舆情预警、数据分析、舆情研判、处置应对等多方面的信息服务。华商舆情每月发布的"陕西省舆情排行榜"和"陕西省网络传播力排行榜"都成为陕西境内有影响力的舆情指标体系。此外，华商传媒集团适应事业发展的需要，还成立了华商传媒研究所。研究所致力于为华商传媒集团的科学化决策提供智力支持和学术支持，致力于整合社会各界资源。

此外，在华商传媒发展历程中，华商手机报作为集团在移动互联网初期推出的移动信息服务，实现了点对点的信息推送服务，收获了很好的用户反馈。

值得一提的是，华商报在进行数字化转型和媒介融合的过程中，并没有放

弃传统的发行渠道，而是采用了自办发行、上门征订、投递到户的方式。华商报拥有47个发行站和11个零售站。发行区域主要分布在西安、宝鸡、咸阳、渭南、汉中、铜川等地市，其中西安市占到了发行总量的70%。这种发行措施为保有本地用户、拓展旗下网络媒体的影响力打下了良好的用户基础。

在立体网络传播格局的打造中，华商传媒集团的多介质已拥有千万量级的用户。一方面，华商网、华商头条、华商双微、华商社群正在为华商注入新力量。另一方面，酒满上、华商文化、华商电影基金、精视传媒等一批新业务也在生根、发芽，成为传媒集团探索多元经营业务，谋求产业融合的重要尝试。

第三节　华商传媒集团开拓全媒体版图的战略分析

全媒体是当下众多传媒集团战略发展的重要目标。虽然在具体的推动进程和发展步伐中，各家媒体表现出不尽相同的水准与发展阶段。但重视传播平台的搭建和传播形态的创新已是市场对都市化报纸的必然要求。从华商报的发展历程中，我们看到西部传媒在媒体发展、市场运营中的种种努力。为了巩固市场，适应受众信息接收方式的变化，华商传媒求新求变，积极探索内容分发、产业融合的新路径。

一、与时代对接，适应媒介环境变化的挑战

在报纸网络化和媒体融合方面，华商报努力保持与时代对接。1997年，华商报即上线电子版，成为报纸网络化的先行者。2003年2月18日，华商网正式开通。2005年，华商网开通西北首家手机报，用户可通过手机上网浏览华商报WAP版。2007年4月22日华商报多媒体数字报上线，为西北地区首家。2012年，华商网在移动端开始整体布局，通过"企业定制"模式的探索，推出"掌上西安""地电客户端"等研发项目。2014年华商网与华商报社全面展开报社内容多介质分发工作。2016年，华商网确定多介质、全方位的立体网络传播格局。可以说，早期华商传媒及时洞察了互联网大潮对于媒介生态环境的深刻影响，及时地进行了新媒体的平台布局和介质拓展。对一家都市报纸而

言，及时转型升级是适应市场竞争的不变之法。然而，通过华商传媒的发展时间表，我们发现在互联网进一步与其他媒体进行深度融合，互联网成为内容生产、分发和融合的大平台时，华商传媒并未走在时代的前端，至2016年提出的立体传播格局发展战略在全国媒体转型的队伍当中未在前列。当然，这与互联网产业的发展特点，与信息产业、经济基础的强关联性不无关系。作为西部地区有影响力的传媒集团，也多少反映出与东部发达地区新媒体产业发展的差距。

二、保持核心竞争力，实现产品的多渠道分发

华商报是华商传媒的核心产品，其多年来积累的报道品牌和用户基础是应对市场竞争的关键。虽然华商报如今只是华商传媒立体传播格局中的重要一环，但我们看到集团坚持了对其核心产品的品质要求，即奉献最有价值的新闻和信息，全心全意为市民服务，突出市民化、都市化、生活化和时尚化。都市报的平民视角和报道议题的接地气，往往容易得到市民的关注和喜爱，如果能够将这种优势进一步发掘，则会为网络社区的形成打下良好的基础，一旦用户网络归属空间感形成，那报纸无论是在用户、内容还是传播渠道方面就有了稳固的基础。我们看到作为传统的内容生产者，华商报一方面坚持顺应受众阅读习惯，注意将内容的数字化分发；另一方面也注意到社会化媒体对于传媒生态的深刻影响，将"新闻热线"拓展到微信、微博等个人信息消费的新入口，为跟进和放大用户的表达诉求提供了空间。

三、重视信息消费入口和社交关系入口建设

随着网络对于用户信息环境的深度介入，以及受众在年龄层次方面发生的变化，受众在信息消费和社会关系建立方面发生了许多新的变化。互联网虽然可以为用户提供海量的信息，但也为用户带来了信息超载的负担。受众媒介使用过程中，逐渐形成了对于信息接收路径的依赖。纵观华商传媒发展的历史阶段，基于对受众信息需求的准确定位，手机报、电子报、客户端几乎都是应势而出，实现了信息消费渠道的全覆盖，同时，微信、微博等社会化媒体的运营也成为进一步拓展用户关系，适应社会化媒体传播结构的重要策略。对于都市

报而言，这种平民化的内容消费视角和关系介入视角是至关重要的价值定位。但在传播渠道的融通方面，目前华商传媒还需要进一步打破平台壁垒，通过内部组织管理协调和业务流程再造，实现同一信息内容和话题的集群效应。

四、提供生活信息，尝试打造公共服务入口

在华商报的论坛建设和 APP 开发当中，可以看到华商传媒对于百姓生活方式的介入。通过论坛的逐步细分和区隔，一方面华商网成功地使自己的新闻评论获取到更大的注意力，提升重要报道议题的讨论价值，引发网民关注；另一方面对百姓出行、工作、休闲等进行全方位的介入，成为信息选择的自由超市。用户可以发起话题、组织话题、反馈话题。"话题式"的论坛组织方式使用户对于某一问题的讨论更加深入，也使得服务类的信息在你来我往的信息互助中逐渐充实。在 APP 中，华商头条并未局限于内容产品和观点产品，而是注意将自身平台与多个信息入口进行联通，为用户提供天气预报、出行信息、政务办公渠道。在受众注意力资源和终端容量的限制下，这样的探索可谓非常有益的尝试。

五、从传播渠道融合到内容生产的融合

在华商传媒的立体传播格局中，我们可以看到其在终端建设方面的战略版图，并且对每一个终端的发展目标都有清晰的受众目标，如千万级的 PC 端，十万级的微信与直播，百万级的华商头条、华商论坛、华商微博等。这样的流量目标大大超越了报纸原有的订阅用户数，覆盖了更多的用户，也较易形成平台联动，形成华商媒体集群的影响力。但就目前的发展阶段而言，这样的融合较多体现在平台间的初步整合，甚少涉及全媒体内容产品的生产融合，即从多媒体信息采集、制作到分发的作业流程。在具体报道的执行方面，同大部分报纸一样，集团需要完成对原有记者编辑队伍的能力升级。而这样的升级十分有必要，终端的增加不仅仅是扩充渠道，也意味着要有符合各个终端特点的内容与形式。对于报纸而言，"网络+"的发展模式为其提供了多媒体元素传播的各种可能，拍客、播客、音频、视频都有了生存的空间，能够使平面化的内容更加生动。媒介融合中的各类媒体都应当在保有自身优势的前提下，积极拓展

其他生存空间，实现新闻素材的增值，降低新闻生产的成本，物尽其用。全媒体是媒介融合发展的较高要求，全媒体的内容生产流程不仅可以提升内容制作的水平，还可以为报纸节省人力资源。因此如何实现组织融合、内容融合和生产流程的融合是未来华商报在内部管理和产品运营方面需要着力提升的问题。

从华商传媒集团的新媒体战略，我们看到一家地处西部的传媒集团在内容、技术、渠道和终端方面所做的种种努力。互联网作为推动当前社会变化的底层基础，在技术条件和经济基础方面有着较高要求，无论是网络产品服务创新，还是基于细分受众的内容创新都需要财力和人力的极大支持。在互联网信息服务竞争日趋激烈的今天，我们看到腾讯、新浪、今日头条等原生网络媒体对于本地新闻的涉足乃至覆盖，它们在内容聚合、技术应用、产品开发方面开始引起区域传媒生态的变化。同时，在媒介融合大趋势中，基于不同介质背景的媒体集团也都在谋求创新改革，华商传媒集团如何以有力的技术支持和多元化的内容服务拓展用户群体、提供类型化产品是需要进一步探索的问题。

第七章　广西日报传媒集团媒介融合创新研究

蔡海龙[①]

随着网络传播的蓬勃发展，基于网络传播基础之上的各种互联网应用不断推陈出新，在这个过程中，微博、微信、新闻类APP等新媒体形态也迅速崛起，成为当下最受国民青睐的获取新闻信息的平台。而传统的报纸、广电媒体正面临着发行量、收视率下降，传播力、影响力受到削弱，广告投放缩水的窘境。面对新媒体传播的冲击以及人们获取信息的方式、习惯的改变，传统媒体不得不正视传播生态的改变，积极利用新媒体的传播平台，采取媒介融合的传播战略，力图保持自己在网络传播时代的传播力与影响力。

在传统媒体中，报纸是发展历史最为久远的新闻媒体。在我国的传统新闻媒体中，省级党报则是其中一个的重要类型。在媒介融合的大背景下，省级党报也纷纷与时俱进，推进媒介融合战略，以适应传播生态的变革，保持在新时代的传播影响力。

广西日报传媒集团是省级党报中开展媒介融合较为成功的一家。本文将结合新媒体传播的背景，对广西日报传媒集团媒介融合的理念与举措进行研究。

第一节　广西日报传媒集团的发展概况

《广西日报》是中国共产党广西壮族自治区委员会机关报。1949年12月3

[①] 蔡海龙，北京工商大学艺术与传媒学院新闻系副教授，中国传媒大学博士，研究方向为传播理论、传播研究方法、传播实务。

日，《广西日报》作为中共广西省委机关报正式创刊。1958年3月5日，广西壮族自治区成立，《广西日报》随之成为中国共产党广西壮族自治区委员会机关报。2009年12月22日，经广西壮族自治区党委、政府批准，广西日报传媒集团、广西日报传媒集团有限公司正式成立，同时保留广西日报社。截至2015年年底，广西日报社（广西日报传媒集团）下辖30个内设机构（部、处、室、中心）、14个设区市记者站、7报3刊5网站及20家子公司1工厂。

广西日报社出版7份报纸，即《广西日报》《南国早报》《当代生活报》《南国今报》《南国城报·居周刊》《广西法治日报》、广西手机报（含移动版、联通版、电信版、防城港手机报、百色党建手机报、梧州手机报）。其中，《广西日报》是广西最具权威性和影响力的党委机关报，平均日发行量达到23万份。《南国早报》是广西发行量、广告量和影响力最大的都市类报纸，平均日发行量30万份。《当代生活报》是广西第一份生活服务类彩印报纸，平均日发行量13万份。《南国今报》是广西日报跨区域办报的成功典范，平均日发行量在18万份左右，是柳州市及桂中地区影响力最大的都市类报纸。《广西法治日报》是广西唯一一份法治类省级党报，坚持"党报性质、法治特色、都市报风格"的办报理念，是贯彻全面依法治国理念，建设平安广西、法治广西的重要舆论阵地，平均日发行量15万份。《南国城报》是继《南国早报》《南国今报》之后又一"南国"系报纸，出版《居周刊》等系列周刊，是以房地产内容为主的经济服务类生活周报。广西日报社还出版3本杂志，即《广西画报》《南国博览》《法制与经济》。广西日报社拥有5家网站：广西新闻网、南国早报网、柳州今报网、桂林红豆网、平安广西网。

第二节 广西日报传媒集团媒介融合创新的举措

传统报业的媒介融合创新，离不开对传播理念、传播内容、传播流程、传播渠道、传播平台、人才队伍的再造与重构，以便为新闻内容的传播创造用户乐于接受的使用体验。面对新的传播生态，广西日报社坚持一手抓传统媒体发展，一手抓新媒体建设，积极推动传统媒体和新媒体在内容、渠道、平台、经营、管理等方面的融合。目前广西日报传媒集团已发展成为广西新媒体产品形态最齐全、影响力和传播力最强、人员配备最完备、技术力量最强、与自治区及各级党委政府配合最紧密的传媒机构。

一、传播理念的革新与媒体定位的明晰

广西日报传媒集团是广西最具影响力的新型媒体集团，一直坚持政治家办报，坚持做党的政策的传播者、时代风云的记录者、社会进步的推动者、公平正义的守望者。

广西日报传媒集团旗下拥有多家报纸、刊物、网站，在14个设区市设立记者站，并逐步将部分记者站升级为分社，集团拥有5 000多名员工，是广西最具权威性的新闻媒介，辐射东盟的传媒巨舰。

广西日报传媒集团始终坚持党报姓党，高举旗帜，引领导向，围绕中心，服务大局，团结人民，鼓舞士气，凝心聚力，澄清谬误，明辨是非，连接中外，沟通世界，打通官方与民间舆论场，使党心与民意同频共振。以南国早报为代表的都市类子报，心连寻常百姓，情系千家万户，在广西报业市场独领风骚。广西新闻网、广西日报客户端及其法人微博、微信、微视共同构建的新媒体平台，进一步增强了媒体信息内容的核心竞争力，推进新闻内容生产和产品供给侧结构性改革。广西日报传媒集团坚持"四个紧扣"核心理念，紧扣自治区党委政府工作大局中心任务，紧扣广西经济社会发展的重大主题，紧扣老百姓关心的热点、难点、疑点问题，紧扣集团自身发展的需求。

广西日报传媒集团积极探索主流新闻的新媒体表述，以对话、沟通者的姿态去亲近受众，清新表达，真诚沟通。无论是全国两会、东博会等重大时政新闻，还是河池生猪被淹、开发商掌掴业主等公共突发事件，广西日报及其新媒体传播平台均做到反应快、不失声，引发大量粉丝关注、转发、点评，展现党报权威性和影响力，有效引导舆情、凝聚共识。

二、优质传播内容的打造

作为富有经验的内容创造者，传统媒体是活跃在新媒体传播平台上的重要力量。广西日报传媒集团在媒介融合的战略中体现出其对新闻专业主义与创新精神的结合。

正是因为有传统新闻媒体运作的深厚经验积累，再加上与时俱进的媒介融合理念，使得新理念契合新趋势，新思路催启新步伐，广西日报传媒集团的一项项重磅报道纷纷出炉。这些有影响力的报道包括：2016年2月，全国两会期间，广西日报社在北京的"全媒体直播间"；2016年5月广西党政代表团浙沪行"东学记"特别报道；2016年7月，"八会"盘点，贯彻落实自治区重大专题会议精神；2016年9月，第13届中国—东盟博览会报道。全媒体融合，全方位出击，全时段播报，创造了广西日报传媒集团全媒体报道的成功范例，强化了新闻舆论主阵地的传播力、引导力、影响力、公信力，正真收到了成风化人，凝心聚力的良好效果。

2017年10月18日，中国共产党第十九次代表大会在北京开幕，出席十九大的广西代表在北京履职的同时，广西日报传媒集团在北京设立"十九大'广西云'直播中心"，邀请到多位代表进行访谈，包括奋战在一线的基层代表。"广西云"十九大融媒报道H5作品《我为广西基层代表好声音点赞》于10月23日发出后，得到了网友的大量好评。该H5作品以海报风格的照片栏形式，展示广西各基层代表的风采，在照片的下方，设有音频播放按钮，网友点击按钮，就能播放相应的基层代表接受访谈的录音音频。截至10月31日17时，共有679 854人次参与H5互动。《我为广西基层代表好声音点赞》在经过"全国党媒公共平台"与中央厨房融媒体学院专家的评审后，展示在了"全国党媒公共平台"网站"十九大融合报道精品100展示"活动专题页面上。

三、传播流程的优化

2006年，新桂网和桂龙网正式整合为广西新闻网。2007年，广西手机报开通。2008年，广西新闻网推出广西网视。2013年，广西新闻网APP、微信、微博、微视上线。2014年，广西新闻网WAP网站升级上线。2015年，广西新闻网全面推进媒体融合，对新闻资讯进行统一采购，分类加工，集中分发，打造全媒体、中央厨房。

通过中央厨房的打造，广西日报形成了一体策划、一次采集、多种生成、多元传播、全天滚动、全面覆盖的传播格局。记者采写的图文、音视频等各种"食材"，经过中央厨房精心调制，做成文字报道、图文报道、音频、视频、动漫、微刊、专题、H5 等各种新闻"料理",分送到报纸、广播、电视、互联网、移动互联网等各大"餐厅",调动读者的味蕾,并根据受众的不同需求进行调整变化,实现一次采集、多次生成、多云发布的全媒体生产。

四、传播渠道与平台的构建

广西日报积极推进公号、客户端、微博等新媒体产品的改革创新。被定位为"广西新闻发布第一平台"的广西日报客户端大力推动报纸、网站新闻的"精加工",一些重要原创栏目如"自治区领导在忙啥""书记市长去哪儿"等,受到广西用户的追捧。微博方面,在新浪官方排行榜中,广西日报法人微博长期位于广西媒体影响力和活跃度第一。

在媒介融合战略的实施过程中,广西日报传媒集团为构建新时代的传播渠道、传播平台,采取了以下举措。

1. 开发数字报

广西日报报业集团旗下的广西日报、南国早报、当代生活报、南国今报、南国城报、健报、广西画报都开发了数字报,用户登录网站 http://gxrb.gxnews.com.cn 便可以查阅这些报纸的原版内容以及具体的相关报道。

2. 网站的构建

广西日报社所属网站——广西新闻网是全国重点新闻网站,是自治区党委、政府发布权威信息、反映社情民意、服务广大网民的重要平台。广西新闻网成立于 2006 年 1 月,由新桂网和桂龙网强强联合而来,是以新闻资讯为主的大型综合性网站,推出视频新闻、手机报等新媒体服务。截至 2014 年底,广西新闻网 PC 端的各类页面点击率达到 2.4 亿,移动端点击率达到 3 000 万。

当下,广西新闻网从传统门户网站跨越到全媒体运营平台,迈向大数据运营时代,构建全媒体、新渠道一体化运营模式,以产品特点和用户需求为导向,实现内容生产的全媒体、全流程转型。

3. 广西日报官方微博的运营

截至 2017 年 8 月 22 日,广西日报官方微博粉丝数量达 616 万。广西日报官方微博的定位是:权威领主流,沟通凝力量!《广西日报》,成熟稳重的大叔一枚,生日是 1949 年 12 月 3 日,射手座,充满活力,风趣幽默。爱好广泛,在时政、经济、社会、文化体育领域有独到见解,常常发布重大权威解读。他写得了好文章，玩得了新花样，微博微信聊得了新闻，耍得了帅。你还不认识他的话，生活会缺少很多乐趣哦！微博上包括由文字、图片、视频、动画等形态的内容。在微博页面，设有友情链接，网民可以观看自治区政府新闻发布会、广西日报电子版、南国今报电子版、南国早报电子版、当代生活报电子版、广西新闻网上的内容。除此之外，广西日报微博页面还设有自治区机构微博、广西日报部门名记微博等相关链接。

4. 微信公众号的运营

当下，社交媒体集聚了大量用户，众多传统媒体认识到以微信为代表的社交媒体的重要性，纷纷通过开办微信公众号，实现传统媒体与新媒体的融合发展，以扩大传统媒体的传播力、影响力，延伸其品牌价值，保持传统媒体在网络传播时代的生存竞争力。

作为广西自治区内的第一大党报的新媒体平台，自2013年成立后，《广西日报》官方微信平台获得了长足的发展，不仅在移动互联网舆论阵地中占得一席，在广西自治区乃至全国都赢得了较高的影响力。

2015年，《广西日报》官方微信号在全国省级党报的微信公众号影响力排行榜中，排名前10名以内。在业内较为认可的"刺猬公社"的"纸媒公号排行榜"及清华大学与中国青年报的"微信公众号巅峰榜"等多个第三方微信影响力排行榜上，《广西日报》微信公众号一直位列全国日报（党报）的前10位，并居全国综合日报的4—10名，位于人民日报、广州日报、南方日报之后，还曾在2014年12月创下87.5万的广西微信公众号单条阅读量记录。2014年11月，在全国首届互联网政务峰会上，《广西日报》微信公众号荣获"2014微政务影响力奖"。在2016年1月11日举行的广州"微信之夜"盛典晚会上，《广西日报》微信公众号又斩获"微信年度优秀媒体公众号"称号，这是广西地区唯一获奖的媒体，也是腾讯微信首次颁发该奖项。①

广西日报微信还在全国媒体公众号中率先引入"摇一摇""360度全景新闻"等新技术，不断创新微信"玩法"，受到粉丝好评。

《广西日报》官方微信公众号的影响力和口碑依托广西日报社60多年的资

---

① 广西日报微信获评"年度优秀媒体公众号"，为广西唯一获奖媒体［EB/OL］. http://WAP.gxrb.com.cn/news/article.html?docid=59363&from=timeline&isappinstalled=0.

源积淀和平台构建，经过粉丝互动、事件营销及微信每日内容推送等日常运营，再通过东盟报道、美丽乡村建设及两会等众多公众大事件的发酵，逐渐形成了自身的品牌调性和运营范式。有研究者认为，《广西日报》官方微信公众号在运营的过程中所遇到的问题和挑战以及不断摸索中积累下来的经验，对于广西地方党报微信甚至是地方纸媒新媒体转型来说，都是一笔不可多得的财富，可供深挖和探索，截取和内化。[①]

5. 广西日报客户端

2013 年广西日报传媒集团成立新媒体部，致力于发展新媒体领域的"新党报"。2014 年 12 月 22 日，在广西日报传媒集团成立 5 周年之际，"广西日报"客户端以及广西日报传媒集团新媒体矩阵、政务新媒体正式上线。

广西日报客户端是"广西新闻第一发布平台"，设有头条、专题、政要、热评、财经、东盟、视窗、北部湾、体育等栏目。除了新闻内容外，该客户端还设有"广西发布"版块，其中包括自治区发布、厅局发布、地市发布栏目。用户通过客户端，不仅能及时掌握国家、自治区的重要新闻，还能了解自治区各厅局、各地市出台的各种新规定、新政策。

6. 构建全媒体矩阵

通过实施媒介融合战略，广西日报传媒集团已构建起自己的新媒体矩阵，其覆盖新闻网站、互联网社区、手机报、微博、微信、移动客户端等多种新媒体形态，包括 5 个门户网站、1 个红豆社区、6 份手机报、7 个移动客户端、微博公号 64 个、官方微信 32 个、微博微信公众号 112 个。广西日报、南国早报、当代生活报三个账号长期排名广西媒体微博排行榜前列，在全国综合性报纸微信公众号巅峰榜上广西日报微信名列全国日报、党报前十，南国早报微信号位于总榜前 30。

目前，广西新闻网全媒体矩阵正和 PC 网站、WAP 网站、微信、微博、微视、手机报、BBS 等传播相结合，实现传播终端全方位覆盖，占领移动新媒体时代舆论的新高地。

[①] 阳舒绮.《广西日报》官方微信运营研究 [D]. 广西大学硕士学位论文，2016 年 6 月.

第三节　广西日报传媒集团媒介融合创新的展望

广西日报传媒集团已经构建起平面媒体、网络媒体、移动媒体全覆盖的多媒体传播格局，成为当前广西新媒体产品形态最齐全、人员配备最完备、技术力量最强、影响力和传播力最强、报道与经营力量最强、与自治区和各级党委政府配合最紧密的传媒机构。集团已经成为拥有多家报纸、期刊、网站、公司的大型传媒集团，净资产截至 2014 年 12 月达 10.42 亿元，连续 5 年利润超亿元，利润率连年排在全国党报前茅，基本形成了报纸主业突出，新媒体发展迅速，传媒经营多元化赢利的全新格局。站在新的历史起点上，广西日报传媒集团仍需朝着拥有强大实力和传播力、公信力、影响力、竞争力的新型媒体集团继续努力，并在以下方面着力。

一、坚守党媒的性质

广西日报传媒集团是以《广西日报》为核心的传媒集团，无论其如何推进改革创新的步伐，都必须坚守作为中国共产党广西壮族自治区委员会机关报的性质，发挥其作为机关报的功能。各项改革举措，都是为了更好地服务于这项功能的实现。

二、突出广西壮族自治区的区域特色

广西地处中国南方沿海，东连广东省，南临北部湾并与海南省隔海相望，西与云南省毗邻，东北接湖南省，西北靠贵州省，西南与越南社会主义共和国接壤，是岭南文化传承的主要地区之一。特殊的地理位置、独特的省情，为广西日报传媒集团的内容采制提供了丰富的资源。

三、深化媒介融合战略

广西日报传媒集团已经在媒介融合的道路上进行了诸多探索，取得了显著的成绩，但网络与新媒体传播仍处于变革之中，随着传播技术的进步、传播观

念的更新，媒介融合的进程还需要向前继续推进，只有与时俱进，新闻媒体才能适应未来社会的发展。

四、重视受众需求

传播活动本身并不是新闻媒体的目的，传播效果的实现才是新闻传播的根本目的。广西日报传媒集团的媒体平台要发挥好舆论引导、弘扬主旋律、传播正能量的作用，首先就需要让受众愿意接触其传播平台，愿意接收、阅读、观看其传播内容，这是传播效果产生的前提。因而，在媒介融合战略推进的过程中，集团必须对当前的传播生态有清醒的认识，需要对受众的媒介接触行为、心理进行研究，基于受众需求，改进、开发新的传播平台与内容，为受众提供独特的使用体验。

综上所述，在新的时代背景下，广西日报需要坚持正确的办报方向，弘扬主旋律，传播正能量，当好传统主流媒体和新兴媒体融合发展的排头兵，为加快实现广西与全国同步全面建成小康社会，基本建成西南中南地区开放发展新的战略支点"两个建成"目标，为广西构建面向东盟的国际大通道，形成21世纪海上丝绸之路与丝绸之路经济带有机衔接的重要门户增添新动力。

平台融合创新篇

第八章 人民日报"中央厨房"

——打造媒体融合模板 搭建行业生态平台

张旸 张溪竹[①]

随着媒体融合发展实践的纵深推进，大量主流媒体开始布局加强平台建设。人民日报作为党中央机关报，始终积极投身融合发展实践，努力走在主流媒体前列。人民日报"中央厨房"是一个新闻资源开放、共享、共赢的平台，其建成在媒体融合发展史上具有里程碑意义。

第一节 开启融合发展新征程

网络和数字技术裂变式发展，带来媒体格局的深刻调整和舆论生态的重大变化，让传统媒体站到了创新发展的重要关口。党中央从战略高度谋篇布局，打造新型主流媒体，巩固宣传舆论阵地。2014年8月，习近平总书记主持中央深改小组会议，部署推进传统媒体与新兴媒体融合发展。2016年，习近平总书记在"2·19"讲话中进一步提出传统媒体与新兴媒体"融为一体、合而为一"的要求，强调要推动各种媒介资源、生产要素有效整合，实现内容、渠道、平台、经营、管理等方面的深度融合，尽快从"相加"迈向"相融"，打造一批形态多样、手段先进、具有竞争力的新型主流媒体。对于中央的部署，人民日报社积极响应，主动探索。截至2016年年底，人民日报社共拥有29种社属报刊、31家网站、111个微博机构账号、110个微信公众账号及20个手机客户端，成为拥有报纸、杂志、网站、电视、广播、电子屏、手机报、微博、微

---

① 张旸，人民日报媒体技术股份有限公司；张溪竹，人民日报媒体技术股份有限公司。

信、客户端等 10 多种形态、320 个终端载体的媒体集团，覆盖总用户超过 6.35 亿。人民日报已由一份报纸转变为全媒体形态的"人民媒体方阵"。一个传统媒体与新兴媒体并举、官方声音与民间舆论呼应的舆论引导格局初步形成，一个形态各异、载体多样的现代传播体系粗具雏形。

为进一步推进媒体融合发展，在中央宣传部指导支持下，人民日报社于 2014 年启动了"中央厨房"的建设，从多点突破扩展到整体推进，从报道创新转向制度创新，全面转型、一体发展，形成了从"相加"到"相融"的新的采编架构，新的融合思路。

经过两年半的筹备与建设，2017 年初，人民日报"中央厨房"的物理大厅和技术系统正式投入使用，成为报社推进媒体融合发展的核心平台。2017 年 1 月 5 日，中央政治局委员、中央宣传部部长刘奇葆在推进媒体深度融合工作座谈会期间，观摩了人民日报"中央厨房"、新媒体中心和人民网建设情况。他指出："'中央厨房'就是融媒体中心。推进媒体深度融合，'中央厨房'是标配、是龙头工程，一定要建好用好。"

第二节 构建三大平台，打造融合发展新模式

人民日报社社长杨振武认为，"中央厨房"在人民日报的融合发展史上具有里程碑意义，其运行"开启了人民日报融合发展的新征程"。人民日报"中央厨房"以内容的生产传播为主线，打造媒体融合发展的业务平台、技术平台和空间平台。

一、业务平台

"中央厨房"摸索出一套成熟完善的内容生产、协作、分发的业务模式，核心是总编调度中心和采编联动平台。总编调度中心在统筹报道策划、整合新闻资源、调度采访力量、协调技术支持方面发挥着核心作用。其运行机制包括：建立总编协调会制度，每周召开一次，由总编辑主持，部署重要宣传任务，会商重大报道选题，评点一周传播效果，协调采编对接联动；建立采前会

制度，由白班副总编主持，每日召开，报、网、端、微全媒体参加，汇报选题策划，通报新闻线索，研究当日舆情，确定重点稿件，布置采编对接。采编联动平台实行采访、编辑、技术部门联席办公，随时会商，全天候值守、全领域覆盖、全链条打通、全流程协作。采编联动平台分设全媒体编辑中心、采访中心、技术中心。各中心根据需要随时召开协调会、碰头会等，沟通情况、会商选题、交流观点、讨论问题，协调解决采编流程和前后方协作中遇到的问题。

二、技术平台

"中央厨房"的技术系统旨在让所有新闻线索、选题策划、传播效果、运营效果都有数据和技术支撑。技术系统包括内容分发、舆情监测、用户行为分析、可视化制作等一系列软硬件工具，支持前后方采编人员时刻在线连接，各终端渠道一体策划，逐步形成新媒体优先发布、报纸深度挖掘、全媒体覆盖的工作模式。利用"中央厨房"技术平台，可以实现全网数据实时抓取，即时捕捉各地热点；新闻线索不再限于记者报题，也可通过大数据分析提供；传播效果评估、新媒体运营等系统，能够实现对每篇稿件传播效果的监测评估；媒体还可以深度了解用户阅读习惯和行为特征，为精准推送、个性定制提供支持。这些功能不仅能在"中央厨房"大厅使用，也可以在 PC 端、Pad 端、手机端等各种端口使用，只要有网络就可以远程办公，实现了技术功能的移动化。

三、空间平台

人民日报"中央厨房"由人民日报媒体技术股份有限公司承建。"中央厨房"位于人民日报新媒体大厦10层，建筑面积3 200多平方米，设有总编调度中心、采编联动平台、技术支持中心、创意空间、视听空间、媒体历史长廊等，是人民日报"中央厨房"的物理呈现与主要载体，可供各级领导调控调度所有媒体，统一决策，实时协调，高效实现全媒体新闻产品的策划、采集、编辑、分发、评估。

第三节　启动融媒体工作室计划，构建内容生产新机制

为盘活新闻资源，提升内容生产力，人民日报于2016年10月启动融媒体

工作室计划。工作室在不打破报社原有机构建制基础上，鼓励优秀的编辑记者按兴趣爱好、业务专长组合，项目制施工，资源嫁接、跨界生产，充分释放全媒体内容生产能力。其最显著的特点是"四跨"+"五支持"，"四跨"即采编人员实现"跨部门、跨媒体、跨地域、跨专业"的组合方式；"五支持"是指中央厨房作为孵化器，给予融媒体工作室资金支持、技术支持、运营支持、传播推广和线下活动的支持。

截至 2017 年 7 月 26 日，已成立麻辣财经、学习大国、新地平线、一秒世界、一本政经、国策说等 36 个工作室，涉及时政、国际、文化、教育、社会等多个内容方向，来自 29 个部门（单位）的近 200 名编辑记者参与其中。目前，工作室已推出文字、音视频、图解、H5 等各类融媒体作品 800 多件，综合点击量超过 1 亿。

其中，麻辣财经工作室推出了《雄安是千年大计，决不能让炒房者逞快！》《住房 70 年产权到期，会免费续吗？》《蓝天保卫战，严格问责尤为重要》等力作，点击量远超"10万+"，知名度和影响力不断提升。一本政经工作室推出《当民法总则遇上哪吒》视频点击量超百万。半亩方塘工作室代表作有人民日报首部系列微纪录片《20 年，香港正青春》、人民日报首部微电影《高考 40 年，有努力就有远方》。《795 万！就业底盘咋稳》《一头猪与一城水》等稿件"倒灌"报纸版面，大大提升了报纸选题的丰富性和内容的可读性。融媒体工作室全面释放人民日报社的内容生产能力，让融合从"相加"真正走向"相融"。

第四节　搭建资源共享新平台

"中央厨房"机制不仅针对人民日报旗下各个媒体，更是为整个传媒行业搭建的公共平台，聚拢各方资源，形成融合合力，带动行业发展。

一、全国党媒公共平台

2017 年初，人民日报在"中央厨房"建设取得阶段性成果的基础上，提出建设"中央厨房"的升级工程——"面向全国党报的公共厨房"。同年8月19日,"全国党媒公共平台"建设正式启动,由人民日报社牵头,人民日报媒体技术股份有限公司负责实施,将连接人民日报中央厨房、人民日报客户端、人民网等机制与终端,激活全国党媒优秀团队,汇聚全国党媒优质资源,联通全国党媒各类端口,构建全国党媒内容共享、渠道共享、技术共享、数据共享、盈利模式紧密协作的公共平台,全面提升优质产能和舆论引导合力。

全国党媒公共平台肩负三大重要任务。一是激活团队,生产优质内容。复制"中央厨房"经验,在全国党媒孵化融媒体工作室,留住优秀人才,壮大内容团队。二是相互授权,形成内容平台。打造共同的内容池,逐步从互相免费使用,过渡到按点击、按广告收益进行付费结算。三是联通终端,实现个性推荐。做强全国党媒各自的新媒体终端,帮助各地党媒终端实现个性化内容推荐,全面提升用户体验。

作为"全国党媒公共平台"的核心项目之一,"中央厨房融媒体学院"正式设立。"中央厨房融媒体学院"是一个全方位的融合发展人才培养体系,提供融媒人才培训服务,传播全面融合理念、运行机制、融媒技术等,旨在推动多方合作,主抓人才培育,推动平台可持续发展。

二、媒体融合发展大会和年度报告

在"中央厨房"的建设期间,人民日报连续三年举办媒体融合论坛,出版媒体融合发展报告,汇聚各方观点,共商融合大计,为媒体融合搭建了人文交流和思想交流的平台。

2015年以来,深圳媒体融合大会先后邀请到来自中央部委、各地宣传、网信部门负责人、中央及地方媒体代表、重点企业负责人、相关领域专家学者等千余人,聚焦深化媒体融合发展,分享经验、交流观点、激荡智慧,友好合作,形成成果。

2014年以来,人民日报连续推出《融合元年——中国媒体融合发展年度报告(2014)》《融合坐标——中国媒体融合发展年度报告(2015)》《融合平台——中国媒体融合发展年度报告(2016—2017)》,通过媒体调研、案例分析、专题探讨等方式,结合大量具有代表性的案例和最新行业数据,深入解析中国媒体融合的现状和问题,对未来发展作出趋向性的理性提示和价值预判,为媒体融合发展的政策决策、实践探索和理论研究提供有价值的参考,受到业界和学界的广泛关注和好评。

三、技术服务平台

"中央厨房"可为整个媒体行业提供技术服务。具体服务对象为整个媒体行业,以及有内容生产需求和能力的个人、机构与企事业单位。"中央厨房"的数据化、移动化、智能化归根究底是为了让技术打破行业壁垒,变得更简单、更方便、更廉价。为此,"中央厨房"推出了技术解决方案——中国媒体融合云,将十几家跟媒体技术相关、在各领域居领先地位的公司的能力做成技术工具,汇集在融合云上开放给全行业使用。以"中国媒体融合云"作为底层支撑,人民日报"中央厨房"可以为媒体融合提供一站式技术解决方案,包括基础支撑类、应用系统类服务等,还可以利用技术优势提供内容生产孵化服务,打造专注内容创新的特色工作室。

基于技术平台,"中央厨房"还能向服务对象提供市场决策、用户需求挖掘、内容管理共享、产品推广、活动及社区建设等相关运营服务。例如利用大数据分析工具,了解用户偏好,实现精细化运营、提升产品质量体验,协助进行市场决策;使用个性化推荐公共引擎,协助移动端平台和内容生产机构,进行内容产品个性化算法推荐,深层次满足用户需求;合作机构媒体可通过"中央厨房"供稿平台,进行内容云管理,与各类媒体和内容生产机构进行内容交换,获取海量资源,推广自身产品。

四、传媒投资基金

人民日报"中央厨房"联合招商局集团,设立了伊敦传媒投资资金,采取市场化方式管理,主要以股权的方式投资于媒体、互联网、科技等相关的内容、技术、渠道、平台等,以及与前述领域相关的新兴领域和交叉领域。基金既可支持传统媒体间的重组,也可助力传统媒体和新兴媒体、媒体技术企业之间的融合发展,实现跨区域、跨行业、跨所有制的并购。对于传媒、内容领域内有价值的项目,进行资本注入,带动媒体和生产机构共同走向资本市场。

第九章 浙江日报报业集团平台融合创新研究

秦宗财[①]

习近平总书记提出"融合发展关键在融为一体、合而为一",正式发出推进媒体深度融合的总动员。刘奇葆部长在全国推进媒体深度融合工作座谈会上的讲话,对媒体深度融合提出明确要求。浙江日报报业集团把推进媒体深度融合作为重大改革工程,抢抓机遇、开拓创新,一步步破解问题、解决矛盾,循序渐进、系统推进,初步取得阶段性成效:主流媒体阵地大大拓展,融合新闻生产能力、传播能力显著提升,传统媒体与新兴媒体优势互补、此长彼长的态势日益凸显。

第一节 浙江日报报业集团发展历程及其平台融合创新的现状

一、浙江日报报业集团平台融合创新的发展历程

浙江日报系中共浙江省委机关报。2000年6月,浙江日报报业集团正式成立。2002年,浙江日报报业集团出资设立浙江日报报业集团有限公司。2009年,浙江日报报业集团有限公司更名为浙报传媒控股集团公司。现有浙江日报、钱江晚报等传统媒体33家,边锋网、腾讯大浙网、浙江新闻客户端、微信、微博等300多个新媒体组成的"三圈环流"新媒体矩阵。网络注册用户共6.6亿、活跃用户5 000多万、移动用户3 000多万,独资、控股子公司37家、

[①] 秦宗财,安徽师范大学新闻与传播学院教授,南京大学博士后。

职工6 400余人。浙报集团是全国首批"数字出版转型示范单位",主要经营产业包括新闻传媒、数字文化、智慧服务和文化产业投资的"3+1"产业格局。浙江日报、钱江晚报连续多年入选"中国500最具价值品牌""亚洲品牌500强""世界媒体500强"。2011年,集团媒体经营性资产在上海证券交易所成功上市,是全国第一家媒体经营性资产整体上市的省级报业集团。2017年4月,浙报集团完成重大重组,由集团公司向上市公司回购新闻传媒资产,上市公司更名为"浙报数字文化集团股份有限公司"。2017年5月11日,浙报传媒控股集团有限公司荣获"全国文化企业30强"称号,成为国内唯一入选的报业集团。

浙报集团的融合与转型可以描述为从传统的报业集团到传媒上市企业到互联网企业再到大数据枢纽型企业。据此,笔者将浙江日报报业集团的融合创新分为三个阶段。

第一个阶段是从传统的报业集团到传媒上市企业的转变,该阶段的融合创新体现在浙报集团的资本集聚与资本运营方面。早在2001年,浙报集团就提出了"传媒控制资本,资本壮大传媒"的发展理念。自2009年开始,浙报集团就开始筹备上市的工作。2010年9月,浙报集团借壳计划正式启动。在短短一年后,2011年9月29日,浙江日报报业集团所属的浙报传媒集团借壳白猫成功上市,成为全国第一家媒体经营性资产整体上市的报业集团。浙报传媒的上市是为了更好地借助资本的力量实现产业升级,同时也标志着集团融合转型的开始。胡正荣教授认为媒体融合的关键核心在于体制机制的创新,浙报集团通过上市倒逼集团体制机制创新,而且还有利于集团积极开辟新业务、延伸产业链。如在体制机制方面,传统媒体的事业编制和管理机制不利于集团的市场化投资,上市后的浙报集团通过对集团下属16家子公司进行改革并建立符合上市公司规范的管理和运营制度,完善法人治理结构,规范和完善组织架构和人员设置。① 在新业务扩展方面,浙报传媒通过文化产业投资(华数传媒、随视传媒)、产业并购及收购(2013年4月27日,浙报传媒以31.9亿元收购盛大网络旗下的杭州边锋、上海浩方公司)等形式介入其他产业领域。资本的集聚为浙报集团的市场业绩和转型发展作了突出贡献。

---

① 郭全中. 资本、技术和创投三位一体的融合道路——对浙报集团融合创新实践的分析[J]. 新闻与写作, 2015, (08): 45—48.

第二个阶段是从传媒企业向互联网企业的转型，该阶段的融合创新主要表现为集团进军全媒体。2011年10月31日，浙报集团启动了以新媒体为核心的全媒体战略行动计划，计划用五年的时间投入20亿资金推进以新媒体为核心的全媒体转型，同时启动中国首个新媒体孵化器——传媒梦工场。全媒体战略行动计划以"内部转型、外部扩张、孵化未来"的路径进行全媒体转型。内部转型就是集团内部传统媒体的全媒体化，外部扩张即通过资本运作的方式延伸产业链，而孵化未来则是建立新媒体创新孵化基地实现集团的互联网化。传媒梦工场是传媒业进入互联网业的一次尝试，也是集团全媒体战略行动计划的重要一环。传媒梦工场以打造"文化新硅谷"为目标，通过风险投资方式推动集团向互联网企业的转变，集合了IT界、投资界、创业界和媒体界的资源，为他们提供了一个开放的合作平台，孵化了一批优秀的新媒体项目，当创业项目孵化成功后，浙报传媒具有优先收购权。因此，浙报集团通过传媒梦工场对互联网创业项目的投资可以间接地实现浙报集团的新媒体转型。此外，传媒梦工场还多次举办中国新媒体创业大赛、中国新媒体峰会等。通过这一孵化平台，集团发掘和培育具有创新力的互联网产品和技术，并把其转化为集团发展和转型可利用的资源。

第三个阶段是从互联网企业向大数据枢纽型企业的转变，背景是中央提出的加快传统媒体和新兴媒体深度融合的背景。2014年8月19日，中央全面深化改革领导小组第四次会议上，习近平明确提出，坚持先进技术为支撑、内容建设为根本，推动传统媒体和新兴媒体在内容、渠道、平台、经营、管理等方面的深度融合，着力打造一批形态多样、手段先进、具有竞争力的新型主流媒体，建成几家拥有强大实力和传播力、公信力、影响力的新型媒体集团，形成立体多样、融合发展的现代传播体系。马云曾说，在我们还没完全搞懂PC互联网的时候，移动互联网时代已经来临；在我们还没搞懂移动互联网的时候，大数据也已悄然进入我们的日常生活。[①] 中央提出的深度融合背景正是浙报集团加速从互联网企业向大数据枢纽型企业转型的契机。大数据具有体量大、速度快、种类多等特点，通过大数据挖掘用户的阅读兴趣和行为特征，可以指导

---

① 潘一，李伟忠. 落地进行时：基于大数据的新闻生产系统底层设计 以浙报集团融媒体智能化传播服务平台建设为例 [J]. 传媒评论，2015，(01)：9—12.

新闻生产，进而为用户提供个性化的信息服务。因此，未来的新闻生产和信息传播一定是建立在大数据分析基础上的，包括每一个环节都应当由大数据提供数据支撑，达到最佳的传播效果。浙报集团提出"数据驱动新闻，智能重构媒体"的理念，于2014年开始规划建设融媒体智能传播服务平台（简称"媒立方"）。浙报媒立方是集舆情研判、统一采集、中央厨房、多元分发、传播效果评估于一体的新型智能化内容生产和传播平台。利用大数据机器学习和自然语言处理技术，从用户现实及未来需求入手，整合浙报优势资源，以场景式技术创新实现多维度选题策划、全媒体指挥协同、碎片化内容创作、可视化流程监测、多渠道融合发稿、原创作品传播分析等全新功能。大数据技术作为平台建设的核心部分，支撑起指挥中枢、PC端、移动端在内的所有采编终端，打通全流程数据，驱动"策、采、编、发、反（馈）"进入在线环境。同时，浙报集团抓住大数据产业发展的机遇，2015年8月，启动建设"互联网大数据中心和大数据交易中心"项目，上市公司募集资金19.5亿元全力推进包括浙江大数据交易中心、"富春云"互联网数据中心、大数据创客中心、大数据产业基金的"四位一体"大数据产业生态圈建设。目标是"整合创客中心、公司前期投资布局的大数据产业项目、大数据基金等资源，打造连接数据供需双方的、开放的第三方数据交易生态系统，推进数据有效交易，实现数据开放共享和流通增值"。作为目前浙报集团融合创新的突破点，大数据产业将引领集团"3+1"平台的转型发展。据项目预测，互联网大数据中心在9年内可实现营业收入61.8亿元，净利润1.9亿元，大数据交易中心在8年内可实现营业收入6.3亿元，净利润0.8亿元。[①] 数据资源的开发利用，后续将成为公司互联网化融合发展的核心推动力之一，对公司突破现有传统业务瓶颈、丰富业务内容、完善技术手段等将产生重要作用。

无论是从之前的集团化、公司化改造，上市后全力推进全媒体转型，还是重组进行媒体融合的深度改革，浙报集团融合发展的探索一直在进行中。从浙江日报社到浙江日报报业集团，再到浙报传媒控股有限公司，名称的变化反映了浙报集团融合创新的进程，浙报集团也逐渐从报业集团向传媒企业，互联网

---

① 张雪南. 引领行业 共创未来——致浙报传媒全体伙伴的一封信[J]. 传媒评论, 2016, (04): 17—19.

企业和大数据枢纽型企业迈进。

二、浙江日报报业集团平台融合创新发展的现状

什么是平台？不同的学科有着不同的解释，对于信息传播学科来说它的"平台的基本内涵和核心功能是通过一定的"通用介质"使双边（或者多边）主体实现互融互通"①。因此，平台是一个开放和交流的公共空间。在互联网时代，几乎每个行业都在抢占和构建该领域的平台，如以社交媒体平台为代表的微博平台、微信平台；以电子商务平台为代表的淘宝购物平台、京东物流平台等。平台的建构可实现用户和资源的集聚，满足企业生存和发展的需要。对于传统媒体而言，由于体制和政策的种种限制，不可能完全脱离媒体行业而转向互联网商业平台的建构，传媒媒体融合创新发展的未来一定是建构"平台型媒体"。所谓"平台型媒体"是指既拥有媒体的专业编辑权威性，又拥有面向用户平台所持有开放性的数字内容实体，其本质是一个开放性和社会性的服务平台。② 因此，平台型媒体是一个集媒体资源、用户资源和平台资源于一体的媒介生态系统，具有资源整合、集聚和服务的特征。

浙报集团在融合创新发展中制定的"新闻+服务"融合路径就是对"平台型媒体"的实践。新闻为媒体的本业，是信息采集、加工、发布和传播的平台，主要包括由"核心圈""紧密圈""协同圈"构成的"三圈环流"新媒体产品矩阵。新闻产品以推动主流媒体占领互联网信息传播制高点为目标，建设具有"党报特质、浙江特点、原创特色、开放特征"的主流网络媒体平台。"服务为传播的本质，尤其是在互联网时代下的媒体融合，其本质也是服务。"③只有为用户提供多样化的服务，才能提高用户黏性，进而发展用户、集聚用户，占据用户。浙报集团在网络媒体平台上建构服务矩阵，包含生活服务、资讯服务、政务服务等。由于浙江日报是党委机关报，拥有充分的媒体资源、政府资源

---

① 黄升民，谷虹. 数字媒体时代的平台建构与竞争 [J]. 现代传播—中国传媒大学学报，2009，(05)：20—27.

② 喻国明，焦建，张鑫. "平台型媒体"的缘起、理论与操作关键 [J]. 中国人民大学学报，2015，29（06）：120—127.

③ 张德君，陈纪蔚. 用服务集聚用户，用新闻传播价值——浙报集团的媒体融合发展新路 [J]. 新闻与写作，2015，(01)：17—19.

等专业优势，具有较强的权威性、专业性和公信力，用户对浙报集团的信任度和认可度较高。他们在浙报集团平台上既可以获取信息资讯服务，又可以享受一站式的便民服务，还可以随时提供新闻爆料以及同编辑中心进行互动交流。

从供给侧角度来看，当前新闻信息生产的供给存在结构性失声、失序和失势的状态。[①] 即传统的新闻内容生产遵循的是"媒体本位"的逻辑，媒体处于信息的供给方，可以对事件进行议程设置，进而决定用户看什么或者不看什么。然而互联网时代的内容生产遵循的是"用户本位"的逻辑，用户和媒体都处于信息的供给方，且用户正在和媒体抢占信息的供给。随着传播技术的不断发展，传统媒体发布信息的速度已经赶不上用户发布信息的速度，他们可以在自媒体或者社交媒体上独立进行信息的发布和传播。另外，一些政府和企业官方都纷纷建立了自己的"两微一端"传播平台，可以在第一时间发布最新消息，以前媒体拥有的独家信息渠道也逐渐丧失，传统媒体趋于"去中心化"的状态。在这种供给侧失衡的困境下，传统媒体应当以用户为中心，建立用户平台。在发展用户平台上，浙报集团在2013年以近32亿元收购杭州边锋和上海浩方网络游戏平台。通过此次收购，浙报集团获得2 000万活跃用户，成为国内报业集团中活跃用户最多的省级报业集团。浙报集团还通过制定一系列方案，如为游戏平台上的用户提供符合用户兴趣和需要的新闻产品和服务，满足用户的多样化需求，成为集新闻资讯服务、游戏服务、生活服务等于一体的信息服务平台，重构了内容生产的供给。

第二节　从浙报集团看我国报业平台融合特点与规律

一、我国报业平台融合的特点

1. 新闻资讯平台的移动化

传统纸媒的发行流程包括策划、编稿、组稿、印刷、发行等一系列环节，

[①] 喻国明. 当前新闻传播"需求侧"与"供给侧"的现状分析 [J]. 新闻与写作, 2017, (05): 44—48.

程序复杂，占用时间较长。在新媒体时代，往往受众在拿到报纸前就已经在门户网站或社交媒体上看到新闻资讯，报纸的"新闻"已成"明日黄花"。因此，我国报业平台充分认识到传统纸媒时效性较网络媒体落后的特点，在媒体融合过程中加强新闻的移动化和终端化建设，为的就是使新闻能在第一时间达到受众手里。"新闻资讯移动化"是指报业平台将新闻资讯优先通过互联网发布出去，同时传统纸媒可以相应地进行内容调整，从以往的新闻资讯向新闻报道、深度报道、深度评论进行转变。新闻资讯移动化不仅加速了信息更新的频率和速度，还方便受众不受时间、地点的限制，可以随时随地浏览新闻资讯。浙报集团建设的网络媒体平台即通过"浙江新闻"移动客户端、浙江手机报、边锋网新闻专区、云端悦读Pad端、微信、微信等移动平台推送新闻和信息，巩固了用户阵地，吸引了用户的关注，提高了报业平台的影响力。

2. 信息传播平台的智能化

在信息大爆炸的时代，用户每天接收到的信息量远远大于他们的接触范围，然而这些信息鱼龙混杂，用户需要花费较多的时间来甄别信息的价值。因此，如何在最短的时间内推送用户需求的信息在互联网时代尤为重要，而用户的喜好又是不同的，这就需要运用智能化的传播手段实现精准传播。当前，人工智能和大数据技术发展得如火如荼。人工智能是基于算法技术，通过对用户群体大数据的分析和学习，挖掘用户群体各自的兴趣爱好，可以对不同的终端推送个性化的信息，实现智能匹配和精准推送，实现差异化传播。对于报业平台而言，运用智能化的传播手段可以有效提高用户的覆盖度和用户黏性。如浙报集团通过打造"媒立方"融媒体智能化传播服务平台，它包括一个大数据平台和一个智能传播服务平台，可以根据用户的数据画像进行精准投放，实现个性化的推送服务。

二、我国报业平台融合的规律

1. 产品形态层面：以报为本，多元发展

"以报为本，多元发展"是浙报集团发展的既定战略，同时也是我国报业平台融合的特点与方向。"以报为本"说明报业集团要转型，并不意味着在转型的过程中完全市场化和资本化，脱离原来的主营业务。浙报集团归根结底是浙江省委机关报，是党的舆论和宣传阵地，转型的目的在于运用资本壮大传媒，但是传媒仍然是"大脑"，控制着资本的运营和投资，这也正是浙报集团"传媒控制资本，资本壮大传媒"理念的真实写照。"多元发展"则是在保证主流宣传与舆论阵地的基础上，借助资本力量扩展其他产业。如2013年浙报集团通过收购边锋和浩方网络公司，浙报传媒实现了公司业务的结构转型。边锋和浩方是网络游戏公司，游戏公司属于数字娱乐产业，和报业都属于传媒产业，是典型的相关多元化收购，更能被集团内部和市场认可。[①] 另外，游戏产业是高用户、高增长、高回报行业，通过收购边锋和浩方游戏公司，既可以实现集团收入来源的多元化，又可以获得千万级别的高质量用户。据报道，2014年开始，浙报集团来自互联网等其他非传媒产业的收入占集团盈利的60%，已经超过了传媒主业的40%盈利，为集团的融合发展提供了较好的资金支持。

2. 业务分布层面：跨媒体、跨地区、跨行业

浙报集团融合发展思路是"新闻+服务"，商业模式是新闻传播价值，服务集聚用户。新闻是浙报集团的主体，但是由于当前我国报业生存面临一系列困境，最重要的就是广告投放急剧下滑。广告业务下滑的本质是用户的流失，因此，当前我国报业融合的主要目标是发展用户，把流失的读者找回来，同时吸引互联网上的其他用户。为了实现集聚用户的目的，浙报集团通过"服务"吸引用户。从浙报集团控股的子公司经营的业务来看，目前浙报的服务矩阵中涵盖了数字文化、智慧服务和文化产业投资，具体业务涉及游戏、金融、教育、医疗、文化等领域。因此，从服务矩阵的业务分布来看具有"三跨"特征，即跨媒体、跨地区和跨行业。跨媒体是指浙报集团业务从传统媒体逐渐发展到新媒体上来，如浙报集团旗下"爱阅读"经营的数字阅读行业，如跟淘宝合作创办的具有"媒体特质的互联网枢纽型服务公司"——淘宝天下传媒有限公司，主要经营"两刊"（即《淘宝天下》周刊与《卖家》月刊）和"两网"（即"蜜儿 miiee.com"与"卖家网 imaijia.com"）等。跨地区是指虽然浙报集团及旗下子公司主体位于浙江省，但旗下公司经营的业务却是覆盖全国的，如杭州边锋网络技术有限公司和上海浩方在线信息技术有限公司经营的游戏业务等。跨行业是指浙报集团投资涉及的行业众多。如成立新干线传媒投资公司负

---

① 麦尚文，张宁．"用户战略"视域下的报业转型路径——基于浙报集团创新实践的梳理与思考[J]．新闻与写作，2014，(03)：38—40.

责浙报传媒控股集团有限公司除报业以外的项目投资和资本运营，投资领域包括文化传媒、战略性新兴产业、品牌消费品、现代服务业和金融领域等。如成立的东方星空创业投资公司是浙江省第一只文化产业主题投资基金，投资业务涵盖数字电视、影视、旅游文化、信息安全、新媒体和教育多媒体等文化产业的多个分支。

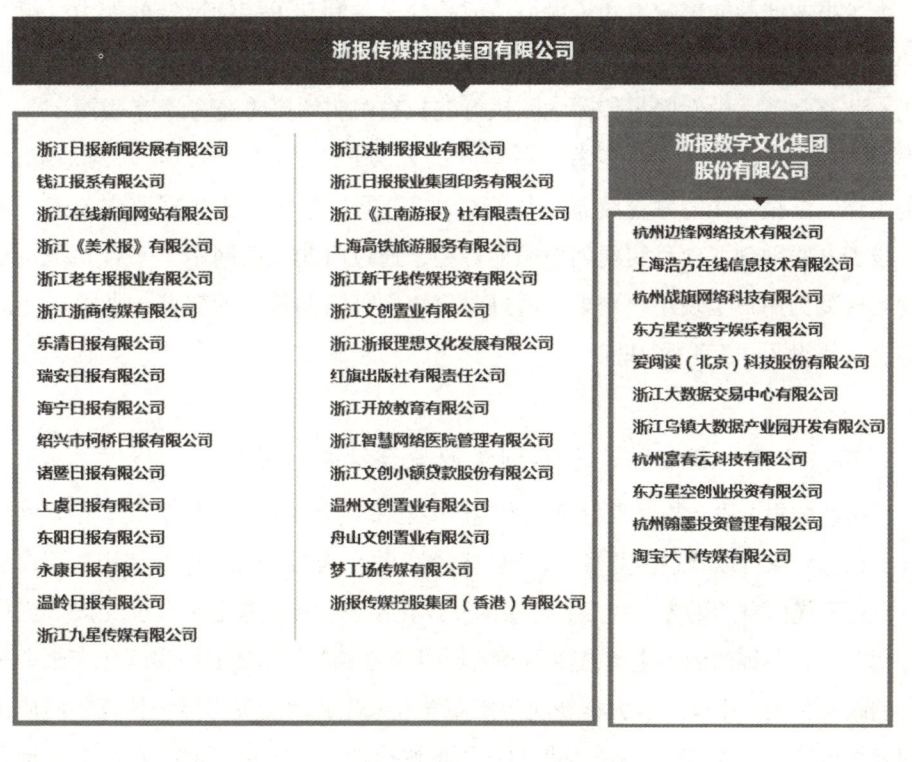

（来源：浙报集团官网）

图 9-1　浙报传媒控股集团旗下子公司

第三节　从浙报集团看我国报业平台融合发展趋势

一、从"+互联网"到"互联网+"的转变

互联网时代，用户的需求不断发生变化。目前我国报业融合主要分为三种

模式。第一种是"修补型",修补型以坚持原有纸媒阵地不动摇,通过其他业务来维持纸媒的运转,该类型的报业主要包括一些地市级的党委机关报,对互联网的使用也只停留在修补纸媒的缺陷层面上。第二种是"嫁接型",嫁接型类似"+互联网",通过把原有的报业产品嫁接到网站、微博、微信、APP上等,该类型的报业主要包括一些晚报、都市报等媒体,较好地运用了互联网,扩大了报业产品的影响力和传播力,但是缺乏盈利和可持续运转的能力。第三种是"互融型",互融型类似"互联网+",是真正将传统报业互联网化的模式。北京师范大学新闻与传播学院执行院长喻国明教授曾经将"互联网+"比喻成一种操作系统,它代表着一种全新的社会生产力的产生,互联网是基础,是主体。浙报集团的融合就属于"互融型",通过集团上市实现资本流通、通过投资互联网创业项目实现创新驱动转型、通过收购互联网用户平台并把自身读者转变为用户实现用户聚集、通过对集团内部机制机制的变革,浙报集团的融合真正融入了互联网基因。

二、从单一新闻信息平台到资源聚合型平台的转变

传统的报业平台扮演着信息内容生产者和提供者的角色,而进入互联网时代,信息获取可以绕过报业平台,通过微博、微信等社会化媒体的使用,用户可以自行完成信息的采集、加工、传播的一体化流程,传统报业平台已经被"去中心化"了,单纯的内容生产已经不能满足用户的需求。那么如何实现传统报业平台的融合转型?中国政法大学新闻与传播学院宋建武教授提出传统传媒集团应该朝着综合信息服务商转型:"当我们在思考媒介融合这一命题时,我们更多地还是陷入了一个习惯性思维,即我们用什么作为传播工具,实际上,我们应该思考的是如何运用现代信息技术,生产和提供更多的信息服务。"[①] 即传媒集团应从单一的新闻信息平台向资源聚合型平台转变。以浙报集团为例,浙报集团的资源聚合性平台简单地概述就是"3+1"平台,"3"即新闻传媒平台(由传统媒体和新媒体组成的媒体平台)、数字文化平台(以边锋浩方为主体的数字娱乐、数字体育,以及大数据产业平台)、智慧服务平台(主要包括"钱报有礼"电商平台、养老服务平台和智慧医疗平台),"1"是指文化产业投资平台(如浙报旗下

---

① 宋建武. 传统媒体集团向综合信息服务商的转型 [J]. 新闻与写作,2011,(01):5—9.

的东方星空专注投资文化产业的各大领域)。"3+1"产业格局是浙报集团充分运用资本,以资源聚合为中心的深度融合。用户不仅可以在浙报平台上接收新闻资讯,还可以一站式享受数字娱乐、智慧服务等其他生活服务,既方便用户节省寻找服务的时间,又为集团增加了用户黏性以及带来收益。

三、从单一传播渠道到全媒体传播矩阵的转变

传统媒体单一的传播渠道不再适合互联网时代传受双方的信息传播,互联网的开放性为受众提供了众多的信息源,仅将纸媒作为信息传播渠道的报业注定会被时代所抛弃。因此,报业平台融合会趋向从单一传播渠道到全媒体传播矩阵的转变。全媒体传播矩阵包括纸媒传播矩阵和新媒体传播矩阵。以浙江日报报业集团为例,集团拥有《浙江日报》《钱江晚报》《上虞日报》《浙商》《浙江老年报》《传媒评论》等33家传统媒体组成的纸媒传播矩阵。纸媒传播矩阵以服务传统读者为目标,而由浙报集团建立的"三圈环流"新媒体矩阵则是以服务互联网用户为目标。"三圈环流"即"核心圈""紧密圈""协同圈"。"核心圈"是以"浙江新闻"移动端、浙江在线新闻网站、浙江手机报和浙江视界等四大媒体为核心的党报,以发出主流声音、传播主流价值观为特征,是党和政府的喉舌、宣传和舆论阵地。"紧密圈"包括边锋浩方网络平台、腾讯大浙网、云端Pad客户端、钱报网及各县市区域门户等。如集团在边锋平台设置新闻产品,在游戏大厅设立新闻版块,在游戏退出时推送新闻弹窗,这一举措开创了新的传播模式。紧密圈是核心圈的紧密阵地。"协同圈"包括微信、微博、APP等。目前,浙报集团已拥有300多个法人微博、微信公众号和APP组成的新媒体矩阵。纸媒传播矩阵和新媒体传播矩阵一起构成了全媒体传播矩阵,全媒体传播矩阵既提高了报业平台的传播力,又扩大了影响力,是报业平台融合发展的重要趋势。

四、从大众传播到分众传播的转变

互联网改变了传媒业的游戏规则和要素配置,原有的传播渠道、话语体系、商业模式正在被改变、被颠覆[1]。传统主流媒体的话语权被新媒体所解构,

---

[1] 高海浩. 用互联网基因构建传媒转型新平台——浙报集团:做了什么,还要做什么[J]. 中国记者, 2013, (03): 18—19.

新闻生产也出现了"去中心化"的趋势，那么未来一段时间里，传统报业的生存空间和盈利空间在哪里？笔者认为主要在于长尾市场。互联网时代的用户已经被互联网巨头公司（如 BAT）等垄断，传媒行业想要在互联网的硝烟中分得一杯羹就必须主动应对挑战，抓住用户的个性化需求，由传统的面向大众的传播转向面向分众的传播。浙报集团总工程师蒋纯认为，技术革命正在不断降低信息获取及发布的成本，这催生了新的机遇，以前的长尾正呈现分众趋势。面对形形色色有着不同职业、不同性别、不同地区、不同年龄的用户，报业平台只有通过资源整合，将不同的资源加以分类，针对不同用户的不同需求和喜好，采用智能化的传播平台和优秀的算法推荐技术，为用户提供定制化、精准化的信息资讯。"今日头条"便是这样一家众多传统媒体当前争相效仿转型的互联网公司，它通过技术根据用户的订阅需求、阅读习惯、浏览痕迹等计算出一套算法推荐技术，并从庞大的信息资源数据库中抽取匹配的资源完成精细化投放，大大满足了用户的多元化需求。

第四节　浙报平台融合创新发展的借鉴与启示

从 2011 年 10 月 31 日开始，浙报集团启动以新媒体为核心的全媒体战略行动计划，集团转型路径为"内部转型、外部扩张、孵化未来"，在近六年的时间里，浙报集团成功打造了一个传媒界、投资界和互联网界三界融合的创新平台。其中内部转型主要是传媒集团内部组织结构、体制机制、内容生产等方面的转型（如浙报集团与阿里巴巴合作创办《淘宝天下》、浙报集团和腾讯集团合作共同推出"腾讯·大浙网"等）；外部扩张主要是传媒集团通过收购、并购、重组等手段扩展集团的业务，扩宽收入来源（如浙报集团斥资 31.9 亿元收购盛大旗下的边锋和浩方网络游戏公司）；孵化未来主要是由传媒梦工场牵头的新媒体孵化器对互联网创新创业项目进行创投，并将互联网创新创业基因融入浙报集团的转型发展中。浙报集团在传媒界、投资界和互联网界的三界融合创新成功让其成为唯一入选我国"全国文化企业 30 强"称号的报业集团。那么，浙报集团的融合创新对于国内其他报业平台转型有怎样的借鉴和启示？浙报集团平台融合创新发展及转型可大致分为建构三大平台和人才战略，即资本平台、技术平台、用户平台和人才战略。

一、资本平台

互联网行业是一个"烧钱"的行业，每一个新兴的互联网创新创业项目从诞生到发展壮大都离不开资金的支持。传统报业平台想要在互联网时代进行转型就不得不投身互联网的硝烟中。因此，资本作为后盾是报业平台融合创新的基石。浙报集团主要通过上市、收购、投资等手段实现资本的积累，通过资本反哺传媒，最终实现传统媒体和新兴媒体的融合发展。众所周知，我国报业集团由于体制机制等原因在上市过程中存在较多限制，浙报集团瞄准时机，通过收购白猫股份有限公司成功在上海证券交易所借壳上市，成为我国首家媒体经营性资产整体上市的省级报业集团。上市后，集团运用资本的力量收购了杭州边锋与上海浩方网络游戏公司，通过收购集团既成功获得具有 2 000 万活跃用户的网络平台，同时又扩展了公司的业务，延伸公司产业链，为公司提供了多样化的资金收入。2013 年公司启动"传媒梦工场"以来，以风险投资和吸纳社会资本的形式对互联网技术、团队、项目等进行投资，推动互联网创新创业。如传媒梦工场投资的"虎嗅网、微拍、音乐天堂"等项目为集团带来了可观的经济收益。据浙报传媒集团股份有限公司 2016 年年报，数据显示 2016 年公司实现营业收入 354 993 万元，同比增长 2.60%，净利润 102 513 万元，同比增长 16.28%。[1] 只有借助强大的资本，才能实现收购边锋、浩方平台，才能进行多元投资以及后来的大数据中心的建设。[2]

二、技术平台

新媒体的核心是技术推动媒体变革，这个变革包括理念、体制、技术的变革，以及媒体生态的变革。[3] 技术在媒体变革中起着至关重要的作用。浙报集团的技术平台主要包括传媒梦工场、数据业务部、媒立方等。2011 年 10 月，

---

[1] 浙报集团 2016 年度报告 [EB/OL]. http://data.eastmoney.com/notices/detail.
[2] 鲍洪俊. 实施三三战略 强化内容生产 推进媒体融合——浙江日报报业集团推进媒体融合发展的创新尝试 [J]. 中国记者, 2016, (06): 36—38.
[3] 高海浩. 用互联网基因构建传媒转型新平台——浙报集团：做了什么，还要做什么 [J]. 中国记者, 2013, (03): 18—19.

浙报集团启动国内首个新媒体创业孵化基地"传媒梦工场",通过构建技术平台为浙报集团的融合发展提供了技术支撑。数据业务部主要是将集团旗下的各类媒体的用户数据建立用户数据库,实现用户数据的互通,在此基础上进行用户数据分析而后进行用户导流并根据用户行为数据提升用户体验。① "媒立方"系统于2016年4月正式上线,是融媒体智能化传播服务平台,它包括一个大数据平台和一个智能传播服务平台。大数据平台通过抓取内容资源库中的资源,对不同内容的产品根据不同的用户画像有针对性地进行传播,实现精准投放和个性化传播。智能传播服务平台包括资源中心、创作中心、策划中心,当新闻产品加工完成时,智能传播服务平台可以统一推送到网站、APP、微博、微信、数字报刊等多个端口,并根据用户喜好实现一次加工、多种生成、多元传播的全媒体传播体系。②

三、用户平台

浙报集团党委书记高海浩认为传统媒体内在的传播逻辑是"媒体本位,内容为王"。而互联网时代遵循的传播逻辑则是"开放共享,用户中心"。当下,传统媒体不能只是纠缠于内容为王、渠道为王、终端为王、体验为王的狭隘视角,必须紧紧围绕用户展开。所谓传统媒体转型,就是要把流失的用户找回来、聚拢来、服务好、吸引住。麦尚文教授认为:"当前的传媒变革,表面上是互联网技术,背后则是由互联网技术带来的用户需求方式变革,面向用户、服务用户才是应对传媒变革的核心。"③ 用户是传统报业转型的核心资源。我国当前报业平台对用户的获取主要分为两种形式:一是借助其他互联网平台获取用户,如在微博、微信等社交媒体上吸引用户的关注,再把关注转化为实际效益,不过这种形式转化率低,对互联网平台的依附性高;二是报业平台自建用户平台获取用户,这种形式可以实现用户和报业平台的直接对接,而且自建用

---

① 郭全中. 资本、技术和创投三位一体的融合道路——对浙报集团融合创新实践的分析[J]. 新闻与写作, 2015, (08): 45—48.
② 李忠. 资本、服务、用户、团队——浙报集团媒体融合与转型发展的四个意识[J]. 中国出版, 2016, (24): 15—18.
③ 麦尚文, 张宁. "用户战略"视域下的报业转型路径——基于浙报集团创新实践的梳理与思考[J]. 新闻与写作, 2014, (03): 38—40.

户平台属于报业平台自己的数据库，拥有自主产权，自身独立性较高。浙报集团就属于建设自己用户平台实现报业平台的融合创新发展，主要通过以下两种方式实现了用户集聚效应。一是将传统的报业读者转化为用户。作为一个具有10余年历史的报业集团，浙报集团拥有500多万读者，但"读者"不等于"用户"。浙报集团通过建设自己的用户数据库将纸媒的读者转化为用户。二是通过收购用户平台实现用户流对接。2013年4月，浙报传媒以近32亿元资金收购了盛大旗下的边锋和上海浩方网络公司。通过本次收购浙报集团获得了具有3亿注册用户，2 000万活跃用户的在线娱乐平台。通过收购，浙报集团将游戏平台上的用户转化为自己打造的互联网平台上的用户，并在用户基础上开发满足用户需求的产品和服务，同时通过对用户的大数据分析，不断改善和提高产品的效能以服务用户，目前，浙报集团已拥有6.6亿用户，超5 000万活跃用户，成为我国首家具有亿级用户的报业集团。

四、人才战略

人才战略是报业平台转型的核心竞争力。浙报集团通过内部招聘、外部招聘、培训等形式为集团培养出一批业务精、经验丰富的人才队伍，是集团转型发展的重要力量。

内部招聘包括挖掘、培养和留住人才。内部人才的招聘是浙报集团平台融合创新发展的重要环节，传统报业的岗位（如采编、发行、销售等）已经不再适应互联网企业的岗位需求，在集团上市后内部员工的岗位设置也亟待改革，由于自家员工对集团业务的熟悉度较高等因素，集团优先采用内部招聘的形式，对他们进行重新培训以适应新的岗位要求，如浙报集团上市后设立了新媒体中心就是从内部员工招聘，从事业编制转成企业编制，是内部人才流动的一种方式。

外部招聘包括吸引专业人才和领军人才。在专业人才方面，集团大量引进互联网技术人才。如从华为、阿里、盛大等引进60多名技术人才，并出台《互联网技术人员管理办法》，按市场薪酬招聘技术人员，同时对互联网人才实行5%—10%的年淘汰率。在领军人才方面，集团通过全球招聘的形式引进高端人才，如从浙江电信挖来了浙大博士蒋纯担任传媒梦工场CEO和浙报集团的总工程师等。据传媒梦工场董事长王纲介绍，他们通过全球招聘的形式来实现传统媒体和新媒体的文化隔断，这种隔断不仅体现在体制机制上，还体现在观念和技术上。[①]集团还专门设置了首席技术人才官，由从事技术的工程师担任对技术人才的管理。此外，集团还创新绩效考核、薪酬制度，深化人力资源改革。如集团以岗位和能力确定薪酬，以业绩付酬的薪酬分配导向充分发挥薪酬的激励作用，调动职工积极性和创造性，更好地吸引、开发和留住人才，提升公司竞争力。[②]

除了内外部招聘人才外，浙报集团还组织自己的员工进行培训，使集团内部人员在观念、技术上和互联网接轨。如2009年，浙报集团就派员工进入阿里巴巴集团，和淘宝共同创办《淘宝天下》杂志，在合作的过程中浙报集团员工学习到了宝贵的经验。2013年，浙报集团在集团内部开展针对全员的互联网培训，以帮助员工接受新理念和互联网思维。2016年，公司进一步深化人才培养工作，着力构建完善系统性、立体化的人才培养架构。经过多年的实践积累，基本搭建起新员工、专业技术和管理三大序列的培训体系，"600633咖啡馆"、网络学院两个学习分享平台。[③]

五、体制机制

随着媒体融合的深入，原有的增量创新逐步转向存量改革，如何进一步突破原有的流程、机制，创造更适应于全媒体融合的生产机制、体制机制，这是未来一段时间，我国报业媒体平台融合面临的最突出的难题。

推进深度融合，必须下决心推动由做增量向调存量转变，从相加向相融转变。融合发展最关键的，是要看传统主流媒体的主力军是否实现了战略转移，进入到舆论引导的主战场。以媒立方正式上线运营为契机，2016年10月，浙报集团全面启动了浙江日报、浙江在线和浙江新闻客户端三端媒体深度融合，全面实施组织重构、流程再造、全员融合。以"中央厨房"为核心，建立内容生产一体化组织体系。以"大编辑中心＋垂直采编部门"模式，成立"一中心八个部"，负责报网端微视多端新闻产品的采集、编辑、分发；设立全媒体指

---

① 王纲．新媒体创新的七个碎片化思考——来自浙江日报报业集团传媒梦工场的实践［J］．中国记者，2012，(08)：27-28．
② 浙报集团2016年度报告［EB/OL］．http：//data.eastmoney.com/notices/detail．
③ 浙报集团2016年度报告［EB/OL］．http：//data.eastmoney.com/notices/detail．

挥监测中心，统筹调度采编资源，统一指挥配置报、网、端、微采编资源，实现全媒体、全流程、全天候新闻采编发布和传播效果监测。

从当前报业集团的主要困境来看，受版面经营广告利润下滑的影响，广告分成不足导致采编经费缺口逐年放大，而媒体融合需要持续、大量的资本性投入。具体到浙报集团个案上，媒体经营性资产上市、采编业务留在集团本级的业务格局，导致纯以广告利润分成来看，对采编、技术、运营等融合保障的投入存在巨大资金缺口，这对推进整个集团的媒体深度融合形成了一定的制约和矛盾。2017年初，浙报集团启动了新闻传媒类资产的回购，由集团公司向上市公司回购共57家业务主体，包括21家一级子公司及其所属36家二级子公司。对于浙报集团来说，这次重组是和上市具有同样战略意义的第二次重大改革；紧紧围绕舆论引导力和新闻传播力建设目标，立足自身发展基础和优势资源，着力解决制约集团融合发展的问题和矛盾，强化保障机制，进一步提升可持续发展能力。

重组是一步双活的棋。有利于更好地适应媒体深度融合的体制要求，进一步完善媒体融合创新和新闻宣传事业的保障机制，解决媒体采编与上市公司独立性要求之间的矛盾，彻底解决广告分成不足以覆盖采编成本的问题。有利于更好地落实国有文化企业分类改革的要求，进一步提升上市公司运行机制活力和市场化竞争能力。有利于优化国有资本布局，进一步实现国有资产的保值增值。

践行习近平总书记"融合发展关键在融为一体、合而为一"的要求，关键是要做到从做增量向调存量转变，从相加到相融转变，从外围突破向正面强攻转变，全面推进组织重构、流程再造、机制创新。浙报集团提出了以技术创新作为驱动力、体制创新作为突破口、内容创新作为根本的改革模型，以大数据系统平台建设为契机，全面践行组织重构、流程再造、机制创新，坚定推动改革深化，努力做到"你就是我，我就是你"，实现真融、全融和深融。

第十章 融创与交汇：江苏新华报业集团平台融合的实践与思考

郭新茹 李书琴[①]

  在新旧媒体交互融合的时代背景下，报业集团亟待改变单一传播形态，加快创新融合的进程。以江苏新华报业传媒集团为例，运用案例研究法和文献研究法，首先在对其融合实践的战略布局进行分析的基础上，指出了其现存问题，其次对其融合的特点进行了归纳总结，最后，在借鉴江苏新华报业集团创新发展经验的同时，为我国其他报业集团的创新发展出谋划策。研究结果表明：在内容生产、平台融合、业态拓展三方面，江苏新华报业传媒集团形成了"六大传播平台为点、三大媒体平台为线、融创实验区为面"的全媒体平台交融网络，构建起了以新闻信息传播为主，智能服务、电商运营、艺术品经营等为辅的传媒产业生态圈；但也存在内部管理机制不畅、产业融合借力不足、复合型文化管理人才缺乏等问题。其发展经验特点可概括为内容共享与技术突破互为表里、内部融合与外部联盟相辅相成、示范引领与传帮带并步齐驱三点。中国其他报业集团在转型发展的过程中，要深化体制机制改革，强调内容为王，注重内外部资源整合与优化，积极推进文化传媒的跨界融合。

第一节 江苏新华报业传媒集团简介

  作为江苏省直属五大文化集团之一，江苏新华报业集团（以下简称"新华

[①] 郭新茹，南京师范大学社会发展学院副教授，产业经济学博士，主要研究方向为文化产业价值链；李书琴，华东政法大学人文学院讲师，文化产业管理硕士，主要研究方向为新媒体产业运营。

报业集团")拥有省内各地方区域内的14份报纸和7份刊物,其中包括省委机关报《新华日报》和省内发行量最大都市报《扬子晚报》两大拳头报刊;除此之外,直接控股或参股江苏新华传媒投资实业公司、江苏新华传媒时代江南有限公司等10家经营公司单位。2011年以来,伴随着互联网所带来的人们阅读习惯的变化,纸质媒体的市场份额在逐步萎缩,同大部分传媒集团一样,以传媒业为主要经营项目的新华报业集团迫切需要进行转型升级,特别是在创新融合的时代背景下,如何推动传统媒体与新兴媒体在内容、渠道、平台、经营管理等方面进行优势互补、深度融合是亟待解决的问题。为此,新华报业集团以打造"有强大公信力、创新融合的新型媒体集团"为目标,不断进行体制机制改革,整合与优化集团内外部资源,积极构建"媒体融创实验区"和"交汇"新闻APP等各种新旧媒体交互融合平台,于2013年入选"2013年世界传媒500强[①]",并在全国2015年传媒集团"两微一端"融合传播排行榜中位列第六,旗下的《扬子晚报》是中国发行量最大的晚报。作为中国最大的传统主流媒体企业之一,新华报业集团在新旧媒体平台的创新融合和产业链延伸拓展方面走在国内前列。在此,本文通过解析其战略布局,梳理其发展模式及特点,以期对中国其他报业集团的转型发展提供一定的经验借鉴。

第二节　江苏新华报业传媒集团平台融合实践

"十二五"以来,面对互联网经济的快速发展,新华报业集团以"融创与交汇"为理念,以"文化+"为发力点,以多样化、立体化的平台融合工程为支撑,在集团内部与外部进行资源整合、横向联盟的同时,不断推进各项经营业务向纵深方向发展。一方面,充分展现传统主流媒体的调控运作能力,联合新媒体共同打造出"点线面"纵横交错的全媒体平台交融网络;另一方面,在贯通各媒体平台的基础上,不断拓展业态范围,扩大经营规模,调整业务结构,逐步构建起以新闻信息传播为主,智能服务、电商运营、艺术品经营等为辅的传媒产业生态圈。

[①] 世界媒体实验室(World Media Lab)编制。

一、融创：全媒体融合的创新之图

新华报业集团以融合创新为基点，整合现有媒体平台资源，新增新媒体传播渠道，综合利用各媒体平台的内容资源和渠道优势，形成"点线面"纵横交错、立体化的全媒体平台融合网络（见图1）。

点
- 《新华日报》《扬州晚报》为主的纸质媒体是根基
- 中国江苏网、江苏手机报等网络媒体是主干

线
- 以"交汇点"新闻APP为主的移平台
- 以中国江苏网、视觉江苏网为主的PP平台

面
- 媒体融创施试验区：综合运营各个媒体平台

（作者绘制）

图 12-1　新华报业集团平台融合"点线面"布局简图

1. 平台融合之"点"

平台融合之"点"体现在整合各分散媒体平台，架构出合理的平台分布序列。新华报业集团整合现有的 21 份报刊资源，利用"互联网+"，形成包括纸质媒体、网络媒体、手机新闻报、移动 APP、微博与微信、户外屏在内的六大传播平台。其中，以《新华日报》《扬州晚报》为主的纸质媒体是根基，中国江苏网、江苏手机报等网络媒体是主干，各官方微博、微信公众号、户外屏等新媒体平台是分支。在此基础上，以内容为核心，根据各平台品牌影响力的大小，制定不同的平台资源整合与运营策略。如对于发行量最大的地方性报纸——《扬子晚报》，在继续专注于纸质报刊发行的同时，还开设新浪微博官方账号、微信公众号和扬子晚报网，并与人民网、网易、新浪网等全国多家重点网站建立长期战略合作关系，实现新闻资源的多平台传播共享。而其他市区级报刊则专注微博微信等新媒体平台建设，如培训杂志、幼教三六五、宿迁日报社、扬州广场、今徐州、新华苏中发现、微播泰州和微播盐城等平台。

2. 平台融合之"线"

平台融合之"线"体现在对集团内部小而散的各种媒体平台进行资源整合，串珠连线，使其各担其职、各分其工，目前已形成了以"交汇点"新闻APP为主的移动平台、以中国江苏网、视觉江苏网为主的PC平台和以《新华日报》为主的纸媒平台，三足鼎立的发展局面。其中，"交汇点"新闻APP秉承"用户至上"的运营理念，整合了《新华日报》和各地方报刊在内的新闻资源和人才资源，定位为新闻发布平台、新闻社交平台和民生政务服务平台。中国江苏网以频道与栏目为运营单位，综合江苏地方政治、经济、社会、文化发展，集合传播新闻资讯、文化娱乐、商业经营、公共服务等方面的信息。视觉江苏网与新华报业集团旗下报刊、网站等平台分工合作，致力于发布丰富新闻图片信息，构建专业的新闻摄影队伍，打造现代化视觉产品数据库与开放式图像采集传播体系。

3. 平台融合之"面"

平台融合之"面"体现在融合各平台功能，形成一组全媒体融合的平台方阵。新华报业集团的"媒体融创实验区"，作为全媒体平台融合方针的大本营和指挥部，根据中央信息厨房①的运行机制，实现新闻资源的一次采集、全面共享、集中编辑、多端发布。媒体融创实验区实行部门中心制管理模式，运用项目管理方式综合运营六大传播平台。实验区设置七个部门中心（如表12-1所示），充分利用集团优秀的记者队伍资源，鼓励记者根据自身兴趣和能力，以兼职方式参与项目运营，实现扁平化管理和人才的有效配置。

表12-1　新华报业集团媒体融创实验区部门设置及作用

媒体融创实验区							
数字媒介中心	中央编辑中心	视觉传媒中心	项目规划中心	市场推广中心	技术研发中心	行政协调中心
文字、影音等内容的管理和编辑			产品项目的发展规划、迭代开发	策划实施宣传活动、用户分析、广告营销	为"交汇点"APP及实验区的运行提供技术支撑	战略分析研究、绩效考核

---

① 中央信息厨房是在媒体融合的大环境下，以中央主流媒体为代表的传统主流媒体，探索"融媒体"建设，统筹新闻采编、共享新闻内容、打通各类媒体壁垒，所形成的新旧媒体平台全面融合机制。

二、交汇：大数据汇聚的延伸之链

新华报业集团利用平台融合所形成的内容资源与大数据基础，依托互联网、新媒体技术，在加强各平台间的资源共享、交互融合的同时，不断延伸和拓宽产业链，目前已逐步构建起以新闻传播服务为核心，多元智能服务、电商运营、艺术品经营等"文化+""互联网+"平台为支撑的媒体产业生态圈。

1. 主题活动立体化报道

2014年全国"两会"期间，新华报业集团根据各媒体平台特点和内容报道要求，实现了报道的全媒体融合与全天候传播。一方面，依托中央信息厨房机制，利用六大传播平台，实现新闻稿件的内容共享，如针对同一事件议题，在网媒、官方微博账号和微信公众号、户外屏等数字媒体平台进行实时简要报道，在新华日报、扬子晚报、南京晨报等平台进行及时详细报道。另一方面，依托某一新闻主题，创新与丰富新闻报道形式，衍生出多种关联栏目，实现新闻传播的立体化、多元化同步报道，如打造"今天我主持""图说两会""两会微视频""两会微电台"和"影像两会"五个全媒体创新栏目，并在集团各媒体同步刊播。

2. 多元智能新闻服务

在媒体融合的时代要求下，2015年11月，新华报业集团打造战略性产品"交汇点"新闻APP。APP平台建设汇聚了新闻传媒、政务服务、民生服务、公共服务、智慧城市等方面功能；APP平台运营采取互联网思维，倡导用户为主、内容为王、渠道致胜。其中，用户运营方面秉承用户至上的服务原则，以增加用户黏性与活跃度为目标，不断探索如何根据用户行为的偏好进行新闻推送和定制，实现新闻服务的个性化与特色化；内容运营方面以新闻资讯服务、新闻社交互动和智慧生活服务为主，融方便利于用户生活、规范市民管理、传播核心价值三大功能为一体，涵盖中央与本地新闻服务、民生政务服务、生活智能服务、公共智慧服务等各领域；渠道融合方面集合了《新华日报》和各地方报刊在内的新闻链接入口，实现多端内容的融合与统一。

3. 艺术品展览与经营

在产业融合的背景下，新华报业集团找准市场定位，抓住市场机遇，发挥其在媒体营销宣传方面的比较优势，联合艺术家打造新华全媒体艺术馆和全媒体画廊。2015年1月举办了"新华报业集团第六届艺术展暨纪念新华日报创刊77周年书画精品展",除进行传统的展厅式作品真迹展览外,还利用多层级网络新闻报道、多终端的信息服务、触摸大屏数字交互设备等,带来展览作品的实时视频传播和艺坛史料的移动浏览,实现艺术作品展览的全媒体传播和全方位解读。同时以新华日报艺坛为平台、新华全媒体艺术馆和全媒体画廊为依托,打造"江苏新华艺术"微信公众号,提供学术信息、艺术展览咨询、艺术鉴赏与收藏交流、名家艺术作品拍卖等服务;此外,将公众号与"新艺文创"淘宝店铺进行链接嵌入,销售名家精品复制品与本地大师真迹作品。

4. 电商购物运营服务

新华报业集团利用新闻传播业务所积累的内容和用户数据,立足于长三角地域的市场需求,逐步探索电子商务购物的运营模式。如《扬子晚报》旗下的媒体购物平台"扬子壹购"定位为 B2C 的综合性百货网购商城,辐射江浙沪等周边地区的消费群体。《扬子晚报》还控股第三方装修服务平台"扬家网",提供专业的装修竞标、审核报价、资金托管、全程监理、建材选购、媒体投诉等一站式家装便捷服务。目前江苏新华传媒投资实业有限公司正打造海外购物平台"新华 GO"、《江苏经济报》开设微信公众号"新华报业集团电商服务中心"、江苏新华智旅文化传媒有限公司打造"江苏有礼"公众号。

第三节 江苏新华报业传媒集团平台融合现存问题

新华报业集团在媒体平台融合上双管齐下,布局全媒体平台交融网络和传媒产业生态圈。虽然战略规划顺时而为,但囿于时间和资源的缺少,现有布局尚未完全实施,部分项目还在想法构思阶段,没有形成系统的媒体生态体系;同时,旧有体制机制下带来的协调沟通不畅,影响着平台深度融合发展的长远之路。目前来说,新华报业集团存在内部管理机制不畅、产业融合借力不足、复合型文化管理人才缺乏这三大问题。

一、内部管理机制不畅

在管理机制转型的过程中,新华报业集团内部仍留有旧有体制机制的痕迹。例如，由于《新华日报》与中国江苏网两单位间关于内容合作、结果考核等制度的空白，导致"交汇点"APP栏目之一"昆虫记"的深度开发延缓，此类体制机制壁垒会打击投身于新媒体平台者的热情，降低工作效率。此外，因部门制固化和属地管理而导致的集团媒体各自为阵、统而不合的问题还未根除，由此影响到项目团队合作的协调性；长久以来形成的组织间壁垒和员工间的非正式关系很难在体制改革的号令下迅速转好。因此，保证集团内部管理机制的通畅，需要兼顾正式组织管理和非正式组织管理两方面，进一步改善集团的组织管理机制，使管理结构朝扁平化发展，创新分配和激励制度，使用人与育人相结合，激发员工的市场竞争意识和合作创新精神。

二、产业融合借力不足

在传统媒体业务拓展方面，新华报业集团虽然做出了有益探索，取得了一些成就，但目前在产业融合方面，借力仍显不足，部分项目实施进度缓慢或取得效果较差。例如立足于海外购物的电商平台"新华GO"尚处于网站搭建阶段，消费者对其的认知了解几乎为零。"扬子壹购"平台的市场覆盖较小，再加上同区域内又有较大的竞争者苏宁易购平台及其线下体验店，使其购物平台集聚的粉丝数与成交量相对较低；"交互点"新闻APP的盈利较单一，以广告为主，与"今日头条"本地新闻栏等相比，产品竞争力与用户活跃度都很低。可见，新华报业集团的经营还只是依靠其新闻传媒业的优势，与其他产业的融合程度不深，产业体系尚不完整，多种产业类型无法协同互补，最终将导致各平台自我造血能力不强，不利于传媒产业生态圈的良性循环。因此，新华报业集团充分发挥其比较优势，抓住"文化+""互联网+"的战略机遇，以开放包容的姿态接纳社会资本、技术、人才等资源，通过借力、用力、发力实现产业间的拓展融合。

三、复合型文化管理人才缺乏

在复合型文化管理人才方面，新华报业传媒集团的现有人才储备不足，缺乏培育和激励人才的长效机制。目前，集团内部员工以传统媒体单位的文字工作者居多，既懂技术又懂文化还擅长管理的复合型产业人才偏少。同时，新媒体人才培养从内部抽调居多，虽然能最大限度开发人才，但在造成集团内部缺乏新鲜血液的同时，也容易导致内部关系更加错综复杂，反而不利于内部组织管理的改革。因此，如何通过内部人员的"选、训、用、管"与外部人员招聘选拔，网络全球优秀的文化管理人才的加盟新华报业集团，形成"引得进、用得好、留得住、能出彩"的人才使用机制，是新华报业集团在发展过程中亟待解决的问题。

第四节 江苏新华报业传媒集团平台融合特点

新华报业集团的平台融合模式主要是以内容生产为根基、平台融合为推力、业态拓展为主力，三者联动、交相互补，最终打造出全媒体平台交融网络与传媒产业生态圈。其融合模式的特点具体表现为以下三点。

一、内容共享与技术突破互为表里

新华报业集团平台融合实践坚持内容共享与技术突破互为表里，一方面建立新闻资源共享平台，实现内容的全媒体传播；另一方面，突破升级采编与报道技术，利用无人机航拍技术、H5+VR场景报道等技术拓宽内容传播的深度和广度。例如视觉江苏网开辟航拍频道，集内容采集、发布、共享于一体，同时还提供技术咨询、图片授权、航拍业务培训等服务。此外，升级采编报道技术，成功实现多场重大活动的创新报道，如2014年国家公祭日集团策划"国家公祭·南京1213"，全媒体活动中通过公祭虚拟城墙发动社会捐款活动；在2015年中国人民抗日战争暨世界反法西斯战争胜利70周年专题报道中，联合六大传播平台发布抗战主题相关地七组移动场景（H5）文件。

二、内部融合与外部联盟相辅相成

新华报业集团平台融合实现了内部融合与外部联盟的相辅相成。内部融合突破传统组织壁垒，以员工创业与兼职的形式开展新媒体的运营；外部联盟方面借助全国与国际的媒体队伍力量共同完成重大事件报道，同时，还尝试跨界融合，加快外部合作以对接社会需求，提高集团整体竞争力。

1. 内部融合

在内部融合方面，不仅实现了全媒体平台的融合，成功报道全国两会等重大新闻，而且实现内部人员管理的融合，通过分包栏目来鼓励员工创业与兼职，激励传统媒体部门的员工转向新媒体部门。新华报业集团出台《集团创新创业扶持办法》以及"交汇点"新闻APP相关的《客户端分包栏目扶持办法》，鼓励员工参与"交汇点"的内容生产与商业运营，采取员工持股的形式，深度孵化"钱眼"微信公众号。以栏目之一"昆虫记"为例，主要的运营团队仍是新华报业集团内部记者，但其团队的组建以个人兴趣与能力为依据，通过自发报名参与、自主定位运营实现栏目内部的自由，最终做成以戏曲文化为主，传播传统经典的栏目；同时，集团的系列考核制度刺激着栏目团队的做强意识，经过不断探索，最终将其打造成集聚江苏乃至全国众多文化戏剧活动的自媒体平台。

2. 外部联盟

在外部联盟方面，不仅形成了媒体联盟，如2014年南京青奥会期间新华报业集团聚合七大媒体联盟和境内外217家媒体，新闻信息资源共享，共同报道青奥盛会；而且尝试文化传媒的跨界融合，分别与高校、自媒体和企业合作，对接社会人才、资本。如与南京财经大学进行产学研的模式合作，建设江苏传媒产业研究院，集合高层次人才探索媒体融合模式；与自媒体团队合作，探索UGC模式与传统主流媒体的融合方式；与丰盛集团合作拍摄与世界非物质文化遗产二十四节气主题相关的纪录片《时节》，并计划开展后续关于非遗的传播教育活动；"交汇点"新闻APP的二期工程也采取向社会公开招标的形式。

三、示范引领与传帮带并步齐驱

新华报业集团平台融合的过程中实现了示范引领与传帮带并步齐驱，以龙头平台的示范带动其他平台逐步融合。主要表现在机关报《新华日报》的主流媒体转型和都市报《扬子晚报》的新媒体融合两方面。其中，《新华日报》在坚持主流媒体的责任与传播核心价值观的基础之上，新增新媒体平台，开设《新华日报》的官方微博，并与中国江苏网深度融合；同时以绩效考核手段激发员工的新媒体融合意识，实行微博值班制度，规定向新媒体平台发稿的硬性指标和考核标准，同时也以额外报酬激励员工踊跃发稿。另外，《扬子晚报》与新媒体平台融合中，在新闻服务和经营业态拓展方面起到示范作用，形成自身品牌效应，同时旗下待转型刊物《精品阅读》和《精品健康》也被纳入《扬子晚报》媒体平台体系重新运营。

第五节　新华报业集团平台融合的启示

新华报业集团新旧媒体平台融合取得了一定成绩，其战略布局和经验模式也对中国其他报业集团在内容生产传播、平台资源整合、媒体体制转型、传媒产业跨界融合等方面有一定的启示。

一、深化体制机制改革

我国大部分报业集团主要为转企改制老企业，面临着人员老化、管理弱等问题，这就要求报业集团积极贯彻响应中央《深化文化体制改革实施方案》的要求，进行媒体体制的转型与创新。一方面应推进媒体单位的转企改制，在强调社会效益的同时，根据市场机制运营，真正服务于社会与人民，同时按照现代公司制度运营，积极推进企业上市，提高市场竞争力；另一方面应逐步转变为以公有制为主体，多种所有制混合经营的制度，尝试以员工入股的方式鼓励和吸引复合型传媒管理与经营人才，同时也适度吸纳社会民营资本入股，通过"抓人才、促创新、强机制"打造"最合适的人在合适的机制下做最擅长的事"的良性发展生态圈。

组织管理方面应当打破原有的行政管理导致的各地区媒体单位分离局面，建立统一而又灵活的组织结构体系。用人管理方面采取类似于矩阵式的人员组织结构，以部门为主线，以项目工作为调动方向，根据项目内容和员工能力特点设立项目小组，实现各单位分而不散、信息交流通畅、责任分工明确；分配与激励制度方面采取固定工资加额外报酬相结合的形式，尝试股份激励模式；考核制度方面采取媒体自评和用户评价相结合的模式，以用户的评价作为主要考核标准。

二、强调内容为王

新闻传播的核心在内容，因此，这就要求在内容生产传播模式方面应强调内容为王，坚持内容是源头水，技术是助推器，用户是考核者的思想。一方面在完善优化好内容的基础上，立足于新媒体传播特点，以接地气的传播风格、全媒体融合的传播方式、用户至上的服务意识打造自身品牌；另一方面，强调内容的表现方式的个性化与多样化，注重培育用户群体，提高用户的参与度和互动率，鼓励用户原创新闻内容，开启新闻社交新时代。

三、注重内外部资源整合与优化

在内部资源整合方面，整理分散、同质的媒体平台资源，以龙头平台为示范，聚合集团核心媒体资源，强调其他各分支平台专注细分市场，实现大而全的综合性媒体平台与小而精的本地媒体平台相互融合、相互补充的局面。在外部资源优化方面，应加强外部合作，培育人才，拓宽业态。一方面应与高校、研究院等合作，建立产学研合作模式，为媒体平台融合提供智库保障，也为新媒体人才缺口提供支援，为建立传媒产业与其他产业融合勾画蓝图、制定方阵。另一方面应与社会民营企业合作，采取战略合作等形式共同合作，深度开发项目内容，升级和再造平台功能。

四、积极推进文化传媒的跨界融合

在打造媒体平台融合标杆，塑造集团品牌的同时，现代传媒集团还应注重传媒产业的跨界融合。一方面，要树立文化市场意识，秉承开放包容的形态，利用自身内容数据与平台渠道优势，建立内容大数据平台，深度开发内容，建设以新闻服务为核心的传媒＋文化＋旅游＋生活＋金融等多元化业态融合的传媒生态服务圈，拓宽盈利模式，提高平台自身造血水平。另一方面，在内容跨界的同时做到地域跨境，要采取扎根本地、布局全国、走向国际的市场战略，形成集团的整体品牌竞争力，提升整个集团在国际上的知名度与美誉度。

第十一章　成都传媒集团平台融合创新探析

杨青山[①]

本文通过对成都传媒集团新媒体平台融合创新的研究，通过对集团旗下的《成都商报》和《每日经济新闻》在新媒体传播平台上获得的成功，从侧面解读了成都传媒集团在媒体融合方面取得的成效以及存在的一些问题，并据此提出了"积极转变发展思路，继续打造强力品牌""制定和完善集团新媒体发展规划，拓宽社会化传播渠道""加强人才培养，完善新媒体人才培训机制"等平台融合今后应继续坚持和发展的方向。

第一节　成都传媒集团基本情况

成都传媒集团成立于2006年11月28日，由原成都日报报业集团和原成都广播电视台合并组建而成，是国内首家，也是唯一一家在中心城市成立的，涵盖报刊、网络、电视、广播等多种媒体形态的综合传媒集团。截至2016年12月，成都传媒集团资产规模128.89亿元，在职员工8 600余人，旗下拥有数十家生产单位。

2015年11月，人民网舆情监测室和中国社会科学院新媒体研究中心合作研发的《2015传媒集团融合传播排行榜》正式揭晓。榜单显示，成都传媒集团在"传媒集团融合传播排行榜"上荣居第八位。以成都全搜索新闻网、成都日报"锦观"客户端等为重点的时政类新媒体集群，用户总量近1 400万。以

[①] 杨青山，云南财经大学新闻系主任、副教授，主要从事财经新闻史论、媒体发展研究。

每日经济新闻全媒体平台等为重点的财经类新媒体集群，用户总量近 2 000 万。以成都商报"谈资"客户端、"四川名医"微信、"成都出发"微信，成都晚报 962111 平台等为重点的生活服务类新媒体集群。以博瑞游戏等为重点的数字娱乐类新媒体集群，累计汇聚海内外用户 1.4 亿。在 2016 年上半年人民网推出的"财经媒体移动传播榜"上，成都传媒集团的《每日经济新闻》位列第一。

2017 年 7 月 24 日，国家新闻出版广电总局发布了《2016 年新闻出版产业分析报告》，报告显示成都传媒集团总体经济规模综合评价在报刊出版集团中位居全国第三，该集团总体经济规模连续五年居全国新闻报刊出版集团前 3 位。作为一家媒体资源极其丰富的、传播力和新旧媒体融合力较强的综合型传媒集团，成都传媒集团的构成主要可以分为以下几大板块。

其一，报刊板块。包括《成都商报》《成都晚报》《成都日报》《蓉城周报》以及《时代教育》《先锋》《天府成都》杂志，其中 2014 年恢复党刊出版的《先锋》杂志在 2017 年 6 月 28 日荣获"全国城市十佳党刊"称号。

其二，广播电视频道板块。包括广播新闻频道，交通文艺频道等广播频道。电视新闻频道、公共频道、都市生活频道等多家电视频道。

其三，经营实体板块。拥有博瑞投资控股集团公司、兴网传媒公司、新闻实业公司、成都时代出版社和成都音像出版社等，集团充分利用媒体资源，整合开发期刊资源，统一打造集团媒体资源平台。

成都传媒集团的成立是传统媒体向新媒体行业、资源分散走向资源整合的尝试转型、突破转型和成功转型的重大实践探索，是一种大胆的尝试。但这绝不是一时的冲动和激情，是基于对传媒发展的理性思考，是国内外及成都本地传媒实践推动的必然选择。

第二节 平台融合创新实例概述

以信息技术、通信技术和网络技术为动力发展并迅速普及开来的信息化不断地推动当今世界各行各业的发展与进步。加快传统媒体和新媒体的融合发展已经成为传统媒体实现自身转型升级的一个重要渠道和必要选择。实现媒体融合，必须立足于传统媒体的资源优势，利用现代新型信息技术网络技术，扩展信息传播渠道，加强信息的综合化管理和运用。成都传媒集团依托原有的成都日报和成都广播台的综合影响力，开辟出了许多优秀报刊和新闻网站，并充分利用微博、微信、网站等传播路径，积极打造具有强大传播力、引导力、影响力、公信力的新闻宣传体系。

推动传统媒体和新媒体融合，必须利用全新的互联网发展思维，充分运用网络技术手段去改造传统媒体，制定切实可行的改造计划，并逐步适应新兴媒体平等交流、互动传播的特点，树立用户至上观念，改变过去媒体单向传播、受众被动接受的方式，注重用户体验与反馈，满足用户对多样化、个性化的信息需求。全方位地拓展新媒体发展平台。在新媒体的环境下，组织信息的生产和利用大数据进行精准客户需求研究，更好地将传统媒体的优势通过新媒体平台充分发挥出来，做到与新媒体真正的融合。

从目前成都传媒集团的发展来看，旗下的诸多报刊在当地甚至是全国产生了很大的影响力。这些报刊均在集团融合创新模式的指导之下，利用多种平台传播时实信息，并充分体现集团推动新旧媒体融合发展的思路和取得的成效，例如《成都商报》《成都晚报》《每日经济新闻》、成都全搜索新闻网等。

本文将以上几种报刊网站以及所涵盖的微博、微信及新闻客户端为基础，作为成都传媒集团新旧媒体融合发展创新的实例进行分析。

一、成都商报

1.《成都商报》简介

《成都商报》创刊于1994年1月1日，由成都日报报业集团主管主办，现隶属于成都传媒集团。创刊20年来，《成都商报》在创新新闻理念、跨界整合资源、延伸产业链条等方面均引领行业之先，并突破了单一的报纸形态，成为多媒、多元、多产的综合传播引擎，相比于同属集团旗下的其他的报纸，《成都商报》在发行量和阅读量上均排第一名，新浪微博关注度极高。目前，该报日发行量在60万份左右，在中国西部发行量最大、影响力第一，是移动传播影响力在全国报纸中排名第八、都市报中排名第二的都市类报纸。2013年7月，《成都商报》在第五届中国数字出版博览会上夺得"数字出版转型示范单位"称号，新媒体发展进入项目化、规模化及产业化阶段。

作为西部地区发行量和影响力最大的主流媒体,《成都商报》拥有惊人的新浪微博粉丝量和都市类报纸中可观的客户端下载量。目前《成都商报》认证的官方新浪微博粉丝量为 956 万余人,新浪微博数为 94 160 条,对其微博进行简单的分析可以看到,其每日的原创微博在 5 条以上,转发微博的信息质量也较高,多为国内突发事件新闻,重大事件以及备受欢迎的吃喝玩乐的资讯等。非主流的腾讯微博也有 115 多万的关注度,广播条数 45 000 余条。其新闻客户端的下载量近万次,从都市类报纸以及信息交互传播发达的今天来看,是一个很不错的下载量。笔者也有幸成了其第 760 072 个微信公众号的关注者。

开通现代社交平台不仅是报社宣传自己品牌的一个很好的形式,也给受众提供了一个与报社相互交流的平台,能够及时地反馈读者信息,及时处理读者的疑问与了解读者的需求。《成都商报》在微信平台和客户端以及微博中均开设了与读者的互动渠道,使报社通过读者的反馈,及时迅速地了解读者的阅读需求、内容选择等关键的信息,以便根据读者需求做出针对性的调整。

2.《成都商报》新闻客户端

《成都商报》是集团旗下的最具影响力的报纸之一,同时也是集团进行新媒体融合发展的重要窗口。笔者通过对该报新闻客户端的研究发现,该客户端与众不同,其页面的设计和内容的架构给用户一种活跃的感觉,一改以往的死气沉沉,将吃喝玩乐、信息资讯、活动福利、投诉互助等与大众生活密切相关的内容纳入其中,很符合所处中心城市的发展特点。

(1) 吃喝玩乐。客户端设置的"爱上钓鱼""成都伙食""成都出发""跑步"等栏目充分体现了成都当地的文化特色,提供诸多的旅游出行、健康安全的资讯内容,并把这些有助于自身品牌建设的内容摆在十分突出的位置,以内容优势赢得发展优势,对受众的需求进行精准定位,提供满足客户需求的内容。

(2) 投诉互助。这是为数不多的关注社会人情冷暖的栏目,有寻人信息,各种社会危害社会利益的投诉帮助。看似小小的栏目充分体现了《成都商报》立足于成都的发展实际,切实从市民本身的角度出发,在为市民提供信息传播服务的同时,还成为老百姓排忧解难的社会平台。

(3) 活动福利。音乐演出,电影提前看,名家书法展等等内容的设置,也更贴近和反映广大人民群众的生活,满足于不同用户的需求,在提升客户端品牌知名度的同时，也提供了一些便民的渠道。

二、每日经济新闻

《每日经济新闻》是成都传媒集团面向全国发行的综合性财经日报，也是中国率先开拓全媒体发展战略的财经媒体。自2008年5月改版以来，《每日经济新闻》专注于公司行业新闻和投资理财报道，凭借敏锐的新闻触觉，秉承坚持真实、敢说真话、忠于真相的新闻操守，刊发了一系列在经济领域引发强烈反响的重大公司产业新闻和投资理财报道，受到经济决策者、上市公司、跨国企业、经济界学者和媒体同行的高度关注，被誉为中国经济社会和资本市场的守望者。

2014年6月12日，《每日经济新闻》在人民网研究院发布《2014中国报刊移动传播指数报告》中，位列报纸移动传播百强榜第四位，在财经报纸中排名第一；显示出在移动互联时代广泛的媒体影响力。其中，每经网日均50万独立访问用户；通过合作授权转载每经网的稿件日均浏览量达1 800万人次；每经新浪微博粉丝数逾3 000万人，新浪微博条数14万余条，移动终端下载数达到100万次，朝气蓬勃的每日经济新闻深入人心。2016年，由《每日经济新闻》策划推出的《80年代错过深圳，90年代错过浦东！今天，你不能再错过这里》一文，获得《人民日报》官方微信转载，通过各种新媒体点击阅读总量达1 100万人次。

三、《成都商报》和《每日经济新闻》成功原因探析

1. 集团化运作为二者的发展提供了重要的契机

其一，成都传媒集团新媒体融合发展的宏观政策的支持。前面提到，成都传媒集团的前身为成都日报集团和成都市广播电视台，后两者均属于传统媒体，在2006年实施重组之后，开始新的发展历程。新媒体的发展带来大众传播和媒介环境的巨大变化，以新技术为依托的新媒体，打破了传统媒体的信息传递介质壁垒和媒介发展的整体格局，其发展持续深入地蚕食着传统媒体的舆论领地和话语权，媒介公信力逐渐丧失，对此，成都传媒集团深刻认识到要在移动传播时代把握信息传输渠道的变化，必须加强舆论引导力、媒介公信力的

建设和承担起传播社会主义主流价值观的社会责任，积极发挥好集团的媒介内容资源优势，化被动为主动，主动引进新媒体技术，制定新媒体发展规划，推出媒体融合的首批新媒体产品，并在对媒体融合发展提供有力的组织保障、组建新旧媒体融合的数字化采编平台、探索媒体融合的新闻宣传联动机制、大力推动新媒体产业做大做强等方面扎实工作。

例如，2014年10月，成都传媒集团宣布启动进军新媒体"4311"战略，该战略涵盖了时政新闻、财经资讯、生活服务和数字娱乐等四大产品矩阵，成都传媒集团数字采编中心、自主建立技术研发中心、用户大数据中心等三大中心，一个新媒体产业园区，一个新媒体产业发展基金。

以时政新闻类移动客户端为代表的"锦观"是一款党报全媒体集群针对移动终端开发的新闻发布平台，初步设计有"闻""观""评""听""问"五大内容模块，采集和发布权威、深度、主流的新闻资讯和观点性报道，以打造全新的、符合互联网传播规律的时政、评论和深度观察栏目为特色，抢占主流舆论阵地。

以新型社交媒体类移动客户端为代表的"谈资"是成都商报的一款新型移动社交媒体，编辑、聚合在社交网络中最值得分享的内容的平台。"谈资"内容注重话题性、贴近性和传播性，同时在功能上注重交互和分享，设置"萌宠""街拍""图卦"等栏目，深度挖掘本土发现式信息、话题类新闻，是一款充分契合移动互联网传播规律的APP产品，将是实现"聚用户"战略思维的主打产品。

以"微成都"为代表的社区资讯类移动客户端，将发挥其在微博、微信方面积累的品牌优势，整合成都晚报现有新闻播报、社区互动平台、962111服务平台等资源，设置"微新闻""i·社区""微政务""微生活""微文化"等板块，构建"民生微聚合"平台，为市民提供更加精准的民生新闻资讯，成为一款提升市民生活质量和文化品位的新技术产品。

以"每日经济新闻"为代表，每日经济新闻APP是一款针对投资者、企业决策者和中高端消费者的免费新闻应用，发挥每经专业财经媒体的优势，结合互联网传播技术，引入大数据手段，根据用户的阅读习惯和轨迹，为用户提供量身定制的信息，设置"智库""辣评""妙财""好图"等创新栏目，打造引领财经新闻和资讯的互联网新闻平台。

以成都全搜索为代表的综合性新闻门户网站以贴近中心工作、信息丰富、界面美观、服务便民为目标，综合运用漫画、图片、视频等互联网宣传方式，重新设计首页及二、三级页面，更注重对本地中心工作和动态新闻的及时报道和摄动表达，使页面设置更符合移动互联网风格。

其二，充分发挥集团的媒介资源优势。资源的整合和合理配置是当下开展新媒体业务必不可少的环节之一，单一的媒介资源无法形成联动效应。试想，如果报社不改变思路，不依赖于集团的资源整合优势，仅仅依靠传统媒体时代遗留的用户群和少量的广告客户优势等少量资源，就不会在新媒体如此发达的今天获得长足的发展，微博微信粉丝量破百万将是天方夜谭。报业集团化，就是为了避免重复投入和打破数据运用壁垒，建设数据中心就需要由集团层面来整合和统筹内容资源、用户数据资源和渠道资源，集中资源优势，实现规模化的高质量的内容生产。

其三，集团媒介信息传输渠道的融合。仅仅依靠编辑团队不断生产自以为王的内容，仅靠传统的渠道输出已经越来越难使信息快速地到达用户。内容建设完成之后必须使其通过传输速度快的平台和渠道到达受众的手中，在新媒体日益发展的今天，《成都商报》通过开发 APP 新闻客户端，运营微信微博等社交平台，向广大的用户群推介自身的原创内容，并保证信息传递的时效性，使原创性和可读性极强的内容尽快到达信息接受者那里，是离不开一个优秀的信息传播平台的。新闻客户端、微博、微信等平台的建设是传统媒体进行转型和实现互联网化的最基本的一个突破口，同时也是报社进行内容输出的一个重要平台。换句话说，成都传媒集团充分利用了现有的网络资源平台，很好地展现了自身的发展优势。

最后，集团给予新媒体融合发展的资金支持。2016 年，成都传媒集团投资 3 600 万元，成立了由《成都商报》《每日经济新闻》和博瑞投资公司组建了技术团队，做数据中心建设的研究。

2. 精准定位受众需求，实现信息服务的分众化与互动化

这里做一个重要的强调，即对受众需求的把握与向其提供更好的服务分众化与互动化在此是一体的。在移动互联网日益发达的今天，受众不再像以往一样被动地接受信息，而是随着互联网发展所带来的各种信息接受渠道不断增多，人们有了更多的权力对信息进行选择性接受。众化传播的受众需求较大众

传播的受众需求更加单一和细化，而对受众需求的更加细致的研究，可以对受众进行不同的受众群划分，使得网站提供的信息服务更加具有针对性。目前，成都传媒集团开始建设并运作属于集团自己的数字化采编中心和数据中心，通过对用户新闻链接点击量、阅读量等数据的比对和研究，精准定位受众需求，为网站提供分众化和互动化的信息服务，同时，从网站的分众化和互动化过程中又能挖掘到新的客户需求。如今，用户接触新闻信息的渠道和形式多样化，内容碎片化，在互联网这个信息接收和反馈的双向渠道里面，用户所接触到的内容首先是特定需要的，内容和个人需求匹配才是最重要的，所以在互联网信息时代，是内容匹配为王。

第三节　《成都商报》和《每日经济新闻》新媒体平台的特点及存在的问题

对于成都传媒集团来说，新媒体是促进今后旗下所有传媒企业持续发展和进步的"方向标"，也是报刊杂志走向媒体融合的重要途径，新媒体融合为日渐被人所遗忘的传统纸质媒体的发展拓展了新的空间。新媒体中心建设，新媒体常规平台的使用，做全网信息收集、汇集新闻线索，根据线索调度记者，策划稿件采写角度，推送新闻稿件，对传播效果进行追踪分析，等等，改变媒体内容生产格局和传播格局，在持续不断的发展当中，二者展现了自身的特点，同时也存在着一些问题。

一、《成都商报》《每日经济新闻》等新媒体平台呈现出来的特点

1. 均是成都传媒集团的品牌运作和影响力提升的重要体现

二者隶属于成都传媒集团，其发展的好坏直接影响着集团的声誉和品牌影响力。网站、微博、微信和手持客户端等多方位的新媒体平台，不仅仅可以用来发布信息，还能把它作为营销的有力舞台，用户数量的不断增长会扩大品牌的影响力。

2. 体现了成都传媒集团实施新媒体发展战略的态度

与许多传统媒体不同的是，成都传媒集团在进行新媒体的转型中，建立了

比较完备的产品布局，主要由时政新闻、财经资讯、生活服务和数字娱乐四大新媒体集群组成，涵盖14个网站、14个客户端、40个微博、60个微信以及视频直播等主要产品形态。其中时政类新闻用户1 400万、生活服务类用户1 200万、财经资讯类用户3 000万、数字娱乐类用户1.5亿。这说明成都传媒集团的新媒体转型不是简单地挂在嘴边，而是付诸实践，并取得了不错的成效。

3. 净化了网站及客户端的页面

这是二者新媒体平台建设的一大优点，除了本身所设定的栏目外，极少见到植入式广告推广，使用户不再受到广告的烦扰，给读者留下了良好的第一印象，使读者能够直观看到页面的布局，迅速准确地找到自己所需的信息。

二、存在的突出问题

笔者选取《成都商报》和《每日经济新闻》作为研究成都传媒集团新媒体平台融合创新的例子，并非说明该集团在媒体融合创新方面无瑕疵可言，相反这也是问题的所在。在前面的介绍中，提到了关于集团下属网站、微信、微博以及客户端的诸多信息，从这些信息中我们可以看到，成都传媒集团的庞大产业群在迅速发展的同时，也暴露了一些不可忽视的问题。新媒体数量多而杂，缺乏发展的重点，缺少"领头羊"级别的新媒体平台。体制机制的束缚，在一定程度上也制约了内部资源的共享与运用。

第四节　成都传媒集团进一步深化媒体平台融合创新的路径与方法

成都传媒集团坚持党的领导，积极转变观念、充分利用现有的信息传播平台资源、优化产品结构、努力突破机制，以占领舆论阵地制高点为导向，以新媒体产品为载体，以资本为纽带，打破传统的运行模式，创新分配机制激励人才，建立了适应新媒体发展的体制机制。

一、积极转变发展思路，继续打造强力品牌

对于成都传媒集团来说，主流新媒体平台的开通并不意味着向新媒体转型已经实现，从媒体融合的过程来看，这只是一个开端，后面的路还很长。集团应健全媒体融合发展组织保障，建立统一、高效、权威的领导管理体系，实现集团发展决策的科学化、整体化、现代化。成都传媒集团必须依托现有的资源，构建媒体融合发展管理的新模式。进一步整合集团新媒体发展资源，组建新媒体发展公司，落实发展的重点，突破发展的难点，鼓励下属各新闻机构发挥自身优势，加大创新力度，开发更具有市场竞争力和有利于公司品牌建设的新媒体项目。并且，集团应根据自身的资金实力，先期扶持集团内部发展潜力较大的报刊杂志，树立旗下子品牌发展优势，继而实现品牌发展的联动效应。

另外，在互联网技术高度发达的今天，必须要充分利用现有的互联网技术改造自身，积极地适应新兴媒体即时传播、海量传播的特点，树立抢占市场先机的意识，对信息资源进行充分的挖掘和整合，使面向读者的信息更加全面和系统化。要适应新兴媒体充分开放、充分竞争的特点，放眼全球，树立更广泛的市场竞争意识，强化市场观念，提高市场营销和产品推介能力，做大做强自身品牌。

二、制定和完善集团新媒体发展规划，拓宽社会化传播渠道

成都传媒集团在大方向上的发展必须坚持全力推进媒体融合整体发展，走成为中国一流新型媒体集团之路，不断探索适合自身发展的路径。即集团应继续从媒体融合发展的整体战略出发，构建现代化资本运作，传媒产业发展融资新渠道，实现集团资源共享，立体化的内容生产流程，组建新媒体融合发展的新格局。

从具体的小战略方向来讲，还应继续鼓励和支持报刊品牌使用微博、微信等社会化的具有大众传播和人际传播双重性质的社交媒体平台，充分利用大数据的支持，挖掘用户的具体需求，实现内容生产与受众需求的无缝对接。推动媒体融合发展，要密切关注并有选择地发展社交类应用平台和技术，促进社交平台与信息传播平台有效对接，增强平台黏性，集聚更多的忠实用户。要充分利用自己运营的微博、微信等新媒体社交平台，积极发展粉丝，扩大用户规模，提升传播效果。对于《成都商报》《成都晚报》《每日经济新闻》等集团发展势头较好的纸媒来说，发展微博、微信等平台对于其发行量和阅读量来说不但没有消极影响，反而能带来更多的积极影响。

三、加强人才培养，完善新媒体人才培训机制

新媒体复合型人才是决定媒体融合发展的关键因素之一，成都传媒集团须立足集团发展的要求，加大专业人才引进和培养力度，特别是新闻信息的数字化采写编评摄人才、内容生产、技术研发、资本运作等高素质人才，同时积极促进存量人才向新媒体转型。利用集团现有的人力资源管理制度，建立全媒体培训计划，不断加强互联网思维培训，提高员工多媒体传播胜任力。完善以市场为导向的激励薪酬，着手探索实行分配方式资本化手段。

成都传媒集团平台融合创新发展在西南地区最大中心城市的成功，在西部地区乃至全国都具有一定的影响力。笔者深知，以一种宏观的发展视角去诠释成都传媒集团的媒体平台融合创新，会使本文略显空洞，遂选取集团旗下的《成都商报》和《每日经济新闻》作为成都传媒集团新媒体平台融合创新的实例进行剖析，力图从其旗下子品牌的发展当中寻找集团进行媒体平台融合创新时所进行的大胆尝试和所取得的阶段性成果。以报刊媒体发展的视角去审视成都传媒集团的融合创新方式，显然有所欠缺，媒体融合是一个长期而又复杂的过程，对于集团来说，媒体融合之路才处于起步阶段，随着现代网络科技的不断发展和变化，今后媒体融合之路也将伴随着各种挫折与坎坷，这也是成都传媒集团今后必须要面对的媒体融合困境。

第十二章　南方报业传媒集团融合发展走出新路径

郝天韵[①]

2017年的南方报业传媒集团68周年社庆日，正值党的十九大胜利召开，可谓意义非凡。习近平总书记在党十九大报告中，全面阐述了新时代中国特色社会主义思想，阐明了事关党和国家未来发展的重大理论和实践问题，是指导新时代一切工作的最高遵循。作为一家具有广泛影响力的党媒集团，如何以实际行动深入学习贯彻落实党的十九大精神，积极拥抱新时代，勇于担当新使命，壮大党的宣传舆论阵地？如何在不断变化的媒体格局和舆论生态中培育新能力、增创新价值、打造新优势？笔者经过深度调研后发现，南方报业传媒集团正以新型主流媒体建设的新成绩迎接新时代的到来，并走出了极具特色的融合发展新路径。

第一节　集团背景与新媒体战略

南方报业传媒集团由《南方日报》及其创办的系列报刊发展而来。《南方日报》1949年10月23日创刊于广州。在半个多世纪的发展历程中，南方日报以其不可替代的权威性、公信力和高品质的主流新闻和深度报道，确立华南地区主流政经媒体地位，是广东唯一主打高端读者群的权威政经大报。南方报业传媒集团的前身为南方日报报业集团，于1998年5月18日正式挂牌运作。2005年7月18日，南方日报报业集团更名为南方报业传媒集团。

---

① 郝天韵，中国新闻出版广电报新闻采访中心产业和深度报道部记者。

更名后的南方报业传媒集团，一方面强化了"南方"以文化为脉络，由报刊向多媒体发展，形成品牌集群和人才集群，在创业中持续创新的传统；另一方面确立了"南方"以资产为纽带，组建传媒集团公司，形成规范的公司治理结构，在改革中加速发展的现代企业制度。

在深耕传统平面媒体的同时，南方报业传媒集团更致力于实施新媒体挺进战略，加快网络媒体和手机媒体的发展速度，开拓可发展媒体优势的相关产业，实现跨媒体、跨地区、跨行业经营上有突破性的进展。近年来，集团成功构筑报纸、期刊和出版社、网络三大平台的立体化组合，逐渐往传媒业品牌集团的方向延伸，沿着打造国际文化传播业品牌的战略目标，以"品牌媒体创新力量"为轴，以平面媒体、网络媒体、移动媒体、图书出版、文化会展、文化实业和传媒的社会公益活动为"七大舰队"，使南方报业传媒集团呈现出更加丰富的品牌群体架构。

目前，南方报业传媒集团拥有8报、9刊、多家网站和"两微一端"、1家出版社，形成了平面媒体、网络媒体、移动媒体、广电媒体、户外LED和电子阅报栏六大产品线，全媒体矩阵覆盖2亿用户。

"深耕主业、多元开拓、加快转型、融合发展"十六字战略至今，以"深度融合、全面转型"为路径，南方报业全力推进融合发展，打造新闻资讯领先、传播手段先进、服务能力突出、产业形态丰富、拥有强大舆论引导力和市场竞争力的智慧型文化传媒集团，舆论引导力和社会影响力稳居业内一流地位。

第二节 "报网端微全覆盖"，主题宣传的排头兵

多年来，南方报业始终坚持正确舆论导向，在主题宣传报道上浓墨重彩，使其媒体影响力、公信力等方面得到全面提升，可谓主题宣传的排头兵。

一、唱响主流舆论的南方声音

2015年以来，南方日报、南方周末等媒体结合广东工作实际，深入阐释以

习近平同志为核心的党中央治国理政新思想新实践，100多篇评论被人民日报、新华网等中央媒体转载推介。南方日报重点经营"治国理政新思想新实践"专栏，围绕学习、解读、宣传习近平总书记系列重要讲话精神，2017年上半年持续刊发162期评论员文章，数量质量在全国媒体中遥遥领先，获得中宣部3次阅评表扬，被《人民日报》转载2篇，被新华网、人民网、人民日报客户端、新华社客户端等主流新闻网站和客户端转载150多篇，成为全国地方媒体阐释习近平总书记重要讲话精神的理论高地，有力唱响了主流舆论的南方声音。

因其主题宣传实现"报网端微全覆盖"，南方报业传媒集团多次受到中央领导同志和中宣部新闻阅评表扬。2017年以来，为突出做好习近平总书记对广东工作的重要批示精神、广东省第十二次党代会、全国"两会"、香港回归20周年、建军90周年等重大政治事件的宣传报道，南方报业传媒集团精心组织"一带一路"国际合作高峰论坛、G20汉堡峰会等重大国际活动的报道，积极承担廖俊波、黄大年等典型人物的报道。继2016年刘云山、刘延东、刘奇葆等中央领导共4次给予比较突出的表扬，被中宣部共有8期新闻阅评表扬后，2017年上半年，南方报业受到中宣部新闻阅评表扬9次；集团对习近平总书记对广东工作做出重要批示的报道、广东省第十二次党代会报道、全国"两会"报道被胡春华等领导同志给予高度评价。

二、热点引导 深入有效

除了全面覆盖的主题宣传，南方报业传媒集团对于热点的引导也愈加深入有效，着力推出有思想、有温度、有品质的优秀作品。南方日报的"广东经济开门红"系列报道、南方都市报的"坑老保健品"、揭秘地下"色播"江湖、深圳医保套现等系列调查报道、21世纪经济报道的北斗产业调查报道等，均是体现南方采编水准的佳作，报道有力、引导得当，社会赞誉度较高。精选宣传题材、创新呈现方式、注意传播效果，一批技术先进、制作精良的融媒体产品和有深度、有功力的正能量文章在网络空间广泛传播。很多主流新闻力作达到了数十万+、上百万+，甚至上千万+的阅读量。比如"武松来了""两会脱口秀"两档节目分别获得"1亿+""5 000万+"的阅读量，神曲《四三二！let's go！》和H5《南方网红带你深度游广东》因呈现方式新颖活泼而备受关注。

第三节 "中央厨房"2.0 进一步完善采编联动机制

广东省省委常委、宣传部部长慎海雄曾强调,要实施"移动优先"战略,不断做强做优融媒体拳头产品,进一步提升传统主流媒体在新媒体领域的话语权。要创新体制机制,支持南方财经全媒体集团加快推进自贸区信息港、粤港澳大湾区研究院等重点项目建设。

按照中央和广东省委关于推进媒体深度融合的部署要求,在南方报业于 2016 年建成的"中央厨房"1.0("采编一体化平台"一期)基础上,今年则全力加快"中央厨房2.0"建设作为推进媒体深度融合的龙头工程和基础平台。

一、全媒体一体化统筹 打造爆品

据了解,自南方报业确立全媒体生产理念起,便全面改革采编流程,形成反应迅速、技术统一、手段多样、媒体联动的全新生产流程。以打造拳头产品为核心,以构建"中央厨房"2.0 为重点,进一步完善"1+X"采编联动机制,全媒体平台功能先进、实用,业务应用互通共享,使得报社信息化水平迈上新台阶。南方报业"中央厨房"2.0 建设目标为"四个一":一个报网端决策联动机制、一个采编指挥调度平台、一个全媒体内容管理系统和一个传播效果监测反馈系统。

通过技术赋能,在决策上实现全媒体一体化统筹,在采访上实现全媒体实时在线调度,在编辑上实现全媒体高效衔接,在发布上实现全媒体立体呈现,在传播上实现全媒体大数据监测——是"中央厨房"2.0"四个一"建设目标的具体体现。今年的南方日报 68 周年社庆日,正值党的十九大胜利召开。在对十九大的报道中,其新采编系统"中央厨房"2.0 全面启动并发挥了极其重要的作用:十九大开幕前夕推出《RAP 一曲新荔枝颂,带你看看新广东》《在粤歪果仁为"新四大发明"唱了一首歌》,以 RAP 歌曲形式讲述广东建设新成就,成为"点赞"量过百万的网络爆款产品……

"中央厨房"2.0 投入使用后,大部分选题可实现在线交流和实时沟通,实现多端口编辑与一线记者直接交流，实现部门内的团队作战甚至多部门联合作战，减少了大量的中间环节和沟通壁垒，为改造传统采编流程提供了有力支撑。"中央厨房"2.0将大大推动南方报业采编"一体化平台"建设，将集团所有媒体全面接入一体化稿库，包括文字、图片、视频等各形态的采集、加工与分发，形成统一指挥、使用便捷的新闻信息采集发布平台，真正实现集团内容资源共享、高效支撑、多元生产、多产品生产和个性化生产有序进行。"中央厨房"2.0建立了统一的技术平台，着力打造适应新兴媒体生产传播的技术支撑能力和网络传播效果量化评估系统。

通过高度重视技术驱动，主动适应互联网技术革命，南方报业传媒集团因其完善内部数据交换规范和联通基础，以技术改造推动内容生产加工分发营销评估一体化发展，统筹建设集团中央内容数据库、用户数据库、媒体云平台，通过开放、合作、共赢的模式，对接多层次优质新闻资源技术平台。

二、"南方名记培育工程"培养全媒体人才

据了解，南方报业传媒集团以"南方名记培育工程"牵引队伍建设和人才培养战略，全面深化了管理体制和用人机制改革。

通过高度重视队伍建设，积极开展"两学一做"学习教育和马克思主义新闻观教育，调整提拔一批关键岗位骨干人员，实施新媒体技术全员培训，由此，南方报业传媒集团全面提升了采编队伍的凝聚力战斗力。多年来，这支采编队伍牢牢坚持将正确政治方向摆在首位，坚持党性原则、马克思主义新闻观，把握正确政治方向，努力把自身打造成一支以正面宣传为主、拥有高水准的业务能力和优良的工作作风的一流采编团队，推出一系列坚守社会责任、传承南方价值，体察民情、表达民意，有思想、有温度、有品质的精品力作。

同时，南方报业传媒集团还着力培育娴熟掌握现代传媒新手段新方法的优秀人才。通过大力推动采编队伍向全媒体记者、全媒体编辑、全媒体管理人才转型，培养勇于尝试直播、短视频、无人机采集、VR等新的内容生产方式的全媒体复合型人才。2016年10月、2017年4月，南方报业传媒集团先后遴选出两批共40名"南方名记"，制定相应的培育措施和考评激励制度，采用"一人一策、因人施策"的方式进行倾斜培育，探索实施新媒体项目制、工作室制，搭建人才创新创业平台。通过培育，南方报业传媒集团的记者们快速熟练

掌握全媒体十八般武艺，在近年重大报道活动中担当了融合创新的重任，推出一系列特色鲜明、人气颇高的文章、栏目、项目，"南方网红"，打造网络"爆款"的能力处于国内媒体同行前列。

多年来，南方报业传媒集团坚持把人才作为第一生产力，将优化人才结构作为融合发展、转型升级的重要驱动力，改革选人用人制度，改进考核评估、培训及激励机制，加大新媒体专业人员引进和培养力度，强化采编、经营人员的全媒体技能培训，积极引导和协助各业务板块引入数据技术、计算机技术、新媒体产品运营等专业人才；健全激励机制，实行岗位聘任管理，搭建优秀人才成长平台，解决干部"能上能下、能进能出"问题，努力建成一支充满活力，具有强烈用户意识、创新意识、产品意识、市场意识，适应转型发展的全媒型、专家型、复合型人才队伍，形成采编与产品并重、经营与管理并重、技术与资本并重的多元化多层次人才结构。通过改进考核评估、培训及激励机制，极大地推动了人才结构优化。

第四节 "南方+"强势来袭 与新媒体技术深度融合

一、"南方+"上线突破"双两千"

作为南方报业传媒集团全力打造的移动端主流媒体，"南方+"从2015年10月底上线至2017年10月中旬，两年实现"双两千突破"：客户端累计下载量突破2 400万，由客户端建设运营的广东权威发布新媒体平台"南方号"入驻机构超过2 000家。目前，"南方+"一周平均生产3个H5作品、1.5个动漫作品、3个视频新闻产品，推出20多场视频直播，推出了一系列"叫好又叫座"的爆款产品。

2017年8月，"南方+"推出反腐脱口秀视频"武松来了"第二季，全网点击量达3 000万，此前的第一季四期节目全网点击量过亿；2017年"南方+"在全国"两会"期间推出的"两会TALKS"，全网点击量超过5 000万。与此同时，"南方+"于2016年推出的"南方号"已成为微博、微信以外的另一大政务新媒体聚合平台和流量入口，全面覆盖广东省 21 个地级以上市党政机关，全省人社、公安、司法行政、地税、国资、工商等多个系统的省、市、区（县）三级政务新媒体也都集体入驻了"南方号"。

截至 2017 年 10 月中旬，广东全省已有超过 2 000 家党政机关的政务新媒体和企事业单位的机构新媒体入驻"南方号"，月均发稿总量达到 3 万条，带来每月超过 4 000 万的阅读量。在大批新媒体产品带动下，"南方+"牢牢占据了广东移动端主流媒体制高点，成为华南地区具有龙头地位的骨干新媒体，并赢得业界和网民的广泛好评。

二、"移动优先"拉动全面转型

根据《2017 全国党报融合传播指数报告》在全 367 家党报自有 APP 中，"南方+"居地方党报首位；在国家网信办许可和确定的 272 家互联网新闻信息服务单位中，"南方+"位居 2017 年 5 月榜首位。此外，南方报业其余的新媒体拳头产品南都"并读" APP 下载量近 8 000 万，南方周末 APP 下载量 1 072 万，"阁壁"社区项目依托微信已于 5 月上线，目前用户总量已突破 10 万。"移动优先"、大力发展新媒体对集团产业转型产生明显拉动作用。2017 年上半年，集团新媒体收入同比增长 28%，其中移动媒体收入同比增长 75%。

"南方+"上线两年突破"双两千"，主要归功于南方报业两年前开始实施的"移动优先"战略。

"移动优先"是因应移动互联网时代需求，积极占领移动传播制高点，打造具有龙头地位的骨干新型主流媒体。移动互联时代要求我们将过去那种有限的、固定的信息"入口"变为与形形色色的场景认知相符合的"多点触达"模式，对处于不同场景、不同需求的用户，提供基于场景认知和个性化需求的"伴随式服务"。

近年来，南方报业传媒集团以打造"南方+"等移动客户端产品为重点，着力构建技术共享、平台融通、相互导流、优势互补、各具特色、服务有效的新媒体矩阵。目前，已经形成报、刊、网、端、微、屏等多介质、多形态、立体化的媒体生态，总覆盖用户超 2 亿人。

在大批新媒体产品带动下，"南方+"牢牢占据了广东移动端主流媒体制高点，成为华南地区具有龙头地位的骨干新媒体，并赢得业界和网民的广泛好评。记者了解到，截至 2017 年 10 月中旬，广东全省已有超过 2 000 家党政机关的政务新媒体和企事业单位的机构新媒体入驻"南方号"，月均发稿总量达到 3 万条，带来每月超过 4 000 万的阅读量。

第五节 全面转型打造"传媒+"稳居亚洲品牌 500 强

世界品牌实验室 2017 年 6 月发布《中国 500 最具价值品牌》分析报告，南方报业旗下南方日报、南方都市报、南方周末再度入选，品牌总价值达 764.09 亿元，仅次于中央电视台、人民日报社，位居全国媒体机构第三；在 2017 年 9 月发布的《亚洲品牌 500 强》榜单中，南方日报、南方都市报、南方周末分别以 132 位、170 位、181 位的成绩上榜，南方日报和南方都市报更是与人民日报、读卖新闻等报业品牌，共同跻身亚洲报业十大品牌。

一、产业联动 形成全媒体矩阵

坚持科学发展、多元开拓、坚持技术创新驱动，南方报业的媒体融合取得明显成效。作为一家由传统报纸媒体全面转型升级的报业传媒集团，它的融合范围不仅是"中央厨房"的采编机制、"南方+"的移动客户端……其触角还伸向共享单车、智能远程运维服务等最新产业。

2017 年 12 月 6 日，南方报业传媒集团与北京摩拜科技有限公司在广州签署了战略合作协议，双方将在新媒体策划、客户端资源、大数据挖掘、智库建设以及舆情服务等方面展开合作；12 月 5 日，新华三集团智能远程运维服务示范样板点落成揭牌仪式在广州市南方报业传媒大厦成功举行，这也标志着南方报业在服务理念、模式、服务能力跃上了一个新的台阶……

正是南方报业以打造六大产业标杆项目为重点、推动结构调整产业升级的具体行动。开展"传媒+园区""传媒+产业""传媒+资本"……目前，一系列的探索实践正在进行中，并成效显著，通过整合渠道、整合资源，实现集团优质资源与外部资源的有机融合。目前，南方报业按照"传媒+"产业发展思路，正形成以新闻传媒为核心，融合政务服务、文创服务、数据服务、交易服务、文化娱乐、智慧生活的"1+6"产业结构，形成"大传媒、大文化"新型产业格局。

南方报业全面推进转型融合工作，初步形成以集团整体转型为主体、以"南方+APP""南方周末APP""并读APP""阁壁社区矩阵"四大拳头产品和建设南方财经全媒体集团、南方网改制上市、南方舆情数据服务、289文化艺术产业、发行物流公司改制、南方文化娱乐产业六大产业转型标杆项目为两翼，各单元创新发展的融合发展格局，快速推进全面转型，服务大局、服务用户、服务创新能力明显提升。

刘红兵表示，媒体要充分关注、研究、分析和思考，通过优质内容的全媒体传播，推进行业健康发展。"未来，南方报业将持续关注共享单车等新经济业态，搭建行业领军企业与地方政府对话平台。"刘红兵说。

由此，南方报业形成了集平面媒体、网络媒体、移动媒体、广电媒体、户外LED和电子阅报栏六大产品线、覆盖2亿用户的全媒体矩阵，品牌价值居全国媒体机构第三。

二、锐意创新 脚踏实地

2017年12月15日，南方报业传媒集团举办技术大会。会上，两个由国家新闻出版广电总局授权的国家级实验室、两个应用研究院、一个中央数据库（大数据服务中心）共5个联合实验室和研究院揭牌。南方报业2017年度十大技术创新项目也同时揭晓。

此次揭牌的出版融合发展重点实验室和媒体大数据应用实验室由国家新闻出版广电总局授牌成立，由南方报业传媒集团与中科院深圳先进技术研究院、武汉大学深圳研究院、北京百分点信息科技有限公司等共建；南方数字经济研究院、智能媒体实验室两个应用研究院由南方报业与百度、阿里巴巴等互联网企业共建；南方报业集团中央数据库（大数据服务中心）建立后，南方报业将围绕数据优先战略，在人才培养及服务能力延伸等方面开展相关研究工作。

南方报业"中央厨房"2.0系统平台、"南方+"融媒体移动直播平台、南方舆情舆堂APP、户外媒体大数据分析系统、写稿机器人等10个重磅项目获得"南方报业2017年度十大技术创新项目"。

2017年11月，南方报业成立技术委员会，制定集团技术发展战略和实施路径。该委员会将加快建设集团中央数据库、智慧化管理系统、基础架构云平台、总体网络安全防护体系四大项目，聚合及优化技术资源配置管理方式，引入多元化的激励模式，不断培育新能力、增创新价值、打造新优势。此次技术大会，也吹响了加快推进深度融合、全面转型、建设智慧型文化传媒集团的行动号角。

南方报业传媒集团近年的融合发展实践证明，面对传媒格局的深刻转变，通过"深度融合，全面转型"，不但能在服务大局、引领舆论方面继续发挥全国一流省级党报集团的突出作用，也将在融合发展时代继续引领创新大潮，发挥媒体改革发展排头兵的作用。

截至目前，南方报业全媒体矩阵覆盖2亿用户，品牌价值居全国媒体机构第三。南方报业着力壮大主流舆论阵地，构建了报、刊、网、端、微、屏全媒体矩阵，集团媒体所属微信公号影响力持续扩大。截止2017年9月，订阅量超过10万的有24个、超过50万的有6个；各媒体新浪官方微博粉丝数超过600万的有6个，集团全媒体矩阵覆盖2亿用户。

产品融合创新篇

第十三章　澎湃新闻：传统媒体转战社交媒体的标杆

鲍丹禾[①]

  2014年7月22日，当另类的发刊词《我心澎湃如昨》刊发出来时，意味着"澎湃新闻"的多个平台——包括澎湃新闻客户端、澎湃新闻网站、澎湃新闻微信公众平台、澎湃新闻微博等同时上线了。澎湃新闻是上海报业集团改革后进行的第一个新媒体项目尝试，它的定位是"专注于时政与思想"，一经推出，就引起业界的高度关注。作为传统媒体向新媒体的一次大踏步迈进，澎湃新闻的确有很多值得研究和探讨的地方。

第一节　澎湃新闻的诞生背景

  2014年8月18日，中央全面深化改革领导小组第四次会议审议通过了《关于推动传统媒体和新兴媒体融合发展的指导意见》。习近平总书记强调，要"坚持先进技术为支撑、内容建设为根本，推动传统媒体和新兴媒体在内容、渠道、平台、经营、管理等方面的深度融合，着力打造一批形态多样、手段先进、具有竞争力的新型主流媒体，建成几家拥有强大实力和传播力、公信力、影响力的新型媒体集团，形成立体多样、融合发展的现代传播体系"。澎湃新闻的诞生，可以说因时、因势而动。这里，从政治、经济、社会和技术四方面分析其产生背景。

---

  ① 鲍丹禾，现代教育报总编辑助理，主任编辑；毕业于中国传媒大学，新闻学博士，艺术学博士后；主要研究方向为媒介融合、文化产业等。

一、政治使命的要求

中国正处在一个迈向新时代的重要历史节点上，改革是时代的最强音。在此过程中，人们对于和政治相关的方方面面的信息有着多种多样的需求。社会的政治思维也在发生变化，"从单向监管思维转向平等合作思维，从主观专断思维转向对话共识思维，从刚性压制思维转向柔性开放思维，逐渐成为政治改革的主旋律"[①]。这种情况下，呼唤更多的时政新闻提供者出现是时代的要求。

以往，人们获取时政新闻的渠道主要依赖于国家通讯社、党报等强势媒体，随着自媒体时代的到来，这样的局面也在发生变化，地方媒体开始扮演起重要的信息传播者角色，作为澎湃新闻来说，希望这一次有一个从传统到新媒体的完美转身。

二、经济条件的助推

从2005年以来，传统媒体尤其是报业进入"寒冬期"，都市类媒体更是如此。澎湃新闻脱胎于上海报业集团的《东方早报》，报纸的经营收入每况愈下，传统媒体不得不寻找新的经济突破口。

新媒体时代，传播的主体已经从过去的专业化、组织化的机构传播走向个体的、开放的、自组织的多元传播主体，传播的状态也日益移动化。第40次《中国互联网络发展状况统计报告》显示，截至2017年6月，中国网民规模达到7.51亿。手机网民规模达7.24亿，较2016年年底增加2 830万人。网民中使用手机上网的比例由2016年年底的95.1%提升至96.3%，手机上网比例持续提升。各类手机应用的用户规模不断上升，场景更加丰富。在这种每个人都是一个移动媒体的环境下，传统媒体只有顺应传播时代变更的要求，才可能开拓出一片新天地，摆脱自身的营业收入困境。

三、社会结构的变化

由于互联时代的到来，相比以往，人们的表达渠道更加宽广，表达自由的

---

① 赵子忠、崔卓宇. 新媒体时代时政新闻如何突围[J]. 新闻研究导刊, 2014, (9).

实现也更加便捷了。普通百姓和专业新闻机构一起成为信息的生产者，至少成了专业机构的信息补充者，这是一个巨大的变化，甚至可以说是一场信息生产革命。普通百姓对于新环境下的时政新闻有着巨大需求，因为人们需要了解国家、了解社会。显然，如果信息传递过程中只有体育和娱乐新闻是不够的的，彰显国家政策方向的严肃、庄重的时政新闻不可或缺。

四、技术革新的影响

技术推动着传媒介质的更迭。以往传统媒体在发布时政新闻时所延用的周期长、内容空洞的模式正在被扭转，社会呼唤更多时效性强而又内容充实的时政新闻，这些只有在新媒体形式下方可实现。

这是一个新媒体革命渗入社会各行各业的时代，一切都无可阻挡。所以，上海报业集团选择做"澎湃新闻"几乎是必然的选择，只不过他们定位于"时政新闻"这个点上，的确有些不同一般，选择了这个点，可见他们不是看眼前利益，而是看得更深远，也更具有社会担当的情怀。

第二节　澎湃新闻的战略部署

为了适应新时代媒介传播的特点和受众需求，澎湃新闻从组织架构、新闻业务、运行流程方面都进行了大刀阔斧的改革，并且取得了较好的效果。

澎湃新闻从一问世，就受到学界和业界关注。复旦大学新闻学院教授张涛甫在一篇文章中写道："面对新媒体的环形围剿，我们看到了传统媒体精英们西西弗斯式的反抗，他们努力坚守理想主义办报理念，不屈从命运的安排，在坚硬且陡峭的岩壁上，一次又一次地将命运的巨石举过头顶。这次东早澎湃的问世，则是理想主义再出发。"[1] 媒体从业人员认为，澎湃的出现，是传统媒体的华丽一击。澎湃承载的不仅仅是上海报业集团的新媒体之梦，更是不少媒体人翘首企盼的"第一个吃螃蟹的人"。可以说，澎湃的未来走向，很可能就是

---

[1] 张涛甫．"澎湃"的"初恋"[J]．青年记者，2014，(8) 上．

传统媒体转型的前进方向。

一、组织机构再造

既然要做新媒体，就要做到位。这就要求从组织机构上开始改造。如果还是按照传统媒体的操作方式，势必影响效率和效果。

澎湃新闻的采编队伍脱胎于《东方早报》的队伍。《东方早报》一直实行的是企业员工聘用制，所以澎湃新闻的人员属于企业化劳务派遣的方式。但是澎湃从一开始就兵强马壮，达到200人左右，后来还在持续增长。

澎湃新闻有数十个子栏目，每个栏目都有一个小组运营，每组人员也都相对固定，各小组会每天一起开会，商量选题，有时还会对选题协同操作，做成大的专题报道。

小组成员平常各行其是，一旦遇到重大报道，将优化配置，临时重新组合，形成全方位、多角度的报道团队。

澎湃新闻打破了传统媒体组织科层化、封闭化的组织架构，引入互联网式的项目团队制度，各个小组独立运营，组织结构扁平化、开放化，以适应移动互联网时代信息快速反应的要求。[①]

为了吸引优秀人才参与到新媒体操作中来，澎湃新闻还推出了"期权记者"概念，这在国内当属首次。这种通过给记者期权的做法，将记者由员工变成了合伙人，突破了中国新闻界长期以来的固定做法，具有极强的开拓性。毫无疑问，如果这样的创新举措可以兑现，澎湃新闻将会有不同于其他媒体的吸引力。

澎湃新闻的管理采取这种产品化、团队化方式就会有众多公司化运作的体现：新闻中心的负责人被冠以"总监"头衔，而不是报纸时代的"总编"，这样可以让负责人有意识地将各子栏目当作产品运营，各栏目根据点击量进行动态调整，决定去留。[②]

在全新工作环境下的媒体人最大限度地发掘了自己的潜能。采编人员主动适应新的挑战，开展自我学习，尽快转型。人员往往是复合型人才或者一专多

[①] 郭泽德. 澎湃新闻的移动战略研究[J]. 新闻研究导刊, 2014, (9).
[②] 陈昌凤. 媒体融合中的全员转型与生产流程再造[J]. 新闻与写作, 2015, (9).

能，比如文字记者可以充当摄影师，文字编辑可以担纲视频剪辑，平面美编可以制作网络动画等。澎湃新闻人物栏目主编黄芳举过一个例子说明，有文字调查经验的记者转入视频记者岗位，也能将做文字调查时所擅长的突破能力和逻辑分析能力运用到视频调查中。以《太极拳的生意江湖》视频栏目为例，视频由一位文字转型而来的视频记者和一位编导制作，在"太极拳约战事件"处于风口浪尖时，两人到太极拳的发源地河南温县陈家沟采访，接触了拳师、学拳者、做太极拳周边生意的买卖人，勾勒了一条太极拳生意的利益链。[1]

据了解，澎湃新闻的目标就是打造全媒体记者。这样的概念过去有很多传统媒体在进行转型时都提出过，不过从以往的情形看，多是美好设想，能真正做到由文字记者转为"全媒体记者"非常罕见，而澎湃新闻的记者、编辑的确具备了全媒体生产能力。他们在做每一个内容产品时都考虑到全媒体的呈现方式。这种状况在《东方早报》与澎湃新闻并行的时候就有所体现，直至后来《东方早报》停刊，表现更为突出。

2016年12月，上海报业集团决定，从2017年1月1日起《东方早报》休刊。《东方早报》不仅原有的新闻报道、舆论引导功能全部转移到澎湃新闻网，人员也大部分平移。正因为澎湃新闻和《东方早报》之前紧密的关联，所以其人员在进行沟通时较为顺畅，彼此没有障碍。因为团队人员相互间熟悉，此前《东方早报》已经运行了十多年，这时候全员转型，从纸质媒体到新媒体，其团队精神得以顺利延续。

二、媒介渠道再造

澎湃新闻从一开始，就覆盖了网页版、客户端、微博、微信等媒介形式，可以说几乎形成了现有传播关系中的全覆盖模式。从运行的三年多时间看，澎湃最受欢迎的媒介渠道是手机移动客户端。

移动客户端通常被称作APP，表现出移动性和便捷性。澎湃这一媒介渠道的受欢迎与当下的社会传播特点是相吻合的。澎湃新闻的手机客户端有如下特点：第一，界面特别。澎湃界面最不同寻常的在于其娟秀的字体，看上去十分清新。点开首页左上角的"澎湃"二字，会显示丰富的栏目，供受众自由选

---

[1] 黄芳. 澎湃新闻的深度报道探索［J］. 青年记者，2017，(8) 上.

择。还有适合大屏智能手机阅读的大图模式，具有强烈的新闻冲击力。图片像素很高，而且从构图和用光看多为上乘作品，为界面增色不少。第二，信息定制。在数十个栏目中，受众可以挑选自己喜欢的栏目，如"思想"大类里，包含了社论、澎湃评论、上海书评、私家历史等十余个栏目，皆可订阅。第三，互动分享。移动客户端提供了便利的分享功能，受众只要觉得必要，就可以轻触指尖，将信息以微信、微博、QQ等方式分享出去。

无论澎湃新闻的网页版，还是微信和微博，都在显要位置提醒受众下载澎湃新闻客户端，从这点足以看出他们对客户端的重视。虽然《东方早报》已经不复存在，但报纸没有了，新闻还在，观点还在，只不过从纸媒变成了手机上的一个软件。

与网页版相比，移动客户端实现随时随地阅读信息；与微信微博相比，虽然都在手机上呈现，但客户端所可以承载的内容显然比微信和微博所承载的内容更加丰富和立体，也具有更加良好的视觉体验。

当然，虽说移动客户端是最重要的，并不是说澎湃新闻可以放弃其他传播渠道。事实上，澎湃新闻已经形成了微信公众号矩阵，众多子栏目都有微信账号。应该看到，多层次的传播渠道格局基本形成。

三、精品内容的再造

澎湃新闻之所以受关注，归根结底是因为其内容。澎湃选择的是一条原创时政新闻的路途，虽然注定艰辛，却也别具特色。澎湃新闻是纯国资注资，初期由上海市委宣传部和上海报业集团各投入5 000万元，共计注资1亿元。主办方将主要的人力和财力都花在了采编工作上。

主办方通过前期调研和微信公众号的内容试点发现，时政思想类的新闻品牌在互联网舆论场上极度稀缺，于是强势介入这一垂直细分领域，并且设立了数十个栏目组，其中有聚焦中央领导人报道的"中南海"栏目，有专注反腐报道的"打虎记"栏目，有关注公共政策的"中国政库"栏目，有专门报道法治新闻的"一号专案"栏目，有提供思想文化交流平台的"思想市场""文化课""有戏"等栏目。[①]

---

① 刘永刚. 坚持内容为王 坚决整体转型［J］. 传媒，2017，(8) 上.

第十三章　澎湃新闻：传统媒体转战社交媒体的标杆 |产品融合创新篇|

澎湃新闻所秉持的"新闻专业主义精神"渗透在产品内容的方方面面。因为自称是"专注时政与思想的互联网平台"，所以必然在时政和思想两方面下功夫。

如果要总结澎湃新闻内容的几大特点，可以归结为：原创、深度、形式新颖、观点独到。

近期的新媒体产品《致敬！好人耀仔：一位宁德村支书的45岁人生》，融合了音视频、图片、H5等多元的呈现方式，报道了福建宁德村支书周炳耀的先进事迹。这些作品，印证了澎湃新闻内容产品的四大特点。

想把时政和思想两个方面做到位，需要有政界高层的信息源和广泛联系知识阶层。在联系知识阶层方面，由于《东方早报》十多年来打下了良好的基础，积累了广泛的人脉，这一点上并不是难题；而在政界高层信息方面，澎湃新闻的确一开始比较缺乏，但是他们有自身的一套方法，他们通过精干的采编队伍认真分析研讨国家政策，并且做出恰当的解读，久而久之，引起相关方面的关注，这一通道也就逐步打开了。

澎湃新闻别具特色的创新在于内容上的互动性，最突出的就是其"问吧"和"问政"两个功能。这符合澎湃新闻的产品定位和理想主义情怀。2015年上线的新型问答社区"问吧"，使读者可以直接与新闻当事人或者各个领域的名人、达人进行沟通，增加了澎湃新闻的黏合度与直观性。由于功能明确，界面清新，所以这一功能广受欢迎。演员黄轩、故事大王凯叔都在这里开通问答通道，嘉宾可谓种类繁多，有名人也有普通人，但即使是普通人，也有一些不普通的经历，而这正是他们可以作为相关问题解答者的缘由。有些嘉宾的互动频率非常高，达到数百次之多。如上海大学中文系研究《论语》的教授杨逢彬坐镇"问吧"，短短时间内就有数百人提出有关《论语》的问题，杨教授予以积极的回复，双方的互动效果良好。2017年7月，澎湃新闻又适时推出了问政频道，充分运用专业媒体、原创媒体的优势，根据新闻规律和互联网传播规律来重新整合组织，让权威的声音更广为传播，让谣言迅速停止传播，并在此过程中搭建政府和公众良性沟通的桥梁。[①]

从实际操作可见，澎湃新闻一方面加强原创，另一方面又重视网络聚合，也就是自主生产内容和网民生产内容相结合，充分运用了新媒体融合性与交互

---

① 刘永刚. 坚持内容为王 坚决整体转型 [J]. 传媒，2017，(8) 上.

性的特点。澎湃新闻在内容生产上采取包容开放的态度，接纳各种有利于产品发展的生产途径，取得了很好的效果。有研究者认为，澎湃新闻的新闻生产具有"原教旨主义"和"网络化生产"的混合特征，是结合了专业新闻组织和网民智慧而形成的新闻聚合平台。①

澎湃新闻一直在考虑用各种办法以实现完全的互联网化。他们和高校或者政府部门合作，探索新的内容生产模式。如澎湃新闻和复旦大学新闻学院合作成立数据新闻实验室，意在瞄准数据新闻，通过将澎湃新闻的内容和资源生成大数据，解读大数据，让大数据新闻化、可视化。

第三节 澎湃新闻面临的挑战

虽然到目前为止，澎湃新闻从内容上来看，保持着高质量；从运营方式看，实现着融合性；从机构设置看，体现了灵活性。但作为传统媒体向新媒体转型的客户端，仍然存在诸多挑战。

一、如何盈利的挑战

据了解，2016年年底，上海6家国有独资或全资企业对澎湃新闻战略入股6.1亿元。应该说，在一段时间内，澎湃新闻是资金雄厚的。但是，即使目前没有盈利的压力，未来还是需要考虑这一问题。

运营数百年的报纸的商业模式是这样的：首先，报社将报纸卖给受众；然后，报社再将受众投入报纸上的注意力卖给广告商，广告商投入在报纸上的广告，成为受众阅读的内容，这样，"注意力经济"得以实现。

再来看看新媒体的盈利模式，目前主要依靠两种路径：一种和传统报纸的操作方式类似，依靠广告，即借助优质的原创内容吸引流量，获得广告投放收入；另一种是内容精准化，即依靠精细化的专业内容吸引固定用户，收取用户费用。

---

① 朱春阳，张亮宇.澎湃新闻：时政类报纸新媒体融合的上海模式 [J].中国报业，2014，(8).

"澎湃同时开发互联网和移动互联网的多重媒体资源，将广告与线下活动相结合，通过网民和客户资源的共享，实现新媒体的广告价值和产品营销渠道价值。"[1] 由此可见，澎湃新闻是围绕流量来做"盈利模式"这篇文章的，也就是说，按照规划，盈利模式是上述的第一种路径。

既然要靠流量来盈利，就必须扩大用户规模。一般来说，移动客户端的用户规模达到百万以上，才有盈利可能，且必须兼顾数量与质量。达到百万用户，用户的活跃度还得比较高，否则光有数量而缺乏质量，仍然不具备盈利能力。用户基数有一个时间积累的过程，而活跃度更是需要积淀。澎湃新闻专注于时政新闻的内容输出，注定走的是精英路线，所以在积累用户方面比网易新闻客户端、腾讯新闻客户端会有一定难度。

从已经公开的资料看，2014年7月上线至2015年5月，澎湃广告收入规模约6 000万元，但是同期的运营成本为1亿元，所以广告收入无法覆盖成本。

未来，澎湃新闻只有不断扩大用户基数与提升用户活跃度，才能够实现盈利。

二、原创内容的挑战

因为本身从传统媒体转型而来，同时原先就具备了丰富的信源通道，所以澎湃新闻将自己定位为做"原创内容"也在情理之中。但是，我们只要将澎湃新闻和纯民间投资的今日头条做简单的比较，就会发现，"原创"并不容易。

首先，原创虽然保证了稿件质量，但是耗费了大量的人力和财力。从内容制作看，澎湃新闻制作模式和纸媒的内容制作模式有类似之处，不同的是，更多地融合了多媒体。也正因为融合了多媒体，所以原创新闻的成本比纸媒还要高。从长远看，除非有政府持续的资金支持，否则可能陷入"叫好不叫座"的境况。

其次，在互联网时代，原创虽然重要，但有时候未必是最关键的。如今日头条之所以取得成功，并不在于"原创"，恰恰在于承担了"新闻搬运工"的角色。他们依靠数字技术，将新闻进行重新的聚合、筛选和加工，以新形式呈现在受众面前。

---

[1] 邱曙东. 上海报业集团：借助新媒谋裂变 [N]. 中国新闻出版报，2014年7月29日.

三、部门运营的挑战

由于在纸媒向新媒体转换过程中,澎湃新闻采取的是整体转型,不少纸媒的采编人员转岗为新媒体运营人员,这种从编辑部到运营部门的流动,虽然能够体现一定的优势,但对于多数采编人员而言,他们对运营还是缺乏经验,缺乏整体规划。在澎湃新闻内部,采编人员占据绝对的多数,而运营人员占少数,所以未来还有巨大的调整空间。

澎湃新闻是传统媒体向新媒体的一次大踏步进发,对传统媒体的危机意识的唤醒可谓是"巨大的震荡"。在内容制作方面看,澎湃新闻定位清晰,且从这几年的实践看,取得良好业绩并受到社会的关注;从运营效果方面看,澎湃新闻由于脱胎于传统报纸,所以在完全的新媒体思维方面还有较大的提升空间,新媒体思维的关键在于以用户思维取代读者思维,以服务思维取代内容思维。客观地说,比较多家从报业转向新媒体的产品,澎湃新闻在用户思维和服务思维方面是取得了一定成绩的。

但是,在盈利模式、内容策略和运营方式等方面,还有很多问题值得思考和探索。

第十四章 基于产品创新的媒体深度融合发展路径及成果研究

——以华西都市报"封面新闻"融合发展为例

王 棋[①]

根据2016年中国互联网络信息中心（CNNIC）第38次《中国互联网络发展状况统计报告》，中国互联网网民规模已达到7亿以上，手机网民规模6亿以上，网民中使用手机上网的占比达到90％以上。由此，在新闻传媒领域爆发了一批以今日头条为代表的新闻资讯平台，迅速笼络了一大批用户，今日头条的用户规模已突破亿级体量，相反传统纸媒、广播等逐年下滑，经营惨淡，传统媒体转型，融媒发展道路顺势而起，涌现出澎湃、封面、九派、上游等一系列传统媒体转型新媒体的典型代表，媒体融合发展遍地开花。

第一节 媒体融合发展现状

一、移动平台成为流量入口争夺点

在移动互联网时代，由于移动技术的日益成熟、4G甚至5G网络的蓬勃发展、手机价格及功能的不断优化，中国网民90％以上都使用手机上网，从而导致流量的入口大部分都从移动端引入。同样，新闻的流量入口竞争也转入了移动端。由于传统报纸以及广播的用户逐步转移到移动端，而在新媒体蓬勃发展的初期，传统报业未能及时跟上潮流，促成当前大部分传统媒体转型的第一步

[①] 王棋，华西都市报封面传媒封面舆情总监。

都放在的新闻入口的抢夺。

从央级媒体包括人民网、新华社等，最早开始尝试打造移动新闻平台，独立开发的新闻资讯 APP 人民网、新华社到目前也收获了大量的用户，成功进行了新闻入口的平台转移。再到地方媒体，浙报集团、长江日报报业集团、重庆日报报业集团、川报集团等也先后打造了独立的新闻 APP，澎湃新闻、九派新闻、上游新闻、封面新闻等应运而生。另一方面，由于自建新闻 APP 需花费大量的技术、人力、资金等，同时对本身品牌的影响力要求较高，对于没有独立的资金和缺乏一定品牌力的传统媒体，更多采取的是对微博、微信、头条等移动端新闻渠道采取入驻的方式，借助第三方渠道实现流量的获取。

无论是自建平台还是平台入驻，或者是联合打造，在传统媒体用户严重流失以及新媒体用户急剧增长的当下，移动流量入口的争夺都成了媒体融合发展"跑马圈地"尤为重要的一步。

二、直播短视频成为传播方式制高点

根据智研咨询发布的研究报告，2016 年中国直播市场规模已达到 150 亿，用户规模已达 3.25 亿；另一方面，短视频行业规模大幅增长，短视频创业公司诸如一下科技等，获得亿级投资。所谓短视频，是指一种视频长度以秒计数，主要依托于移动智能终端实现快速拍摄和美化编辑，可在社交媒体平台上实时分享和无缝对接的一种新型视频形式。它融合了文字、语音和视频，可以更加直观、立体地满足用户的表达、沟通需求，满足人们之间展示与分享的诉求。①

正是由于直播和短视频的爆发式增长，导致信息、资讯传播方式发生了颠覆式改变，传统的单纯由文字和图片构成的传播方式已经不能满足用户的需求，人们越来越愿意花费大量的时间倾注在直播和短视频这类接收理解容易、生动形象、易于传播的传播形式里边。在这样的背景下，直播和短视频就成了媒体融合发展过程中，对传播方式升级改造的重要一环。人民日报、央视新闻等媒体官方微博，每日短视频发布量均保持在十条以上，北京时间、封面新闻、澎湃新闻等更是纷纷自建短视频拍摄、制作团队，建立独立的短视频品

---

① 艾瑞咨询.《2016 年短视频行业发展研究报告》，2016 年 9 月.

第十四章 基于产品创新的媒体深度融合发展路径及成果研究 | 产品融合创新篇 |

牌。短视频新闻传播更是制造了一个又一个新闻事件,如新京报的《四川凉山悬崖村》、数不胜数。

三、大数据及 AI 成为融合升级战略点

除了对平台、传播的改造,媒体融合发展路径中另外一个最重要的战略点,也是未来大多数媒体都会投入大量资金和人力去开发的就是大数据及 AI 的应用。当下,不仅仅是传媒行业,大多数传统行业以及新兴行业都在借助大数据及 AI 进行赋能。从政府内部的大数据及 AI 赋能,如法律大数据在对法院审理案件、判决案件、文书撰写等方面进行辅助;交通大数据对交通管理部门的指挥调度、城市道路改造等方面的支撑;到传统企业借助大数据及 AI 进行升级优化,如快递企业利用大数据及分拣机器人进行包裹的分拣、入库、出库等。大数据及 AI 的发展已经渗透到市场经济发展的方方面面,国家也从政策方面给予大力支持。

而在媒体融合发展的路上,大数据及 AI 的应用无疑都放在了非常重要的战略地位。人民日报基于大数据平台的"中央厨房",打造统一的内容编辑及指挥调度中心,实现内容的输出与智能信息服务的结合;九派新闻采用大数据采集、挖掘技术,基于数据仓库和数据集市统计分析,进行新闻原创和二次加工,并采用可视化技术,赋能新闻的制作与传播;封面新闻大力开发聊天机器人"小封"并于微软小冰强强联合,聊天机器人不仅可以完成简单的新闻写作,而且还可以与用户聊天互动、推送新闻,甚至可以与用户对诗等。可以预见,大数据及 AI 将成为媒体未来竞争的重要战略点,融媒中心打造及机器写作等技术将成为重要"物资储备"。

第二节 华西都市报"封面新闻"融合发展探析

在媒体融合发展的不断探索中,四川日报报业集团(以下简称川报集团)着力深化媒体融合发展工作,以中国第一张都市报——华西都市报为载体,于 2015 年 10 月 28 日启动打造"封面传媒"项目,加快建设新型主流媒体。2016 年 5 月 4 日,封面传媒打造的封面新闻客户端和封面新闻网(以下统称"封面

新闻")上线。笔者将通过对"封面新闻"的发展进行研究解析,从而对媒体融合发展的未来走向窥探一二。

纵观华西都市报"封面新闻"的融合发展之路,就是一部产品创新的道路,封面传媒本身就是一个产品,而在这条创新之路上,封面传媒主要从内容、技术、平台、机制四方面走出了独特的创新之路。

一、内容创新,实现高品质输出

1. 技术驱动,内容传播"因人而异"

封面新闻利用数据挖掘、机器人学习写作、兴趣推荐算法等,摆脱了传统意义的编辑推送,通过用户在使用过程中自主选择跟踪新闻动态、添加兴趣标签、机器识别与持续学习等,最终形成"因人而异、千人千面"的个人专属新闻流。

2. 原创显著,舆论引导力显著提升

作为全国两家拥有互联网一类新闻信息服务资质的客户端之一,封面新闻不断提升内容传播力、公信力和影响力,原创新闻成绩斐然,多篇原创爆款全网亿万级传播。"全国两会报道""茂县山体垮塌救援""凉山禁毒民警牺牲"等多篇报道创造上亿级传播热点。

3. 做强特色,直播+视频影响广泛

封面新闻发力直播和短视频领域,直播强调专业,视频强调精品,封面直播稳居今日头条视频直播榜前三,多次位列榜首,"凉山第一高溜""川藏第一高桥""珠港澳大桥贯通"等直播阅读量超过千万。

4. 智能交互,机器人聊天增强黏性

面对人工智能浪潮,封面新闻在人工智能上持续发力。2015月4日,封面新闻APP 3.0版本正式上线,算法推荐更加成熟和优化,拥有了机器人写作技术,自主开发的"小封机器人"1.0版上线,实现了机器人聊天功能。7月13日,微软"小冰"机器人正式入驻,"小冰"+"小封"结合,快速提升机器人聊天功能。

二、技术创新,打造核心竞争力

1. 以"智"为先,打造"智媒体"

封面新闻定位是"亿万年轻人生活方式",与其他资讯类产品的不同之处在于，更加强化价值联接，在这种强化价值观主导下的技术驱动，赋予了新型主流媒体正确前行的方向。在媒体融合发展的路径下，作为互联网主流媒体，如果只重视技术，不注重价值引导，就是对公众、对社会不负责任。封面新闻注重解决机器学习带来的"信息过载"和"信息过窄"问题，更加突出信息的价值匹配，以"智慧"解决"智能"的短板，做"智慧+智能"并重的"智媒体"，更好体现价值观引领下的算法与推荐。封面新闻通过人工编辑的干预，纠正算法偏差，为技术引擎植入价值观的灵魂，既让用户实现"因人而异"，又让用户实现价值联接。

2. AI引领，再造新闻生产

华西都市报在打造封面新闻和推动融合上，紧紧跟上了AI时代的步伐，朝着大数据和人工智能技术领域进军，紧盯前沿技术，发力人工智能。一方面，充分运用人工智能媒体技术，通过AI赋能新闻，在AI与新闻的结合上做精、做深、做出特色。另一方面，运用AI变革生产，不断拓宽AI的使用场景，从素材收集、筛选、分析、成文，直至最后的内容分发，从新闻线索搜集到写作到事实核查，每一个环节都有人工智能的深度参与，推动新闻生产流程的智能化变革。

3. 人才支撑，自建独立团队

华西都市报"封面新闻"在推动融合发展的人才支撑上，注重打造符合互联网运营规律的人才队伍。一方面建设独立自主、水平过硬的技术队伍。技术员工共有80余人，接近团队总人数一半，30人来自BAT和华为、微软等知名互联网企业和科技企业，技术总监、数据总监、产品总监等骨干技术人才通过猎头服务招募产生。二是培养一专多能、全媒播报的采编队伍。打造新型主流媒体，人员转型是核心。"封面新闻"大力推动传统人才队伍转型，通过加强培训、新媒体产品运营和创业项目的实施，加快员工互联网知识和技能掌握的进度，赋予传统员工以新的知识基因和能力基因，培养全媒型、专家型人才。

三、平台创新，构建泛内容生态

1. 打造人工智能时代商业生态

封面新闻不只是做一个客户端，而是瞄准了内容领域无处不在的长尾分布，打造引领人工智能时代的泛内容生态平台，形成多元化、可持续的商业模式和盈利链条，汇总到一起，形成商业生态圈。这个生态圈，横跨了媒体、电商和文娱三大领域，媒体重在内容优化，电商重在解决 APP 消费疲劳，娱乐重在搭载社交，文娱重新定义人与信息、人与商品、人与服务以及人与人的联接方式。

2. 建设多元化的移动传播矩阵

封面传媒推动移动媒体建设，初步建设了载体多样、渠道丰富、覆盖广泛的移动传播矩阵。在以封面新闻为核心的基础上，打造了涵盖封面直播、封面智库、封面舆情、封面数据、封面号、封面云商等新产品，形成了形式较为多样、品类较为丰富的产品矩阵。

3. 机制创新，推动一体化发展

在融合发展的过程中，华西都市报和封面新闻的融合发展确立了"双品牌"支撑、"双引擎"驱动、一体化发展、一盘棋整合的工作思路，推动"双品牌"由"相加"到"相融"，深度融合、同频共振、共同发展。

4. 组织机构一体化

在组织机构的设置上，华西都市报"封面新闻"不断推进一体化发展。华西都市报编委会和封面新闻编委会合并为华西—封面编委会，华西都市报经管会与封面传媒总经理办公会合并为华西—封面经管会，分别负责华西都市报与封面新闻的编采和经营管理工作一体策划、一体运营、一体管理、一体考核。在部门设置上，对华西都市报和封面新闻的部门作了优化调整，两个单位的部门都同时承担华西和封面的工作，一体化运行。

5. 传播体系一体化

在传播结构上，打通华西和封面资源，所有稿件实现"一次采集、多种生成、多极传播"，形成了"移动求快、报纸求深"的既融合又错位的融合发展格局。同时，持续打造移动传播矩阵、创新移动新闻产品。在持续创新封面新闻 APP 的同时，不断做强系列产品，建设符合互联网发展趋势的移动化、智能化、生态化产品矩阵，并推动多产品的一体化联动传播，推动传播体系一体化。

6. 运行机制一体化

在生产机制上，破除传统媒体和新媒体采编发环节的壁垒，分层级构建新型采编发网络，再造适应融媒体生产的策、采、编、审、发的一体化流程。在考核上，完善一体化绩效考核机制，统一考核标准和标尺，将稿件点击量、转发量、评论量等用户评价作为重要考核指标。

第三节 社会效益和经济效益的评估

正是由于华西都市报"封面新闻"在融合发展的道路上，以产品创新为核心，根据《关于推动传统媒体和新兴媒体融合发展的指导意见》，坚持先进技术为支撑、内容建设为根本，推动传统媒体和新兴媒体在内容、渠道、平台、经营、管理等方面的深度融合，才造就了现在的封面新闻。

在 2017 年 11 月 17 日封面新闻主办的智创·未来 2017C+移动媒体大会上，封面新闻与今日头条达成深度战略合作，双方在优势内容和先进技术上优势互补，同时双方还共建西部内容创业基地。华西都市报"封面新闻"融合发展的成果成功吸引了新闻资讯平台巨头今日头条的关注，从而寻求深度合作，这种合作模式也必将成为未来媒体融合发展过程中尤为重要的经营方向。

而经过两年的媒体融合发展，在各大主流媒体中，八仙过海，各显神通，未来的发展还尤未可知，但就当下的发展情况来看，人民网、澎湃新闻等发展势头良好，对于封面新闻来说，还需继续进一步做出自己的特色，在这里笔者从社会效益和经济效益对封面新闻的发展做下简单的评估。

一、社会效益

由于主流媒体跟网易、新浪、今日头条这种资讯聚合类平台并不一样，它除了是一个市场企业外，更需要向社会输出主流价值观，创造良好的互联网及社会空间，而封面新闻在这方面也做出了努力。

1. 导向正确性：坚持正面宣传，强化舆论引导

华西都市报—封面新闻通过各种重大报道机遇，不断强化内容创新，加强正面宣传，提升舆论引导能力。在重大主题报道中进一步提升了舆论引导水平。封面新闻紧扣重大主题，深入宣传贯彻党的十八届六中全会精神，在两会报道中围绕两会热点，利用受众年轻化特点和团队强大的技术优势，以 VR、

H5、漫画、表情包、视频等新媒体形式，推出《封面对话政府工作报告起草组成员刘应杰》《封面独家对话政协发言人王国庆》等一大批关注度高、可读性强的新闻产品，传递代表委员治国理政声音，在重大突发事件报道中承担舆论引导职责。在茂县山体垮塌报道中，封面新闻始终坚持正确舆论导向，遵循新闻传播规律，通过视频、直播等方式全方位多角度展示救援工作，凝聚起救援正能量。

2. 社会影响力：面向年轻用户，传播正向能量

封面新闻主要以"80后""90后"网络原住民为主要目标用户，突出"年轻用户的差异化选择权利与个性化表达兴趣"，主要围绕年轻人打造新生代客户端，提升对年轻群体的舆论引导力，正能量充沛、主旋律高昂，为广大网民特别是青少年营造一个风清气正的网络空间。封面新闻上线以来，在全国形成较大影响，特别是成都、广州、北京、重庆等地用户下载踊跃，用户活跃度达到10%，封面新闻的苹果iOS用户与安卓用户比例是4∶1；30岁以下用户占63.3%。清华大学、北京师范大学、国家行政学院、中山大学、人民网舆情监测室等高校和研究机构专家给予高度评价，认为封面新闻既是应运而生，也是主动求变，抓住了年轻人需求，有利于提升主流舆论在年轻群体中的传播力和影响力。

3. 行业示范作用：发展形势向好，得到各方褒奖

封面新闻上线以来，获得了多项行业榜单、奖项的肯定。在国家新闻出版广电总局开展的评选中，封面传媒获评"全国报刊媒体融合创新案例20佳"全国第三名。《中国新闻出版广电报》在报道中评价："封面新闻已经在全国初具'现象级平台'的雏形，在传统报业持续下行的环境下，其融合转型的做法和探索具有标杆意义。"因优质内容产出，获得"UC金松果年度媒体先锋大奖"；2017年6月，获得中国报业协会颁发的"最具原创力媒体奖"；获中国电子商务协会颁发的"年度新锐媒体大奖"。

二、经济效益

作为西部媒体融合转型发展的示范单位，除了社会效益外，在激烈的市场竞争中能否以良好的商业模式和市场优势活下来，然后成为行业标杆，无疑是对其严峻的考验。而就目前来看，封面新闻的转型已经初步在行业站稳了脚

第十四章 基于产品创新的媒体深度融合发展路径及成果研究 | 产品融合创新篇 |

跟，有了可持续发展的资本。

1. 市场需求：面向年轻用户的新生代客户端缺乏

当前，全国主流媒体集团纷纷大举进军移动互联网，将之作为推动媒体融合和转型升级的重要路径，新媒体阵地建设风起云涌、如火如荼。但由于技术上的先天制约，传统纸媒开设的客户端一直起色不大，迫切需要有强大技术支撑的新型客户端出现。同时，大多数客户端面向所有网民，没有精准定位，面向年轻用户的客户端很少。华西都市报打造的封面新闻客户端在定位上精准，以"亿万年轻人的生活方式"为定位，无疑打开了新的市场和空间，也在引领年轻用户的舆论上打造了新的阵地。

2. 竞争优势：技术+内容"双优势"明显

与其他新闻客户端相比，封面新闻既有技术优势，又有内容优势。在技术上，向着全新的人工智能技术进军，在AI+媒体领域发力，既拥有目前最新的机器算法推荐技术，在大数据运用上较为娴熟，又开发了"小封机器人"，引入了"微软小冰机器人"，实现了机器人写作、机器人聊天等功能，较为引领前沿。在内容上，拥有国家网信办颁发的一类和互联网新闻信息服务资质，这是全国客户端中拥有一类资质的两家客户端之一，与其他商业类客户端相比，在内容原创上形成了比较优势。

3. 投入合理性：巩固舆论斗争的主阵地

华西都市报—封面新闻深度融合项目响应了中央关于加快推进媒体融合发展的号召，落实习近平总书记提出的"着力打造一批形态多样、手段先进、具有竞争力的新型主流媒体"要求，在舆论斗争的主战场用主流声音引领网络舆论，维护意识形态安全。项目响应推进国家战略实施的号召，立足"一带一路"和"长江经济带"建设，在网络舆论场汇聚起为国家战略鼓劲加油的强大力量。项目响应深化文化体制改革的号召，发扬了"敢为天下先"的精神，大力探索新的体制机制，与知名互联网企业深度合作，成为宣传思想文化领域深化改革的排头兵。

4. 可复制意义：探索解决都市报融合转型难题

以华西都市报为实施主体打造的"封面新闻"，以创办中国第一张都市报的魄力，充分利用并转化了都市报23年积累的市场优势、品牌优势、专业优势和资源优势，再造全新发展平台，探索全新融合模式，在互联网经济大发展的风口再造一个一流的新型主流媒体，塑造了都市报融合转型的标杆。项目以华西都市报为实施主体，推动华西都市报和封面新闻深度融合发展，对于解决当前报纸发展面临的难题将具有重要贡献和价值。

5. 持续发展潜力：全方位发力，发展势头强劲

华西都市报打造封面新闻，得到了各方的强大支持，产品、运营、技术等各方面态势良好，显示出强大的持续发展潜力。从上级支持来看，有中宣部、国家新闻出版广电总局、中央网信办的高度关注，有四川省委宣传部的有力指导，有四川日报报业集团的实力支持；从自身发展来看，有华西都市报23年的市场资源支撑，有自身的技术、采编、运营等团队支持；从外部环境来看，已经打通了产品拓展的全渠道，各大手机应用市场和通信运营商下载全面铺开，合作伙伴为阿里巴巴、微软、百度等互联网先进企业。多方位优势汇聚，为封面新闻的发展提供了持续健康发展的动力。

第四节　媒体融合发展未来趋势

媒体融合经过三年的市场摸索，在未来的发展过程中，应该说是坎坷与机遇并存，找对方向的产品将会收获市场的肯定，重新焕发传统媒体的风光，而转型失败的产品注定会被市场淘汰。纵观之前的媒体融合之路，笔者认为以下三个方面将会是未来媒体融合转型发展的重要趋势。

一、内容+技术将成为核心竞争力

在互联网发展的浪潮中，好的技术和平台会随着技术水平和市场竞争环境的升级而永远存在，区别只在于是A存在还是B存在，但是正是因为技术的爆发式增长，会导致很多转型媒体迷失在技术浪潮里。诸多资讯平台、用户的渠道在技术上差距会越来越小，但是更让他们担忧的一定是内容。只有好的内容配上好的技术，才能碰撞出不一样的市场火花，然而真正优质的内容总是少之又少。市场的千篇一律，简单模仿、追风等捷径总是很容易地在短期内能给到市场主体甜头，而对优质内容的创造却总是投入产出不成正比，从而导致了

"原创懒惰"局面的出现。因此，一旦拥有了优质内容，总是很容易找到相应的技术进行嫁接结合，迅速成为深受市场追捧的精品优质产品。

二、与用户关系的重构将成为转型关键

在传统媒体盛行的时代，由于信息不畅通，获取信息只能通过报纸、广播等，在这种传播的过程中，读者也好，听众也好，跟媒体的关系处于一种传播与被传播的不对等状态中，媒体想让读者、听众接受到什么信息，那么读者、听众就只能接收到什么信息。此时的媒体，处于信息的强势方。

在新媒体时代，互联网的出现打破了信息隔离、难以获取的状态，而自媒体的兴起又让媒体的传统强势地位进一步被侵蚀，这个时候传统媒体会发现，自己的"受众"一点一点地流失。因此在未来媒体融合发展的过程中，传统媒体要重新将自己的"受众"拉回来变成自己的用户，或者获取新的"用户"，就需要转变思维。现在的用户已经不是当年的"受众"了。必须重新与用户建立新的关系才能突破转型之难。而在新的关系重构过程中，必须采取互联网思维，以用户为中心，围绕用户的需求去打造产品、生产内容，理解用户的行为，这样才能真正适应互联网的改革浪潮，在激烈的市场竞争中走下去。

三、产业化发展将成为持久盈利的保障

在以往的媒体发展过程中，盈利是非常简单和粗暴的，简单的广告投放、版面售卖都可以创造数十亿的利润。但是在当下的市场，赚钱变成了一件很艰难的事情。每一分钱都可能有成千上万的竞争对手在窥探你，如果再进行简单的广告投放、版面售卖就想获取跟以前一样的盈利，已经成了镜花水月。在当下的媒体转型中，单一的盈利点已经很难支撑持久的发展，必须在垂直领域打造足够立体化、市场化的产品体系，才能保证盈利的可持续性。而更深层次、更持久的方式就是对整个产业化进行布局，发挥媒体线上线下整合资源的优势，"鸡蛋不要放在同一个篮子里"，打造媒体视野之内、行业之外的开放的商业平台，让媒体的盈利模式熔炉再造。

互联网发展浪潮一波接一波，新的市场、新的平台、新的模式总是在不断更新换代，在激烈的市场竞争中，每一个市场主体都绷紧心弦，不进则退。媒体融

合转型过程中迈的每一个步伐，都要有领先别人一步的创新精神，才能从大浪淘沙中蜕变成永不褪色的黄金。本文以华西都市报和封面新闻的融合发展为例，探讨了媒体融合转型的路径与产品创新的内核。同时，也期待着媒体融合转型发展这条路能越走越顺，成为媒体行业发展中一个极具历史意义的里程碑。

第十五章　从衡阳日报社创新实践看地市报融合发展路径

张文凯[①]

"改革转型"和"媒体融合"是时代主题和发展要求，也是衡阳日报社增强引导力和扩大影响力的工作抓手。面对传统纸媒遭遇"寒冬"、广告经营收入急剧下滑的严峻形势，衡阳日报社紧紧围绕中心、服务大局促转型、促融合，营造了衡阳报业稳中有进的良好局面，影响力持续增强，发展质量持续提高。衡阳日报社已跻身全国地市党报影响力十强品牌媒体、中国媒体深度融合30强、中国报业新媒体影响力"副省级和地市级党报百强榜"前30，传播理念、传播手段的超前和创新得到了报业同行和广大用户的高度赞扬和充分认可。

第一节　"六个转型"引领改革，构筑1+3+N的融合格局

2015年初，衡阳日报社提出了转型思路和融合目标。转型思路是：加快实现单一媒体向多媒体转型，大众媒体向分众媒体兼顾转型，做新闻向做品牌转型，新闻产业向大文化产业及多元产业转型，传统广告向现代营运转型，同质化共生向错位发展转型等"六个转型"。融合目标是：通过三五年的努力，形成"1+3+N"媒体矩阵，即一机关报（《衡阳日报》）、三大主媒（《衡阳晚报》、《掌上衡阳》客户端、《衡阳全搜索网》）、N个"两微一端"、分众媒体和经济实体，在湘南地区实现区域、行业、人群和媒介种类全覆盖，打造成具有强大话语权和影响力的区域性主流媒体。

[①] 张文凯，衡阳日报社新媒体编辑部主任。

两年来，衡阳日报社以"六个转型"指导媒体融合。当前，衡阳日报社已完成了打基础的几件大事：新媒体中心工程圆满竣工并投入使用；印刷设备更新提质基本到位；大采编平台更新提质建成了全国地市报首屈一指的"中央厨房"。

　　融媒体布局基本完成。形成了衡阳日报、衡阳晚报、掌上衡阳新闻客户端、全搜索官方网站、豹眼视频、社区报、日报官微（微信、微博）、晚报（微信、微博）等传统媒体与新媒体组成的八大主要媒体。《掌上衡阳》跻身全省市州党报客户端第一方阵；全搜索网转型为官方网站后，影响力扩大，同时在线人数超过35 000人次；两报微信累积粉丝超过50万人次，排名位居湖南省报纸新媒体排行榜前十，尤其是晚报微信21次荣登周榜榜首。

　　以2014年8月中央深改小组会议通过的《关于推动传统媒体和新兴媒体融合发展的指导意见》为节点，2017年是媒体融合发展最重要的"三年窗口期"，报业驶入融合发展的"深水区"，竞争将更加残酷和激烈。衡阳日报社审时度势，提出必须牢牢抓住机遇和主动权，努力实现"四个转变"。一是以新媒体为重点转变发布方式；二是以评论为重点转变引导方式；三是以策划为重点转变服务方式；四是以讲故事为重点转变报道方式。重点突出五大工作：一是做优市委机关报《衡阳日报》，突出权威性和公信力，巩固壮大主流媒体阵地；二是做强掌上衡阳客户端，使之成为市委在新媒体中的移动机关报、移动终端上的《衡阳日报》、全市各级党政机关和单位的政策新闻信息服务平台、衡阳自媒体的新闻源；三是错位发展《衡阳晚报》，突出都市和生活特色；四是精准发展"今日"系列，突出专业化、小众化，办成真正的社区报；五是提质官方网站，重点打造具有较强竞争力的新闻和生活网站，盈利能力明显增强。

第二节　扶持《掌上衡阳》，使之成为融合发展"领头雁"

　　早在2010年，衡阳日报社就开始试水移动端新闻产品的生产，并于当年2月1日，开通了彩信手机报——《衡阳手机报》，成立了电子新闻部，专门负责《衡阳手机报》的编辑、经营和推广。手机报不是短信意义的文字新闻，是一个多媒体数据包，但内容基本是《衡阳日报》和《衡阳晚报》新闻内容的浓缩和复制。

第十五章　从衡阳日报社创新实践看地市报融合发展路径 ｜产品融合创新篇｜

2012年12月18日，衡阳全搜索网正式上线，2015年6月8日完成提质改版，正式升级为衡阳日报社的唯一官方网站。衡阳全搜索网上传《衡阳日报》和《衡阳晚报》的电子版，还有专门的团队负责采编、策划、经营。

2013年3月13日，《衡阳晚报》微信公众号上线。2014年8月13日，《衡阳日报》微信公众号上线。2015年11月9日，衡阳日报社旗下《衡阳日报》《衡阳晚报》两大微信公众号分获《全国各地区纸媒公号排行榜》湖南区的第一、第二名。湖南省地市报社两报官微同时揽下冠亚军，这在湖南尚属首次。

由于受人力的限制，以上这些基于移动端推出的新闻信息产品，多半是对日报、晚报上刊发内容进行的二次编辑与传播，直到2015年5月20日《掌上衡阳》客户端的上线。

继2010年6月，搜狐首推新闻客户端后，随即呈现爆发式增长。新闻客户端能为手机用户提供持续、实时、全方位新闻资讯更新，比彩信手机报、微信公众号的承载容量更大，比PC端网站的使用更便捷。新闻客户端具有及时性、全面性、互动性、持续性、便捷性五大优势。

如何让受众第一时间在《掌上衡阳》客户端上看到新鲜的新闻资讯？衡阳日报社率先推出改革举措，对传统采编流程再造，实行大部制，着力打造适应全媒体需要的综合业务部门。首先，将原属日报、晚报的采访部门进行整合，建立统一对外的衡阳日报社新闻中心，要求记者一次性完成对新闻素材的采集，同时向多个新闻发布平台供稿。其次，建立大编辑中心，下设四个编辑部门，强调以编辑为中心，主导策、采、编、发、评整个采编流程，实现不同平台的差异化传播。再次，将新媒体发稿纳入采编考核体系，与报纸发稿享受同样的计分标准。

通过两年时间磨合，与融媒体格局相适应的新闻报道出版机制初步形成。一是形成了"梯次"发布机制。快"首"。以《掌上衡阳》客户端为首发平台，对重大新闻、突发新闻等做到第一时间发布。同时，积极探索新闻客户端采、写、编的传播规律，抢占新闻发布"快"字高地。宽"腰"。以全搜索网和官微官博为接力平台，次第发布，使新闻通过反复传播，出现几何级数的扩张。深"尾"。以日报、晚报为主发平台，对重大新闻、重要事件进行深度发布和解读，满足人们的求真、求细、求深心理，从而形成了传播效果"虎头豹尾"首尾响应的特色。二是形成媒体"互通"机制。传统媒体与新媒体内容互享、栏目互设，真正做到"你中有我，我中有你"。三是形成了统筹报道力量机制。人员统筹、设备统筹、手段统筹，形成了合力，各种报道更精彩。

2017年6月底7月初，湖南遭遇汛期洪水，衡阳也未能幸免。7月1日，周六，衡阳日报社发出紧急通知：全体记者停止休假，随时准备参加防汛报道。当晚，相关记者便奔赴各个现场，从防指、水文站到救灾现场，冲锋在防汛一线。

在此次防汛抗灾报道中，衡阳日报社共有61名记者编辑参与报道。报道启用全媒体矩阵，衡阳日报、衡阳晚报、掌上衡阳、衡阳全搜索网、日报官微（微信、微博）、晚报（微信、微博）均参与其中。

《掌上衡阳》新闻客户端突出一个"快"字，所有新媒体编辑"三班倒"，发稿时间从早上6时到晚上12时，保证编辑工作不断档，保证抗洪稿件能以最快速度发出。从6月26日始截至7月5日16时，共发布防汛抗灾稿件180条。

直播即时启动，在湘江河岸、幸福河边，对抗洪抢险现场进行零时差报道，让本地及外地网友第一时间直观了解衡阳抗洪的措施和进展。同一时间，有3万人收看了直播。

报纸突出深度，连夜赶出详细报道策划方案。从7月3日—7月5日三天，《衡阳日报》推出5个专版，刊发稿件70余篇（含照片），《衡阳晚报》共推出18个专版，刊发稿件近百篇（含照片）。

两报微信对所有信息进行集结。衡阳晚报微信公众号在7月3日刊发的《今晚，最大洪峰过境衡阳！决战湘江，让我们记住这群最可爱的人》的微信推送在朋友圈形成密集转发，点击量超过50万，点赞近12 000人次，留言评论1 700多条。

此次防汛抗灾报道，既得到了市委、市政府领导的充分肯定，也得到了人民群众的高度评价。

第三节 重大报道直播先行，打造全媒体多元播报模式

在移动互联网上，新闻是"现在进行时"，直播的出现与运用，加速了媒

体融合的过程，使新闻产品的生产更快速、更便捷、更高效，直接颠覆了传统采编流程。

2016年9月21日，衡阳市第11次党代会召开，衡阳日报社首秀视频直播获得成功，并得到市委书记周农盛赞。

2017年元旦起，视频直播逐步进入常态化，截至8月底，已经举办了大大小小的直播24场，实现收入28万元，总访问量850 425人次。

元旦环城赛跑、珠晖"四美"茶山旅游文化节、衡阳"两会"、全国蹦床锦标赛……在重大会议、重大活动中开启直播，将权威声音和活动盛况"零距离"传递给受众；寻找失踪的护林员、今夏防汛抗灾……突发新闻事件中直播的运用，通过视频直播、文字直播、图片直播、音频直播等多种形式还原新闻现场，并在同一个页面集成展示，使多媒体报道变成全媒体融合报道，让新闻报道更快速、更直观、更全面。

随着重大报道开启直播，新媒体产品与纸媒内容生产同时进行：新闻客户端利用直播作为内容生产的"先锋军"，第一时间抢占"快"的高地；报纸发挥权威性的"中军"作用，将新闻向纵深推进。

每一次重大活动直播，都是采编部门集团作战、跨部门合作的结晶。四个编辑部门提前策划做好"排兵布阵"，新闻中心记者接到编辑部指令后各自领命而去，在新闻现场负责为新媒体和报纸采集新闻素材，文字、图片、音频、视频，必须在一次采访中完成。

移动直播业务对媒体深度融合提出了新考验。稿件采编发审流程面临重构。一旦发起直播，新闻客户端编辑便与一线记者同步参与到了新闻报道的生产过程中，远程协助为记者当好现场采访的助手、高参，并要在尽可能短的时间里完成对新闻稿件的三审和发布工作。这样才能保证新闻播报的快速和准确。

记者编辑从单纯为报纸服务到为多媒体服务转型：记者要一专多能，采访、写作、拍摄、播音，样样拿得起。编辑不仅要具备基础的新闻采编经验，还要熟悉新媒体编辑的各项技术手段，包括图片、视频、音频的后期加工制作，做到运用灵活。

在重大活动报道中，这种多媒体协同作战的全媒体多元播报模式，汇聚了视频直播、滚动播报、深度报道、相关新闻集聚等多种新闻传播形式，新闻通过 N 次重复播报密集地进入受众眼球，扩大了新闻传播的覆盖面，提升了衡阳日报社作为党媒的公信力、影响力和话语权。

2017 年 3 月 23 日上午，2017 中国·衡阳乡村生态旅游节暨珠晖"四美"茶山旅游文化节在珠晖区金甲古镇开幕。对于这次活动的报道，衡阳日报社实现了将报纸、PC 端、移动客户端、微信公众号等传统媒体与新兴媒体有效结合的方式，实现了文字、图片、视频三位一体。通过活动前预热，活动中直播，活动后追踪的多维度、立体化宣传方式，达到了 1＋1＋1＞3 的传播效果。

此次报道，衡阳日报社成立了以新媒体编辑部为主力的报道小组，统筹协调日报、晚报编辑部与县（市）区新闻中心、视觉新闻中心的采编人力。预热阶段，通过两报、移动客户端、微信等渠道，将活动的相关信息报道出来，吸引受众关注；活动进行阶段，通过直播平台，将活动现场画面通过直播设备呈现在移动客户端"掌上衡阳"上。除了视频外，现场还有文字和摄影记者，实时进行图文信息的滚动直播。活动结束后，报纸和微信再进行报道。报纸上除了图文报道外，还附有直播视频的二维码，受众可以通过扫描二维码回看现场直播视频。

据统计，此次节会活动报道，先后有五个部门 14 人参与了前后期报道和现场直播。从 3 月 1 日到 4 月 8 日，我们在《衡阳日报》上刊登报道 11 篇，《衡阳晚报》刊登报道 5 篇，"掌上衡阳"客户端报道 8 篇，前后期报道和直播一起，传播影响人群超过 100 万人次。

第四节　依托 1＋3＋N，行业工作室从经营广告向经营行业转变

多年前，衡阳日报社即对广告经营机制进行了改革，采取"细分行业"的运营策略，先后成立了财富、教育、医疗、楼市、汽车、旅游、小记者等工作室，按行业板块分别实行风险承包、目标管理、部门经营等考核方式，激发了经营团队的积极性和创造力。但随着报纸广告市场占比的下滑，如果报社经营仍然仅限于报纸软文、硬广，那就意味着作茧自缚。行业工作室不再死抱着"两张纸"，开始了多媒体的行业营销，并通过线上与线下相结合，从经营广告

向经营行业转变，拓宽新的空间，重构新的舞台。

衡阳日报社将发行中心、旅游工作室、小记者俱乐部和旅行社等4个单位的人力资源进行了整合，分散在四个部门的人财物就像四根手指握成了一个拳头。在人员方面，投递员利用业余时间做旅游，是旅行社的业务员，提高了收入，稳定了队伍；报纸发行征订时，正好是旅游淡季，所有旅行社人员，又成为订报的生力军。

在业务方面，以发行部读者为基础，网上读者俱乐部应运而生，20 000多名读者在线。小记者俱乐部发展小记者10 000多人，建立了小记者家长微信平台和QQ群。发行和小记者巨大的客户群，为报业旅游搭建了一个很好的平台。2016年，一个100人的旅游活动，线上报名创下了2分28秒报满的记录。通过读者线下的旅游活动，衡阳日报社实现了媒体与读者的良性互动，提升了客户黏合度，还带来了大量旅游业务和旅游广告。万里旅行社推出了"168元订晚报、送168元旅游券"活动，全年共送出旅游券100万元，不但促进私费订报4 000余份，也更好地把读者吸引了过来。

旅游工作室通过与景区合作，置换了大量的景区门票回馈读者，读者得到实惠，觉得当报社粉丝很划算；大部分门票通过旅行社变现，旅行社有优价门票，提升了竞争力；旅游工作室也实现了旅游广告收入。小记者通过采风和亲子活动，进行体验式报道，不但丰富了课外活动，家长也满意。而且，通过小记者在公众平台和小记者报上的习作，从商家赚取了广告费。

旅游工作室与景区的每次大型活动，都需要大量游客参与并置换消费，旅行社的每次专列和包机，都需要大量游客。除了在纸媒宣传、门店收客的传统渠道外，衡阳日报社率先在衡阳实现O2O，通过移动客户端、网站、QQ群和微信平台收客，确保了客源。到2016年，旅游线上营业额占了50%，实现了与门店销售平分秋色。

第五节　"淘宝直播"引领，项目创收新机制初步形成

近年以来，衡阳日报社尝试以项目化推动融合发展。2017年1月3日正式运营淘宝达人项目，为全国地市报首家。淘宝达人都是兼职写手，共10人；

淘宝主播5人，后勤团队6人，共21人参加了淘宝项目组。该项目分成两个部分，一是淘宝直播，通过高颜值主播直播的方式，为淘宝店家销售；二是淘宝达人，通过写手为淘宝平台提供高品质内容的方式，引流产生购买。

目前，孵化成功的主播有美食主播——红烧小白兔，其位列淘宝美食频道前列，活跃粉丝数破4万，转化率高达5%，单场直播营业额破6万。美搭主播——粉红爷爷位列服饰类主播中腰部，粉丝数破8万，单场观看数达22万人次，已被淘宝官方特邀参与线下综艺节目。

经过5个月的孵化，衡阳日报社淘宝达人工作室已上线五大主播，包括美搭、美食、母婴行业在内。目前，日销售量在3万元左右，预计"淘宝直播"2017年的销售量将超过1 000万元，服务上万个淘宝企业。

同时，该项目还有10个头条账号活跃在淘宝的美搭、美妆、美食、母婴等领域。这些账号正逐渐形成强大的内容矩阵，将经营触角伸向全国市场，为衡阳日报社新媒体发展助力。

除了项目本身的短平快创收，就长远发展来看，还将活跃当地的淘宝经济，尤其是能为衡阳周边地市农特产品做到高效推广，为报社转型注入强大的电商基因。至于融合项目如何激活传统媒体的广告变现，还需要进一步探索。

经营管理融合创新篇

第十六章　大众报业集团：实行全媒全案营销 开辟经营转型的大众路径

周树雨[①]

大众报业集团（大众日报社）于2000年9月28日正式挂牌成立。母报大众日报创刊于1939年1月1日，是我国报业史上连续出版时间最长、出版期数最多的党报。集团及所属齐鲁传媒集团、山东省互联网传媒集团拥有《大众日报》《齐鲁晚报》《半岛都市报》等18份报纸，《青年记者》《今参考》等5份杂志，拥有山东省新闻综合门户网站大众网等网站14个、客户端7个、两微公号270多个，"两微一端"用户达到4 000多万，山东手机报用户达到3 600万，是山东广电网络集团第一大股东。2016年，集团总资产达到72.7亿元，净资产53亿元，综合实力位居全国报业集团第五。近年来，集团获得中国新闻奖38项，其中10个一等奖，被业界誉为"大众报业现象"，并涌现出"长江韬奋新闻奖"等国家级拔尖人才十多人。

第一节　适应媒体形态重大变革，加快报业经营方式创新

面对媒体发展的大变局，大众报业集团党委作出转变转型的战略安排，其关键就是媒体的再造，影响力的再造和产业形态的再造。围绕"三个再造"，集团党委又提出抓好网上大众基础工程、媒体融合推进工程和全媒全案营销工程"三大工程"。其中，全媒全案营销工程，就是适应媒体形态的重大变革，对经营方式的再造。报业经营是影响力的营造和转化、营销，现在，媒体形态

[①] 周树雨，中国人民大学博士，山东大学新闻学院教师。

变化了，影响力形态变化了，转化、营销的方式必须随着改变。谁适应、转变得快，谁就能开拓出一片新天地；谁不认识、不适应，不尽快转变，谁就经营困难，甚至出现危机。

一、全媒全案营销是媒体融合现状提出的紧迫要求

融媒体是报网端微一体，报是根和本，网端微是枝和叶，不能本末倒置，更不能根本和枝叶割断，使根本枯萎。融合影响力由报网端微化合形成，报纸的影响力是魂、是核，推进融合要使报纸的影响力更强，使发展新媒体形成的影响力向报纸回流。大众报业集团实施报纸和新媒体整合营销，继续确立在企业和消费者中的位置，实现报纸和新媒体的双赢；同时，适应互联网经济新特点，立足集团的资源和优势，在融媒体基础上培育新业态。

二、把全媒全案营销作为一个系统工程抓紧抓好

全媒全案营销是一个系统工程。搞好全媒全案营销，要搞好创意策划，整合各个方面的力量，整合传统媒体和新媒体资源，整合线上和线下活动，服务好用户需求，在观念更新、创意策划、力量调整、体制变革、机制创新各个环节，统筹协调，把握重点，尽快在点上有更多突破，在面上大范围推开。

一是转变经营观念。充分认识媒体形态、影响力形态的变革，及这一变革对经营变革提出的迫切要求，形成自觉行动。认识到转变才有出路，转变才有未来。转慢了，就会被动；不转变，只有死路一条。转变就要做到全案，解决单案；就要做到全媒，解决单媒单打独斗。

二是打破重重壁垒。新的营销方式，涉及部门壁垒，涉及块块利益，涉及体制障碍，包括报网端之间的关系协调，办报和经营之间的畅通配合等，哪一个环节遇到障碍，大局就受影响。认识到壁垒的顽固性、危害性，打破壁垒，畅通道路，才能确保转得动、转成功。要从长远着眼，适应新的经营方式，鼓励大家积极探索，进行组织架构调整和体制机制转换。

三是抓好项目团队建设。全媒全案营销，更多地是针对比较重大的经营项目、社会上比较有影响的企业和市场上比较有分量的商品，这就决定了项目团队在全媒全案营销中的特殊作用。要选好带头人，实现团队的合理搭配，为他

们创造发挥才能的环境，提供更多学习提高的机会。要用好激励机制，使业绩突出的优秀项目团队得到重奖，名利双收。各媒体的主管当好全媒全案营销大合唱的总指挥，尽职尽责，真正把工作抓在手上，使集团经营不断取得新进展，集团媒体经营再创新辉煌。

第二节 大众日报对接党报转变转型 抓住全媒全案营销这个"牛鼻子"

作为山东省委机关报，大众日报近年来在打造采编"中央厨房"的同时，配套推进全媒全案营销转型，努力建设智慧经营平台，实现了报纸经营收入的持续增长，初步摸索出一条党报经营转变转型的"大众路径"。中国主流媒体聚焦食安山东、山东百年品牌香飘米兰世博会、美国前总统助力齐鲁峰会、山东首届医改论坛叫响全国、"私人定制"莱商银行周年庆活动等典型营销案例，在创收的同时，也大大提高了大众日报的传播力、影响力。

一、典型案例背后的制度创新

打破内部壁垒，释放机制活力。首先，树立市场化改革理念。近年来，大众日报广告经营一直以市场化为改革方向，创新体制机制，早早成立独立的广告公司——山东大众广告公司，并通过完善公司化治理进一步释放改革红利。目前，公司正在成长为集策划、传播、会展、制作于一体，功能完备的现代党媒广告公司。其次，打破内部壁垒，统一运营主体，释放机制活力。大众日报所有的广告经营都以广告公司为统一平台，下设公司本部广告运营中心、行业广告运营中心和地方广告运营中心，成为报社创收的三驾马车。版面价格统一，版面安排统一，管理制度统一，大家在同一个平台上既竞争又合作，有效避免了内耗。第三，在活动传播方面破除媒体门户之见。成功的营销活动得益于集团领导亲自挂帅、亲自调度，宣传上采取了"融媒体"报道方式，从大众日报到齐鲁晚报、半岛都市报、经济导报、鲁中晨报、大众网以及手机客户端都给予持续重点关注，形成了全方位、立体化的大报道、大传播。

由"金字塔"管理转向"扁平化"管理。大众日报广告经营团队,打破原来的条条框框,采取虚拟团队建制方式和项目负责制。围绕大项目,从公司办公室、全案全媒中心、品牌广告中心、行业广告中心、设计部等部门抽调精干人选,组建起一支"能干事、干成事"的临时团队。注重成员的策划、执行、协调等能力以及高度的责任心,实现团队工作的高效与能力互补。报社分管领导亲自挂帅,主动召集项目核心团队共同挖掘并放大活动亮点,这种"主动去中心化"的工作作风,很好地提高了项目的决策效率和执行效率。

团队要有狼群法则。全媒全案的转型核心在人。一个好的全案营销团队,不是依靠某一个人,而是一个具备狼性法则的团队。一要具备像狼一样的灵敏嗅觉,不能放过任何一个策划机会。米兰世博会策划最早源于一次常规采访活动,通过研判、策划和论证,逐渐碰撞出思想的火花。二要具备像狼一样的团队作战精神,群策群力最终成就经典策划。为了策划好米兰世博会项目,上到报社副总编辑、总编室领导,下到消费、文化等各行业站都参与进来。在大策划的背后是团队协作的力量,多部门联动才能创出佳绩。三要具备像狼一样锲而不舍的精神,咬住就不松口,再大的困难也能克服。米兰世博会活动筹备并非一帆风顺,甚至因为种种困难差点泡汤。但执行团队并未轻言放弃,最终通过不懈努力,不仅挽回了整个活动策划,还凭借非凡的创意和执行力,赢得了省委分管领导的高度肯定和大力支持。

二、转型要抓住全媒全案营销这个"牛鼻子"

全媒全案营销,就是品牌或者活动从"创意策划+全媒体整合传播+活动执行+效果评估"全媒体、一站式的传播方式。传统媒体需要俯下身来在提升服务质量上下功夫,实现原有业务基础上的升级,实现传媒产业链的深度整合,向传统媒体的固有优势要效率,向行业资源整合要效益,迈出跨界竞争的步子。

全案营销,既是大势所趋,也是形势所迫。首先,经济新常态下,广告主的钱越来越难掏,靠关系拉广告的传统营销模式不可持续。广告主要把钱花在刀刃上,更希望接受集创意、策划、执行、传播于一体的管家式全案营销服务。其次,新媒体使得传播日趋碎片化,原来报纸、广播、电视等传统媒体一家独大的格局被打破,微信、微博、公众号、客户端以及自媒体百家争鸣的新媒体格局正在形成，全媒全案营销传播成为必然。另外，作为省委机关报，传统的党政机关、企事业单位形象广告也已经出现疲态，增长乏力。通过全媒全案转型，既能保住传统的纸媒业务，同时也是在培育新的赢利点。

通过对多个案例的梳理、回顾，大众日报全案营销应该以大众日报（以及客户端、微信公众号）为主体依托，以策划为指挥棒，以活动为聚合平台，以新媒体、新技术为扩音器，覆盖报、网、端、微，全媒体、全天候、全流程的新型营销模式。

三、智慧营销前台对接采编"中央厨房"

对报纸而言，"一次售卖"完成了与受众之间的新闻传递，"二次售卖"完成了产品或服务与消费者之间的连接。如今，"一次售卖""二次售卖"正在被更廉价、更精准、更快捷的新媒体工具所取代。传统媒体迫切需要完成"第三次售卖"，变受众为用户，变内容为产品，强化内容产品的服务功能、消费功能，聚合目标受众，提升用户体验，从而对生产方式、管理模式、组织架构、盈利体系乃至整个媒体生态进行结构和重建。这就需要传统媒体像突破"中央厨房"那样再造一个全新的"营销前台"。

以用户为中心。对全媒全案营销而言，"用户"并不止于广告主，终端消费者才是媒体真正的"用户"。营销的关键是弄明白消费者想要什么，而不是企业要卖什么。过去，我们往往把用户等同于企业或者广告主，忽视了消费者，这就导致很多策划方案没有效果，经不起传播效果评估，最终变成了"一锤子买卖"。

再造"营销前台"。过去，同一个传媒集团中，各媒体经营单打独斗、以邻为壑的个体户做法，已经不适应媒体融合的新形势。一方面，各媒体要合作共赢，优势互补，把优势搭配好，嫁接好，一起争取项目，一起参与实施，利益共同分配。全媒全案营销是大兵团作战，需要借助不同媒体的不同优势勠力为之。另一方面，广告公司必须实现革命性变革，过去是拉广告，现在需要的是策划公司、公关公司、广告公司、会展公司于一体的全能媒体服务商。

打造特色营销品牌。随着全媒全案营销工程的建设，传统媒体也应该有自己独具特色的商业营销品牌，与媒体大品牌形成呼应，也代表着专业、专注的全媒全案营销机构新的形象。

第三节　齐鲁晚报以房产为突破口　全媒全案营销深化再升级

齐鲁晚报是大众报业集团内最早提出进行全媒全案营销的媒体，以房产为突破口，进行全媒全案营销。2016年，在全国报刊房产广告降幅达到近40%的大环境下，晚报房产广告逆市上扬，同比增加5%。

一、搭建三个平台解决三个"痛点"

齐鲁晚报房产全媒全案营销着力搭建三个平台解决客户三个"痛点"：一是全媒体推广平台，解决报纸广告效果不佳的问题，为客户提供包括报纸、网络和新媒体在内的整合传播方案；二是活动营销平台，满足客户为项目带客、提升人气的需求，量身定做线下活动；三是房产全产业链运营平台，一定程度上满足客户将投放和销售挂钩的要求，整合报社内外资源，拉动产品销售。三个平台分别对应着客户的三个痛点：曝光率、到达率和转化率。

全媒体推广平台整合了晚报旗下报纸、网站、微博、微信、齐鲁壹点客户端等所有媒体资源，将创意策划和新闻炒作全媒覆盖，相互导流，进而产生影响力叠加，让客户看到量化推广效果的同时，做强媒体影响力。通过全媒体推广平台，晚报不仅推出了"晚报帮您上头条""晚报帮您出首付""东西南北大团购，50万红包全城抢"等全行业客户共同参与的大型策划，还为20多个客户量身定做了全媒体推广方案。通过活动营销平台，晚报房产陆续策划了"齐鲁首届O2O购房节""齐鲁春、秋两季购房嘉年华""对话未来家园——片区规划进社区暨发展论坛"等多个影响力大、创收效果好的活动，还通过竞标，获得了很多楼盘大型活动的承办权。全产业链运营是指通过内外部资源的深度整合，为客户提供包括广告设计、全媒体推广、活动策划执行、报商团购、销售代理等房产销售几乎所有环节在内的"一站式"营销解决方案。

二、形成成熟的全媒全案营销操作模式

经过多个项目、多个层次的合作，齐鲁晚报已经形成了相对成熟的全媒全

案营销操作模式，具体包括以下几个操作要点：一是制定成熟的合作范本。客户的需求多种多样，为提高工作效率，最好做足功课，提前准备几款适合不同客户的"菜单"。二是精心选择合作客户。在选择全案营销业务前，需要对传统合作客户进行全面梳理，精心选择有可能深度合作的客户，并分门别类预判合作模式。三是形成高效的项目团队。在开展全媒全案营销的过程中，针对每个项目都成立专门的项目团队，一般由1名业务骨干牵头，3—4人组成。项目团队采用扁平式管理，可根据工作进展召开研讨会，决定或调整广告投放、活动策略等，减少了决策的层级。四是与客户深度融合。全媒全案营销过程中必须与客户保持及时沟通，准确掌握客户的各种诉求。项目团队要经常参加客户的营销策划会，根据客户的要求，调整策略。五是最大限度地整合资源，做好媒体影响力的聚合。在全媒全案营销的过程中，一方面要通过整合各种内外部资源来提升合作效果；另一方面，也要将这种效果通过包装聚合到报纸上，提升报纸的影响力和品牌价值，再吸引更多的客户。最终形成：全媒全案营销→聚合影响力→影响力（品牌）提升→全媒全案营销的商业闭环。

三、晚报全媒全案营销深化再升级

2017年以来，齐鲁晚报在经营工作中不断转变观念，提升创意策划水平，推进体制机制创新，极大地促进了经营工作。晚报全媒全案营销深化再升级，取得了阶段性成果。

好的创意是吸引住客户目光的关键。2017年国庆、中秋期间"家国情怀——齐鲁双节汇融媒特别策划"就是用创意营造需求的一次成功尝试。该组策划通过创意封面设计、"歌唱我的国"主题视频，中秋嘉年华、最美全家福系列H5小游戏、家国情怀特刊策划等一系列融媒体产品，烘托了节日气氛，激发了众多网友的参与热情。"歌唱我的国"活动，走进山东老年大学、山东技师学院等8家单位，8条短视频通过齐鲁晚报官方微博、齐鲁壹点、腾讯视频、微信公众号等渠道进行全网发布，每条点击量均在10万+以上。最美全家福系列H5产品，携手联通、苏宁易购等知名商家，推出朋友圈有奖趣味互动，近5 000名网友踊跃上传全家福为客户代言。鲁酒品牌计划封面创意和月亮代表我的心H5设计以及家国情怀特刊，将活动推上高潮，直接拉动创收90多万元。

重点项目配强力量。以晚报创刊 30 周年经营策划为例，晚报重点打造了"品牌照齐鲁""责任耀齐鲁"和"特色靓齐鲁"三个经营项目，每个项目都有项目团队和项目负责人。其中，"责任耀齐鲁"的项目团队由经管会成员牵头，采编、经营、新媒体近 20 人组成，所有经营部门负责招商。在项目团队的集体努力下，"责任耀齐鲁"实现了社会效益与经济效益的双丰收，是一次影响力营销与影响力营造同步提升的成功案例。目前，晚报通过借助创刊 30 周年的契机，通过地标马拉松、社区文化节、寻找城市之光、寻找标杆物业、齐鲁融媒少儿才艺大赛等全媒全案策划已拉动创收 1 500 多万元。

体制机制升级，力推一体化运营。2017 年 8 月，按照媒体融合工作委员会的部署，晚报在经管系统进一步推进了报纸、新媒体间的交叉任职，由报纸各主要部门主任同时兼任齐鲁壹点相应频道总监，统筹报纸版面、晚报网和齐鲁壹点频道、垂直领域公众号，形成融媒优势。调整后，各部门重新提交了新媒体工作计划，包括任务指标及月度分解，所重点打造新媒体产品名称、功能、盈利模式、用户目标及责任人。目前，几乎所有行业都有了自己的新媒体产品，其中，教育、汽车、房产等行业的新媒体产品已经有了一定的行业影响力。

为丰富全媒全案营销的手段和方法，新媒体也逐步形成了壹点运营中心、新媒体市场运营中心、齐鲁晚报网事业部和齐鲁融媒服务中心四个核心经营部门及大数据运营中心、数字营销事业部和视频运营部三个成长性经营部门，全力开拓互联网和新媒体业务。

在全媒全案营销深化再升级的推动下，晚报近期经营业绩也出现了大幅提升，不仅整体创收止跌回升迹象明显，报纸和新媒体此长彼长的现象也开始显现。

第四节　半岛都市报全媒全案营销转型 带动广告逆势增长

2016 年 8 月，半岛都市报（以下简称"半岛"）广告刊登在经历了连续 27 个月同比下滑之后，首次实现正增长；以此为起点，报社广告步入止跌回升的全新阶段，带动全年广告降幅比上年收窄了 24.9%。2017 年上半年，半岛整体刊登及活动收入同比增长17.2%，其中主报广告同比增长20.5%，在全国都市类报媒广告继续下滑的严峻形势下，再次实现逆势增长。这是半岛继续深入贯彻大众报业集团党委战略部署，全力推动媒体融合和全媒全案营销转型取得的显著成果。

半岛都市报着力从观念更新、创意策划、力量调整、体制变革、机制创新等方面进行流程再造，培育塑造出真正适应客户需求的全媒全案营销格局。

一、案例突破典型示范，引领全员观念转变

实现全媒全案营销转型，首先要解决观念转变"拦路虎"。着眼于此，半岛都市报把打破坐门等客、被动拉广告等传统思维惯性坚冰，带动全员思想观念转变的突破口，聚焦在领导带头放下身段，精心打造真正满足客户需求的典型案例上，力求尽快趟出路子。

首届半岛粉丝节就是报社集中突破典型案例的首次成功尝试。2016年8月，半岛都市报以创刊十七周年社庆为契机，彻底改变了以往单纯拉广告出特刊的传统做法，推出了"干掉线上·首届半岛粉丝节"全媒全案系列营销活动，策划开路创意引领，搭建平台全员参与，活动组织实施和客户对接，邀请明星、名人、名家录制祝福视频，以连续的创意广告和话题带入，制造悬念和期待感，为系列活动不断造势。独特的创意策划，高潮迭起异彩纷呈的系列活动，悬念不断的全媒造势，向读者和客户呈现了一个与过去完全不同的崭新半岛，也换来了丰硕的广告创收成果。乐客城、青岛啤酒节世博园分会场等纷纷找到报社，主动洽谈合作。在首届半岛粉丝节、社庆特刊及各项系列活动带动下，2016年8月半岛广告刊登年内突破1 000万元，同比增幅9.9%，成为半岛都市报自2014年5月份以来广告连续27个月大幅下滑之后的首次正增长。

二、策划开路创意造节，有力带动广告上量

典型案例的精心打造和成功突破还让广大策划营销团队认识到，只有真正放低身段、为客户着想、能够为客户创造价值，就能把半岛与客户的关系变成共同成长、互惠双赢、谁也离不开谁的战略合作伙伴。这其中，创意策划的位置举足轻重、作用不可或缺。2017年以来，半岛进一步发挥全媒体策划中心的

龙头尖兵优势，充分发挥典型案例的示范带动作用，把眼光由大企业转向中小客户，围绕客户需求深度参与，高水平创意策划全媒全案营销方案，有力撬动了重点行业广告投放。经营数字有力表明，上半年刊登增幅较大的行业，无不得益于全媒全案创意策划的有效撬动。其中，教育、房产、健康三个行业全媒体中心刊登增幅均达到50%以上。

创意造节成为打动重点客户的利器。青岛国际海参节、"青岛三七"养生节、家装汇、家居节等活动有效撬动了广告投放。由半岛独家策划、全程执行的首届"灵山玫瑰节"，调度统筹报网端微近十个部门，前后持续一个多月，先后策划组织了食神大赛、花香报纸、花海瑜伽、开幕式、民俗演出、农产品展等十余项精彩纷呈的活动。走心的策划创意，全媒体矩阵及时精准的强力推介，共为灵山镇带来约50万人次的游客量，也为半岛带来100多万元经营收入。

三、配强力量打通壁垒，完善全媒全案组织架构

实现全媒全案营销转型，必须打通环节整合资源，配强配齐策划营销力量。着眼于此，2016年半岛新一届领导班子调整到位伊始，首先针对全新传媒竞争态势和严峻经营形势，通过公开竞岗、双向选择，彻底打破采编、广告和新媒体壁垒，将原来的行业工作室从广告公司分离出来，以此为基础选拔抽调精兵强将，配强领军人物和宣传营销团队，组建了集行业新闻采访、专刊版面编辑、新媒体运营和广告经营于一体的八大行业全媒体中心。为了加强策划创意力量，专门组建了为重点客户量身定做策划营销方案的全媒体策划中心。2017年上半年，又进一步选派精兵强将，再次充实加强了主要全媒体行业中心和全媒体策划中心领导、采编、策划和经营力量。进一步调整优化了八大行业全媒体中心的考核奖励办法，加大了广告增量部分的奖励力度，实现了重点策划方案到款额与全媒体策划中心收入的适度挂钩。

为进一步激发地方版和社区报的全媒全案运营活力，2016年5月半岛调整组建了区域全媒体发展中心和地方全媒体工作站以及社区全媒体中心，通过包死利润基数、放开出版期数、版面数量以及用人分配自主权，鼓励地方新闻版和社区报积极搭建新媒体平台，全面对接获取政府资源。2016年6月新机制开始运转，全年总体盈利354万；2017年上半年刊登同比增长6.1%。这些为全

媒全案营销活动的开展提供了组织和人力保障。

四、加大投入创新机制，高端对接自我营销

在单纯依靠报纸难以保证广告效果的严峻形势下，只有打造出自己的新媒体矩阵和全媒传播优势，才能掌握打动客户保障效果的新筹码。2016年以来，半岛在利润和考核压力极大的情况下，痛下决心加大投入，创新运营机制，全力打造培育新媒体集群，形成了集文图、影像、音视频、VR、小程序等十八般武艺于一身、用户规模超过1 700余万的全媒体生态圈。粗具规模的新媒体矩阵和报网端微联动优势已在青岛锋芒初露。2017年3月18日的"田横祭海节"就是半岛全媒体传播力的一次集中展示。通过报网端微全媒体发力，文图声像多元传播，天上地下立体拍摄，仅半岛V视航拍祭海节视频，三天总访问量就超过350万次，访问用户除了市内、省内，甚至辐射到20多个省份和十余个国家。

实现全媒全案营销转型，还要敢于并善于自我营销。半岛首先把功夫下到转变作风上。以"'一把手'见面，见'一把手'"为抓手，要求所有采编、经营部门排出名单，社领导、部门负责人率先垂范，每周都要"走出去请进来"，登门拜访党政、局办、行业、企业、单位"一把手"，或把他们请到报社、请进半岛直播室。高层次对接和面对面推介成为撬动行业广告投放的有力抓手。教育全媒体中心通过与校长直接对接，先后与青岛二中、市实验高中、青岛幼儿师范学校、超银学校、市妇女儿童中心等近20所教育培训机构签署了全年战略合作协议。仅上半年该中心广告刊登就超过2016年全年。

第五节 "互联网+行动、+产品、+平台营销" 大众网在融合中发展壮大

作为省级重点新闻网站，大众网依托大众报业集团母体，近年来积极探索媒体融合转型发展模式，建设以主站为基础、以山东手机报和"山东24小时"新闻客户端为延伸、以全省17市地方频道为保障的互联网矩阵，深度影响亿万级用户，形成了覆盖山东、辐射全国的主流舆论场；融合集团内外媒体资

源，搭建以我为主的传播渠道和产业链条，做大做强产业规模，形成了集新闻资讯、休闲购物、移动社交等综合功能于一体的专业网群；加快上市融资步伐，不断提高网站产业能力，放大产业价值，拓展利润空间。从大众网正在探索的"互联网＋行动、＋产品、＋平台营销"的效果看，全媒全案营销是媒体转变转型、融合发展的必经之路。

一、量身打造，做一揽子服务的专业提供商

"全媒"是改变过去单一的广告呈现方式，广泛动员多种平台、多种渠道，采取多样态的传播推广手段，覆盖更多更广的目标用户，影响更多有影响力的人群。"全案"是介入客户价值链的全过程，参与用户的生产、经营，发挥媒体独特的优势，丰富、延长传播链条，增厚服务价值，形成系统的、长远的、精准的营销闭环。近年来，大众网始终在探索基于新媒体多平台介质的营销模式，通过"互联网＋平台、＋产品、＋行动营销"为特色的省级新闻网站全新营销模式，为不同客户量身打造涵盖新媒体舆论氛围塑造、搜索引擎优化、行业竞争情报舆情服务、精准传播营销、电子政务电子商务平台建设等新媒体传播路径规划及实施方案，做好影响力的转化与营销，取得了不错的效果。

任何营销方式的出发点和落脚点都应紧紧围绕客户需求，提升客户价值，全媒全案营销更要给予客户最大的价值反馈。要精准把握客户需求，提供推动销售、搭建平台、树立形象的增值服务，做一揽子新媒体传播服务的专业提供商。2015 年以来，大众网与省海洋与渔业厅达成了包括形象提升、新媒体融合传播、电商平台运营、电子政务服务等在内的战略合作。联合主办了海洋与渔业"互联网＋"峰会暨全国网络媒体"海上粮仓"山东行等活动，为山东海洋与渔业工作提升形象；共同推出海洋与渔业频道，提供从 PC、WAP、APP 及自媒体的融媒体传播平台；大众海蓝公司为中国水产商务网、水产购 APP 提供从技术、运营到销售的电子商务全案服务。山东省海洋与渔业厅的战略合作，是大众网全媒全案营销的典型案例，也是众多案例的一个缩影。多年来大众网为省国资委、省旅发委等众多政府部门和国有企业提供包括融媒体宣传、电子政务、电子商务服务解决建议，为一大批以销售为导向型的行业合作伙伴提供从品牌定位、产品创意、活动策划执行等全案服务解决建议。

第十六章　大众报业集团：实行全媒全案营销 开辟经营转型的大众路径 | 经营管理融合创新篇 |

二、产品支撑，强化创新多产业链聚合

新媒体要紧跟时代的变化，借助于传统媒体赋予的内容资源优势开发新的产品；根据市场的变化，通过大数据的分析掌握用户的需求，并通过移动平台包括社交平台来推广产品，只有这样才能形成一个有效的闭环，产生良性的互动进而带来可观的经营效益。

2007年4月28日，依托集团的优质资源，靠齐鲁晚报的品牌输出，大众网创办了齐鲁晚报手机版，2014年借助于全国"一省一报"的试点工作，更名为山东手机报。多年来，山东手机报始终坚持"新闻、新锐、新知"的定位，一直保持全国省级手机媒体的领先地位。目前，山东手机报用户突破3 700万。

2014年6月20日，大众网推出"山东24小时"新闻客户端，集中精力谋求区域集中度，走深耕山东的发展路子，为省内包括部分省外、海外手机用户提供新闻、生活、娱乐、休闲等一站式服务，实现私人定制。目前，累计装机量已达408万，日均活跃用户15万人。未来，将以"山东24小时"新闻客户端为载体，推进山东省新媒体大平台的建设，以用户参与互动为保障，逐步完善各类应用和服务功能，聚合海量用户。在此基础上，引入O2O商业模式，提供产品推广、在线支付、在线体验等功能，结合线下商家，搭建消费者、商品、商家的营销闭环。

此外，大众网还推进流量变现、大数据营销、云适配等多平台、多屏的产品研发。整合网站自有的庞大的用户资源库，搭建周游齐鲁、品味山东、山东品牌联席会等诸多独具大众网特色的营销平台和产品，打造亿万级广告生态圈概念，并进行产品包装和发布，形成以大数据和精准传播为导向的互联网营销产品。

信息时代，最值钱的资源是数据，最盈利的模式是数据的开发，而产品是集聚用户的平台，必须从提升用户体验和价值入手，与人工智能相关的产品无疑是方向性的颠覆性的，为此，大众网正在向健康医疗、教育培训等人工智能可能最先颠覆的领域和行业渗透，以在未来的竞争中占得先机并为上市涵养题材。

三、占有用户，做好数据分析和价值导流

互联网时代谁占有了用户，谁就会在竞争中取胜，占有用户就是最大的商业模式，围绕用户开展增值业务服务就是成功的盈利模式。

基于用户的大数据分析，大众网从2012年开始与"易传媒"合作，搭建基于精准营销的DSP广告经营平台，这个平台的基点是通过分析网站的流量以及流量的构成，锁定浏览、点击网站的人员，向定点人群、定点区域部署，依据用户的偏好，投放不同的广告，以达到精准营销的目的，既提高了广告传播的效果，又节省了页面位置。今年，大众网此部分的广告收入计划达到500万以上，这样的广告收入由于达到率高、效果好，其收益率是极高的。

经过10多年的积累，大众网旗下的大众论坛、山东手机报、齐鲁手机杂志、山东24小时新闻客户端、微博、微信等终端已经积累起千万级的用户。另外，不断推进与政府、企事业单位的合作，在承接政府任务的过程中积累数据、集聚用户，目前已成功地承建了中国喀什网、山东省扶贫开发综合平台、山东省企业家网络学院、网上抗日战争纪念馆等项目，向全国300多家单位提供舆情服务和新媒体建设服务。未来，还要运营山东政务云平台和山东大数据交易中心，有了大数据的占有、有了海量的用户基础，路就会越走越宽。

山东省互联网传媒集团"十三五"规划对集团的定位是，新闻资讯、电子政务与电子商务综合提供商，目前正在按照这样的思路调整部署企业发展战略，谋求企业的发展壮大，以反哺媒体阵地建设。

第十七章　以融合为翅膀实现转型的腾飞

——萧山日报媒体融合和报业转型的实践探索

王　平[①]

思考这些年萧山日报推进媒体融合和报业转型的发展历程，尤其是2014年以来的实践探索，我们觉得媒体融合只是手段，不是最终目的，传统媒体要有脱胎换骨的决心和破釜沉舟的勇气，将融合发展的理念融入每一位媒体人，渗透到内容生产、报业经营、内部管理等的每一个环节，用互联网精神破解传统媒体的转型痛点、突破传统媒体的发展瓶颈，以融合为翅膀，实现转型的腾飞，最终实现打造新型主流媒体的战略目标。2016年，萧山日报实现总营收2.97亿元，利润2 950万元；在中国报协主办的2016中国传媒融合发展年会暨第三届中国报业新媒体大会上发布的《中国报业新媒体影响力排行榜》中，位居县市级党报二十强榜单第一名。

第一节　围绕用户思维，让内容产品创造最大价值

互联网时代，内容仍然为王。互联网与传统媒体融合的最终落脚点是用户思维。只有紧紧围绕用户需求的内容生产，才是传统媒体真正的核心竞争力。牢固树立用户思维，找准用户群体，打造出让用户尖叫的内容产品，才能提升传统媒体的影响力、引导力，创造并沉淀出最大的品牌价值。

[①] 王平，萧山日报社长、总编辑；MPA公共管理硕士学位，新闻正高职称，杭州市"五个一批"人才。

一、围绕政府这个最重要的用户，创新内容生产和加工传播模式，把服务做得高大上

党媒姓党，绝对忠诚。对于传统主流媒体来说，最重要的用户是地方党委政府，地方党委政府的一把手就是我们的核心用户。媒体要站在党的立场，服务用户，把自上而下听领导话变成自下而上的用户服务。关键是创新内容生产和加工传播模式，把党性和人民性有机统一起来。盯紧群众需求和政府意愿的交接点，多思考角度转换，多做策划文章，让新闻的力量和社会前进的力量产生共振，让党委政府满意、群众满意。

以 2016 年为例，萧山日报采编工作紧紧围绕 G20 杭州峰会，讲好萧山故事。从春节后第一天上班的誓师大会到 G20 峰会举办，抓住几个时间节点精心策划，先后推出四大系列专题报道，刊发特别报道专版 130 多个，生动反映全区上下抢抓 G20 重大机遇，努力推进三生（生产生态生活）融合美丽萧山建设的新气象、新风貌，赢得各级领导及社会各界的广泛赞誉。

经过这几年的实践，萧山日报探索出了自己的服务之道：创新重大主题报道模式，在纸媒大篇幅刊登、解读党的方针政策和省市区委中心工作；为政府量身打造定制式服务，如全案策划并落地执行宣传湘湖三期开园暨第七届萧山国际旅游节系列活动，成为萧山当年度规模最大、档次最高、影响力最广的区级层面的大型活动，得到区领导和主办方的高度认可。萧山日报下属萧山网，开发萧山网络问政平台打造"24 小时网上不下班的政府"；建设萧山舆情信息中心，利用大数据为区委区政府决策提供重要依据。

二、围绕潜在用户，打好慈善公益温暖牌，把服务做得细感深

对区域传统媒体来说，如果把党委政府看成是魂（核心用户），那么老百姓就是根（潜在用户），只有抓住了这两者，才能牢固传统媒体生存发展的根基，缺一不可。任何时候，老百姓的需求都应是媒体关注的焦点。现在一些媒体过多关注鸡毛蒜皮及偷盗抢杀的事情，把那些温暖人心的东西抛到了脑后。而恰恰是这些温暖人心、充满正能量的内容产品，最能打动老百姓的心。打好慈善和公益的温暖牌，是传统媒体手中另一把独门武器，也是把潜在用户打造

成目标用户最有效的手段之一。

萧山日报重视"公益"板块，联合社会力量组建公益组织联盟，开展公益活动，践行社会责任，成功筹建萧山抗战纪念馆、策划"温暖从江行"等大型活动。运作两年来，"萧报公益"已成为老百姓向社会求助、弱势群体寻求温暖的平台。持续多年的"爱心班车""爱心年夜饭"、热线进社区等栏目和活动已成为报社的公益品牌。2017年公益板块深入社区，挖掘"身边的最美"，用小人物的闪光故事引起百姓的共鸣。同时，进一步延伸服务功能，报社自有公益组织与民政局社会工作创新基地启动深度合作。一方面进一步做强公益活动，另一方面为政府推广"社区+社会组织+社工"的"三社联动"模式，提供活动策划、宣传等服务内容，全面优化社会服务。

三、打造UGC平台，让用户参与内容创造，提高用户的忠诚度和黏性

UGC（用户创造内容）不是新媒体的专利，传统媒体更早就有。针对不同的目标用户，开辟不同的板块，让用户参与到报纸内容的创造中来，通过内容创造增加用户的体验感、成就感以及与报纸的亲近感。

萧山日报十年如一日始终保留充满人文情怀的副刊园地，让本地用户创造内容，在大浪淘沙的今天，显得弥足珍贵。为市民摄影爱好者提供"你拍我拍"版面，成立市民摄影联合会，提高摄友的互动度、参与度和黏合度，也带来了意想不到的收获。推出《老爸老妈》周刊，成立老爸老妈俱乐部，激发老爸老妈们参与、倾诉及展示的欲望，吸引了一大批老年粉丝。对学生作品的用户创作，我们同样坚持不懈。每周一期《小记者》专版，全部发表孩子们的活动文章和照片，一张报纸三代看，报纸不仅成为发表的平台，更成为小记者家庭的一个收藏品。

第二节　以人的融合为核心，实现1+1>2的传播效果

要真正实现传统媒体和新媒体的深度融合，关键是体制机制的突破，重点

是理念的转变，核心是人的融合。体制内的媒体人面临着突破思维定势、跳出媒体局限、适应新形势新发展、掌握新技术新方法、提升综合能力等一系列问题。融合不是简单的媒体叠加，萧山日报的媒体融合发展，以自我颠覆的方式进行着媒体基因的改造。

一、构建全媒体中央控制室，为各媒体的融合提供平台

2014年9月，萧山日报创建了自己的"中央厨房"——全媒体中央控制室，内设各媒体九大端口、20个专用席位，承担着中心枢纽、信息聚合、指挥协调三大功能。中控室内从新媒体专员、技术运营专员、信息集成专员到首席内容官、首席运营官、值班总编（值班编委），都有各自全新的岗位职责，这不仅仅是名称上的改变，更是采编流程的再造，工作思路和工作方法的转变。所有信息资源经过中控室整合，并根据各媒体特性进行差异化编辑。为全媒体融合创建一个可实现无缝对接的"物理空间"，为各媒体间产生化学反应——融合，提供平台。与此同时，当遇到重大、突发新闻事件时，中控室启动报道应急响应机制，由值班总编统一调度，组织各部门及特别报道小组成员，对重大突发新闻事件进行第一现场采集、第一速度发布，从而确保萧山日报作为萧山第一主流媒体的权威发声。

中控室启用以来，围绕萧山日报创刊60周年、杭州地铁2号线开通、杭长高铁开通、抗战胜利70周年、杭州获得亚运会主办权、G20峰会以及区两会、五水共治等重大主题，开展了全媒体融合报道，充分发挥全媒体的优势，采用文字、图像、音视频等多项技术，按照五个层级的发布顺序，实现一次采集、多层级、矩阵式发布。

二、创新重大主题全媒体报道模式，不断提升融媒体的传播力

当前，报纸依然是我们的主业，一方面要创新纸媒，另一方面要做强新媒，在求新求变的过程中，实现各媒体的协同作战、有效作战，提升全媒体集群的品牌影响力和传播力。传统媒体只有与新媒体"抱团"才能重新焕发生机，尤其是在重大主题报道上，产生 $1+1>2$ 的传播效果。

经过这几年的实践探索，萧山日报逐渐形成了重大主题的全媒体报道模

式：根据需要组建由总编辑担任组长、分管副总编担任副组长、各媒体平台业务骨干为成员的全媒体报道小组；以全媒体中控室为大本营，值班总编统一指挥，多平台配合。在提升发布效率的同时，营造良好的工作氛围，提升采编团队协同作战的精气神。如地铁 2 号线东南段开通试运营全媒体报道，通过中控室以视频直播、官微直播、专题报道、滚动报道等方式对地铁 2 号线的开通试运营进行了全景式、差异化报道，台前幕后、线上线下有序联动，荣获当年度浙江省媒体融合大赛三等奖。"行走母亲河——浦阳江生态带萧报全媒体大型采访活动"，全程采取连续报道、即时发布、视频直播、滚动播报和"江上行""沿江走""空中拍"等多种方式，萧报各媒体 50 多位记者编辑先后从源头开始顺流而下，沿着浦阳江两岸，行江堤、观水质、查污源、进村庄、看企业、住农家、访百姓，多角度、立体化展现了萧山和浦阳江上游浦江、诸暨等地的"五水共治"成果，该组报道得到了省新闻出版广电局的专题阅评，指出活动"展示了全媒体报道的效果，是对媒体融合环境下如何做好主题报道的一次成功探索"。

三、搭建全员参与平台，加强新媒内容的生产与推广

在移动互联网时代，人人都是记者，人人都可以参与到报社融媒体平台的内容生产中来，除了采编一线的记者编辑，报社内部的其他人都可能成为新闻事件的参与者、记录者和传播者。我们不仅搭建平台将媒体与用户连接在一起，还要搭建平台将报社上下牢牢地粘连在一起。

从 2011 年全体采编人员赴南京大学进行全媒体封闭式培训到 2012 年启动全员手机投稿，搭建手机端"移动采编"平台，随时随地做一个全媒体记者。报社通过搭建平台和全员参与，让新媒体、融媒体成为与每个人息息相关的事情。2017 年，报社技术部门专门研发了微信指令系统云服务平台，将报社重大活动、主题报道、突发事件报道等纳入全员微信转发范围，制定了全员微信转发考核激励办法，通过微信朋友圈裂变式传播，进一步提升新媒体的传播力和影响力。

随着全媒体融合的深入，传统纸媒的读者数量保持稳定，新媒体用户大幅度增加，萧山网始终是本地的主流门户网站，日均点击量居本土所有网站之首。截至目前，萧山日报微信公众号粉丝 13 万，在浙江地区纸媒微信排行榜

和杭州地区媒体微信排行榜列前十；官方微博粉丝40多万，在浙江地区纸媒微博势力榜中排名前十；无线萧山APP粉丝6万；微信矩阵粉丝45万。在《中国报业新媒体影响力排行榜》中，位居县市级党报二十强榜单第一名。

第三节　探索融合经营模式，助推多元产业二次发展

互联网对传统媒体的影响已经从传播、渠道层面过渡到产业链及整个价值链。传统媒体单纯依靠版面广告的商业模式已被颠覆，我们必须通过融合和整合，打通新的平台，重新获取新用户，从拥有人群走向彼此连接，找到新的商业模式，才能实现新的突破。

一、强化"一行业一平台一公司"模式，实现行业的全媒体运营

萧山日报的报业经营以行业划分为落脚点，实行"一行业一平台一公司"模式，分散经营，平台化运营，立体化营销，做深做透服务，做大做强产业。2016年，萧山日报多元产业占经营总收入七成多，旗下的8家实体公司，大多是通过全媒体经营的方式从广告行业延伸出来的，即萧山日报独特的"一行业一平台一公司"模式，已成为报社近年来积极实践的互联网思维与融合经营的新平台。

如萧报教育咨询公司源于《教育周刊》及小记者团的成熟发展和成功运作，从主报的一个周刊衍生出了现在的公司。资本管理有限公司是从《财经周刊》及萧报理财俱乐部的基础上衍生创立的。除了注重与主业之间的链接衍生外，在多元公司的经营力量调配与培养上，也与主业有很好的融合。萧报教育公司和萧报资本公司的经营团队在报纸广告经营团队基础上培养充实。公司负责人既对行业广告业务负责，还统领这个行业的多元发展业务。通过资源整合做强行业，拓展和延伸报业上下游产业链。萧报教育咨询公司拥有一网一团一报一学院一俱乐部四微信十几个QQ群，用户已经从中小学生向下延伸到学龄前儿童，2016年公司实现营收1 000多万元，实现利润200多万元。这种模式被实践证明，既接地气，又灵活可变，基于主业而选择发展的多元产业，依托

报纸赢得了先机，反哺报业。

二、积极拓展社群营销，将融合真正转化为生产力

融合一定不是为了融合而融合，融合最终是要转化为生产力。萧山日报的平台建设从一开始就走了"大众新媒"和"小众融媒"两条途径。大众新媒以萧山日报为统一品牌的纸媒、微博、微信等平台，主要为打造萧山日报影响力服务；小众融媒是行业"小系统"的媒体平台，细分目标用户，发布不同类型的内容产品，吸引集聚不同类型的用户，从而进行服务和营销，即通过流量闭环实现自我造血。

各行业通过搭建小众融媒平台，根据后台数据、用户体验等快速反应，为报纸广告投放与行业项目提供精准的服务，进一步增加用户的黏性。依托《财经周刊》运营团队组建的萧报投资理财俱乐部，以年收入12万元及以上的具有良好教育的中产阶层为服务对象，整合当地80多家银行、保险、证券、信托等机构的金融产品与信息，吸收10多位金融理财师、证券分析师，开通投资理财俱乐部微信公众号，开设投资理财俱乐部QQ群。通过微信、QQ平台吸收登记注册的会员300多人，百万级、千万级、亿元级客户约占50%。微粉超过10万人，QQ群成员近600多人。针对社群成员，线上定时发布理财信息、为高净值客户提供较高收益的理财服务，线下联合银行开展普惠金融讲座、到基层开展投资理财咨询活动、开设高端理财讲座、邀请民间股神现场交流投资经验，连续三年举办向抗战老兵献爱心活动等。一方面加大与行业各部门、业内人士、投资者的互动力度；另一方面，抓住大众投资理财需求日益增长的有利时机，及时、有效、多渠道、全方位地为客户、投资者提供多方对接和个性化服务。累计促成客户购买信托产品、证券产品、理财产品交易额千万元以上，带动报纸广告上百万元。

萧报教育公司旗下的萧伢儿俱乐部成立于2016年3月，用户群为3—6周岁的小朋友及家长，以安琪姐姐、燕子姐姐为核心，通过萧伢儿微信公众号、家长QQ群、萧伢儿专版等平台，提供亲子类活动产品，经过近一年的沉淀和积累，吸引了几百名孩子和家长，并培养了一批热心活动参与及策划的忠粉。根据用户需求，2017年萧伢儿全面升级，提供活动课程包，得到了80后、90后家长的热捧。家长朋友圈转发的圈层效应，扩大了萧伢儿的品牌知晓度，增

加了媒体接触客户的能力和黏合度。

三、尝试项目化、合伙制运营，最大限度激发内生活力

报业经营要有新的突破，必须创新制度，激发全员创业创新的活力，为报社的发展拓展新空间。2016年下半年启动的新一轮改革中，报社搭建内部孵化平台，推出项目合伙人制度和员工提供有效信息和资源奖励实施办法等两项新举措，充分挖掘萧报人的潜力，鼓励支持员工创业创新，实现报社与员工利益共荣辱。如萧报资本公司，负责财经报纸广告代理、银行保险企业相关产品的策划代理、信贷基金代理、社会小额贷款等业务。成为报社首家团队持股的公司，项目负责人和公司骨干员工持股12.5%，萧报传媒持股37.5%，投资公司持股50%，通过制度的创新，进一步与市场接轨，激发出新的发展活力。

2017年萧山日报创新半年务虚会的形式与内容，召开项目路演暨"三年行动计划"头脑风暴会，各部门（公司、平台）共提交了25个创新项目并进行了路演，最终6个项目获奖。以项目路演的形式召开务虚会议，就是要在报社营造全员创业创新的氛围，进一步明晰未来三至五年的任务和路径，做有思想的项目行动者，以项目为抓手、以团队为核心、以股权为纽带，推进多元项目的开拓。接下来，对有发展前景的项目报社将加快落地进度，为未来报社的发展打下一个坚实的基础。

第四节 推行深度改革，为融合转型提供体制机制保障

报业的发展已经到了"不改没有出路，迟改没有新路，改了没有退路"的重要关口，改革必须深入骨髓，涉及顶层设计、组织架构、人事制度、经营制度、绩效考核等根本性内容，建立起适应融媒体时代优质、高效的管理机制与管理队伍，为媒体融合和报业转型提供体制机制保障。

一、组织架构平台化，推进内容生产与媒体运营的深度融合

2014年，面对传播业生态环境变化更趋明显的新常态，萧山日报推出了机

构改革、流程再造、制度重置、队伍转型等一系列创新举措，取消了原先以单一纸媒为核心的按不同新闻板块设立的部门，以全媒体集群为平台，按照生产流程以及传媒产业发展趋势和市场化要求设置部门，为实现全方位的全媒体转型，提供了坚实的体制机制保障，促进了体制、管理、采编、经营等的转型。2016年底，萧山日报启动新一轮组织机构和人事制度改革，围绕"深度融合、效益优先、合理配置、强化平台、淡化身份、孵化创新"六大原则，大力度地推进内容生产与媒体运营的深度融合，打造复合型传播平台，理顺部门职责关系，初步建立起适应融媒体时代精干、高效的管理架构、管理机制和干部队伍。七成以上的机构逐步转型为以利润增长为目标导向和责权利相统一的"企业化生产经营融合单元体"。以全媒体新闻中心为改革试点，积极探索内容生产、内部管理和媒体运营深度融合的新体制。对各自运营、"自弹自唱"的新媒体发布部门和新媒体代维部门及纸媒部门行业进行全面整合，形成"一体化"运营机制。调整行业周刊的组合，增设有发展前景的新平台，强化"互联网+"和"媒体+"思维，实现整合推广、整合营销。设置传媒研究发展中心和项目拓展孵化中心，拓展非报产业项目，布局传媒产业新格局。社司融合的新机制激发了部门的积极性和主动性，初步达到了"千斤重担人人挑"的效果。

二、人事改革专业化，打造有激情的"狮子型"团队

新一轮改革中，萧山日报创新推出了中层干部竞聘上岗、下属公司总经理选聘、报社全员定员定岗、双向选择和首席主管的选聘工作。形象地说，就是"全体起立、重新洗牌"，改革的"利剑"无情地指向"能上不能下""人岗不适"的现象。

对"关键少数"实施了一系列"重磅"举措：现有中层干部全员"下岗"、重新选聘，并实行3年任期制，任期满后重新进行选拔任用。取消中层干部选拔任用的年龄等条件限制，取消中层干部到龄退出规定，取消50周岁以下的现任中层干部退出中层岗位后享受原规定的经济待遇，以打破中层干部"终身制"。在此次中层竞聘中，6名业绩突出、群众公认的新人走上了中层干部岗位，9名原中层干部退出了中层岗位。值得一提的是，有2名首席记者（主编）被破格选任为中层干部。下属公司总经理、副总经理与中层职级脱钩，

实行年薪制。

进一步淡化"事业编制""报社聘""公司聘"等概念，严格控制员工核定总量，实行因事设岗、因岗配人、定员定岗。设置三大序列98类岗位，其中，管理序列7级27类，融合序列6级53类，下属公司5级18类。按照"严格规范、公平公正、公开透明、人岗相适、人尽其才、人尽其用"和组织意图、部门意见和个人意愿有机统一的原则，实施全员双向选择。对第一轮双向选择"落选"的员工通过"内部人员交流市场"进行第二轮双向选择。为了尽可能减少改革引起的震动，在双向选择中作出了"不实行末位淘汰制、不将富余人员推向社会"的规定，对个别被部门"刷下来"的员工做了妥善的安置。全员双向选择的顺利推进，不仅初步实现了岗位的优化组合，更让员工切身体会到不转型的危机感，进一步激发了员工的创业创新热情，为着力打造一支有激情、能干事、干成事的"狮子型"团队迈出了坚实的一步。

三、绩效考核层级化，提供报业持续发展的最大动力

考核就像一根指挥棒，直接影响着员工的工作积极性、主动性和创造性。平台化的机构设置需要层级化的绩效考核，来激发最大的能量，为报业的持续发展提供最大的动力。

萧山日报提出了"绩效为主、效益优先，统一身份、以岗定薪，兼顾普惠、适当倾斜，目标激励、部门扩权，守住底线、积极稳妥"的五大原则，明晰了薪酬制度改革的目的是，初步建立起以定岗定员定薪为主体，效益和发展为导向，与单位效益、岗位职责、工作业绩、实际贡献紧密挂钩的薪酬考核和分配体系，增强员工队伍的事业心、归属感和忠诚度，进一步激发员工创业创新的活力和动力。

对7个融合部门、10个行业平台、6家下属公司实行以绩效为主要目标的考核新模式，以整合优势资源，做强重点产业。对全媒体新闻中心（政务形象运营中心）、新媒体事业中心（新媒体运营中心）和负责运营报纸广告、新媒体发布的各平台采编岗位，试行内容与运营深度融合的激励机制，增加质量奖在考核体系中的权重，向独家、原创、首发新闻倾斜，与阅读量、点赞量、转发量挂钩，以提升公信力、传播力、影响力，推进媒体深度融合。对社办、总编办、经管办、党群部、监审室4个管理部门实行严格的定员定岗和量化综合

管理考核的分配办法，积极探索符合现代传媒需要、富有萧报特色的现代企业管理新体系。

改变"身份不同""论资排辈"现象，实行以岗定薪、薪随岗移、岗变薪动，"不论身份，同一岗位统一岗位工资，不同岗位不同职级岗位工资不同"的新的分配机制。提高社（司）龄补贴在基本工资中的比重，完善对员工工作经验和劳动贡献积累给予补偿的激励机制，增强工作年限较长的员工的获得感。

在奖金分配上向重点岗位、贡献突出、技能优良的员工倾斜，打破"干多干少一个样"的"平均主义"和"干与不干一个样"的"大锅饭"。对特殊人才、内部创业项目合伙人的薪酬，采取"一事一议""一人一策"。

改变奖金总盘子"一刀切"现象，每月（年度）奖金实行上下浮动，与经济效益紧密挂钩、"无缝对接"。创新中层干部的薪酬考核办法，中层干部、下属公司负责人的考核与原有薪酬体系脱钩，建立与贡献、业绩、岗位、任期相匹配的绩效考核机制。进一步扩大部门（公司）对本部门（公司）员工奖金的自主考核、分配权，由部门（公司）制定具体绩效考核细则，赋予部门（公司）在核定岗位和员工总数的基础上拥有对部门（公司）人员工作岗位的调整权，以激活"细胞"，责权对等，增强活力。

第十八章 重庆日报报业集团媒体转型进程中的探索与实践

向泽映 崔 健[①]

改革，没有止境；创新，永远在路上。推进媒体深度融合发展、壮大主流思想舆论阵地是一项战略任务。当前，重庆日报报业集团通过不断探索、创新改革发展，取得了初步成效和阶段性成果，得到了党委政府和上级主管部门肯定。

第一节 创新技术手段，与国内一流技术企业合作

重庆日报报业集团创新技术手段，与拓尔思、北大方正国内一流技术企业合作，率先在全国全面建成集团"重报集团新闻内容生产及运营监管服务平台"和各主要报系"全媒体数字转型技术支撑平台""两级中央厨房"，奠定了媒体深度融合的战略基础，实现了集团融媒体新闻生产能力、管理能力的提升和重大突破。

历时3年攻坚，重庆日报报业集团紧紧抓住全国首批数字出版转型示范单位契机和中央扶持政策，梳理出集团数字化转型升级和媒体融合发展带全局性、战略性的"重报集团新闻内容生产及运营监管服务平台"和各主要报系"全媒体数字转型技术支撑平台"集团和各主要报系"两级和两大重点项目"，作为集团2014、2015、2016年度重点工作、攻坚项目和"一把手"工程，成立了项目专项工作领导小组，明确责任部门、责任人，采取分两步建设的思

[①] 向泽映，重庆日报报业集团总裁；崔健，重庆日报报业集团新闻办主任。

第十八章 重庆日报报业集团媒体转型进程中的探索与实践 | 经营管理融合创新篇 |

路，投资 1.5 亿元，扎实有序推进并建成。一是结合重庆新闻传媒中心建设，于 2014 起至 2015 年底投资建成了重庆日报、重庆晚报、重庆晨报、重庆商报各主要报系"全媒体转型技术支撑平台"；并于 2017 年两会期间，正式启动重报集团"中央厨房"运行机制，改变了原来以版面为主导的采编管理方式，打通了各报系内部纸媒、PC 端、移动客户端媒体集的信息生产渠道，重构了互联网条件下策、采、编、发一体化流程，形成了全媒体新闻资源 24 小时采集发布机制。该项目获得国内新闻技术领域最高荣誉——"王选新闻科学技术奖"一等奖，走在了全国报业集团前列。二是全面建成了集团层面的"重报集团新闻内容生产及运营监管服务平台"。集团在各报系"中央厨房"投入运行基础上，又针对目前集团媒体形态多，新闻管理点多、面广、线长、难度大，且管理手段单一、落后的现状，经深入调研、思考，从 2015 年初开始，立项构建"集团新闻内容生产及运营监管服务平台"，2016 年底全面建成，于 2017 年 4 月顺利通过了国家新闻出版广电总局项目验收，受到中宣部和国家新闻出版广电总局充分肯定。目前，该平台"新闻监控（含指挥调度）、智能决策、传播效果、版权保护、用户资源管理"等"六大功能板块系统"运行顺畅，发挥了很好的作用。平台现已汇入 6 800 多万全网数据，200 多万集团原创新闻数据，建立了全集团新闻传播效果监测反馈系统。每天集团新闻办通过对各媒体新闻数据监控，各报网端、微博微信、微视频等原创新闻和融媒体作品，从浏览、点击、转载和用户流量等对传播力指数、传播效果进行综合分析、实时监测、流程管理，实现了新闻管理关口前移，完成了集团从过去的事后管理到目前的事前、事中实时动态监管和过程监管，实现了集团新闻内容监管的全覆盖，极大地提升了互联网背景下集团新闻管理能力和现代化水平，倒逼和推动了各媒体，以融媒体新闻传播效果为主导的管理机制和考核机制形成。与此同时，平台以数字确权、监测、取证、维权为主的版权保护系统，还取得了网络电子数据采集、还原、管理 3 项专利技术。平台许多方面建设走在了全国报业集团前列。监管平台自建成以来产生了良好的社会反响，受到上级领导、中宣部领导以及业内同行的高度评价和认可，前来参观者目前已达两千多人。与此同时，这"两大重点项目"也是入库 2014 年、2015 年度新闻出版改革发展项目库项目，连续两年获得中央文化产业专项资金共计 1 900 万元项目支持，并纳入国家新闻出版数字化转型升级和融合发展重点项目推进实施和检查验收。集团新闻内容生产及运营监管平台还被国家新闻出版广电总局纳入 2013 年以来由财政部中央文化产业发展专项资金支持的全国新闻出版行业 35 个示范项目之一，代表总局参加了 2017 年第十三届中国（深圳）文化产业博览会数字出版转型媒体融合成果展出，并作为全国报业唯一代表在总局举行的国家数字出版高端论坛上发言，交流经验。目前，集团"中央厨房"建设已走进区域，拓展服务空间。

第一节　创新传播平台，新闻传播能力进一步提升

在巩固传统纸媒阵地同时，集团还积极抢占拓展舆论新战场，加快推进以移动端为主体的新媒体平台建设，初步形成了以新媒体为生力军的现代传播体系。

一是新兴媒体平台建设成效显著。积极抢占网络平台，坚持以华龙网为重点，整合带动大渝网、重庆日报网、重庆晚报网、重庆晨网、轨客网等网站发展。目前，华龙网在全国省级重点新闻网站中排名前三、西部第一。在"移动优先"战略统领下，集团大力发展移动客户端，上游新闻下载量超过 200 万，在全国省级新闻资讯类客户端排行第六，已成功进入全国新媒体第一阵营；"重庆"客户端及区县党政客户端集群在华龙网收回独立运行后，下载量也突破 700 万，影响力大幅提升；上游财经、慢新闻、理论头条等移动新媒体平台自去年上线以来影响力也快速攀升。

二是传统主流报媒阵地保持稳定。目前，纸媒仍然保留有较大的受众群体，特别是重庆日报，仍然是重庆市最具权威的信息发布平台，为此，集团针对市场变化，调整都市报发行总量，扩大了重庆日报发行量，保持在 30 万份左右，集团报刊日均发行量保持在 150 万份。

目前，重报集团已形成拥有 15 报 4 刊 13 网 5 端、1 个手机报、81 个官方微信、25 个官方微博等 147 个媒体终端规模的现代媒体传播格局。全媒体日均影响人群从 3 年前的 2 500 多万，到现在已超过 9 400 多万，新媒体年发稿量和覆盖数已达到传统媒体的 6.5 倍和 39 倍，实现了移动互联网领域的"弯道超车"。

第二节　创新内容呈现形式，舆论引导力进一步扩大

我们充分发挥集团"中央厨房"生产运行机制的作用，积极探索运用 H5 展示、VR 全景、无人机航拍等新技术手段，探索全符号传播方式，不断创新新闻产品呈现形式，新闻产品的吸引力、舆论引导力得到进一步增强。2014 年以来，集团所属全媒体宣传报道，获得中宣部、国家新闻出版广电总局，中央三教办及市委、市政府、市委宣传部等部门有关领导批示肯定 1 200 多件（次）；集团先后有 964 件新闻作品获重庆市新闻奖和集团月度、年度新闻奖 1 390 篇；17 件新闻作品荣获中国新闻奖一、二、三等奖。特别是 2016 年，华龙网《穿越直播　重返 70 年前英雄之城》网络作品报道，获得第二十六届中国新闻奖一等奖，实现了重庆市荣获中国新闻奖一等奖零的突破；2016 年集团就有 304 件作品获得第十九届重庆市新闻奖，获奖作品占全市的 73%，获一等奖的作品占 90% 以上。2017 年全国"两会"期间，重秘集团正式启用以"重庆日报、华龙网"为主体，涵盖集团各主要都市媒体的"重庆日报报业集团全国两会报道'中央厨房'新的运行机制"，统一实行策、采、编、发新闻，受到中宣部肯定；重庆日报在人民日报《新闻战线》首次发布的全国"两会"省级党报传播力榜（两微传播力）上，居全国省级党报前列。

第三节　创新经营理念，集团综合实力进一步壮大

打造强大的新型媒体集团和新型主流媒体，必须要有强大的产业实力作为支撑。为此，集团进一步创新经营理念，按照"文化产业为主、多元产业并举"的思路，努力加快产业发展。通过多年努力，在全国 47 家报业集团综合实力排名跻身前十强。

坚持主业改革。在广告这一传统主业持续断崖式下滑情况下，我们不断创新经营方式，通过成立全媒体营销管理中心、广告大客户部等改革措施，促进媒体与产业的深度融合，保持了集团经营收入的平稳增长。依托发行网络，建

成"零距离"社区服务中心 300 多个，成立电商物流公司，电商物流公司日均配送单量保持在 2.3 万单以上，落地配单量稳居重庆第一，2016 年收入达 6 157 万元，增幅 98%。积极用好市里环保搬迁政策，2016 年成功完成集团印务基地零搬迁，为集团增加收入 6.32 亿元。

坚持多元发展。加快会展产业发展，成立文化会展公司，成功举办 5 届重庆文化产业博览会，已成为重庆的一张文化名片，获得"2016 年度中国十佳品牌展览会"称号。加快文化产业发展，广告产业园、加州协信中心等项目累计实现销售收入 22.9 亿元。同时积极创新资产经营，2016 年资产经营实现收入 2 000 万元。

创新资本经营。以华龙网为上市平台，积极对接资本市场，目前华龙网已完成股份制改造，可望 2017 年三季度向中国证监会申报材料。完成集团产业公司债券主体信用评级，打通了新的融资渠道，向中国银行市场交易商协会申请注册并发行总规模不超过 18 亿元即总额不超过 10 亿元的超短期融资券和总额不超过 8 亿元的永续中票。同时，建立集团内部银行，组建财务中心，汇集资金 3 亿多元。成立集团投资公司，与猪八戒网、重庆文投集团合作成立重庆文化创意股权投资基金管理公司，牵头发起设立"重庆重报创睿文化基金"等，通过直投和基金投资获取股权投资收益近 3 000 万元，成为新的增长点。

2016 年，集团实现资产总额 60 亿元，同比增长 20.87%；净资产总额 25 亿元，同比增长 23.76%；主营业务收入 15.5 亿元，稳步增长。其中，新媒体收入 5.4 亿元，较 2015 年翻了一番；利润 9 900 万元，同比增长 12%。其中，新媒体利润 5 000 多万，较 2015 年也翻了一番多，占到整个年利润的 60%；资产负债率控制在 58% 以内，综合实力进一步提升。据不完全统计，2017 年 1—3 月份，集团 28 个主要经营单位和重点项目总收入 3.8 亿元，同比增长 89%；利润 3 570 万，同比增长 167%，总体情况好于 2016 年。

第四节　创新集团管理，融合发展信心进一步增强

集团始终把坚持正确政治方向和正确舆论导向，作为集团各项工作的出发点、落脚点，以深入学习贯彻习近平总书记系列重要讲话精神尤其是关于新闻

舆论工作系列重要讲话精神为主线，响亮地提出政治理论学习是党报集团最重要的业务学习。精心组织党委中心组学习、专题学习和知识讲座、马克思主义新闻观教育培训等，集团党员干部"四个意识"，特别是核心意识、看齐意识进一步增强。同时，积极主动对接，认真落实中央和市委支持媒体融合发展相关政策和专项政策资金落地。创新内部管理。进一步突出差异化发展，基本形成"4+1"发展格局，基本形成了传统报刊与网站、微博、微信、客户端等全媒体一体化考核体系，完成了从"要我做"到"我要做"的观念转变。进一步优化完善了组织架构。按照"坐在一起、干在一起"的理念，鼓励集团和各媒体重构生产流程、管理流程，打破原有媒体间、部门间界限，建立了一体化、扁平化、项目制的组织体系和管理机制。集团在优化管理流程、管理体制机制上作了一系列的改革，也推动了媒体整体转型和融合发展。深化都市报改革。组建成立重庆上游财经传媒集团，推进重庆晨报传媒公司混合所有制改革，引进重庆文投集团投资6 000万元，支持重庆晨报"上游新闻"加快发展。创新资产管理。成立集团资产管理公司，努力盘活存量资产，推进樵坪重报怡家人"心巢小镇"和印制一厂文化创意园区打造，积极稳妥探索资产证券化工作。

第五节 下一步集团工作思路

一是按照适应全媒体一体化和媒体深度融合发展的新要求，进一步强化采编人员综合技能培训，进一步深化"走转改"，进一步加强集团新闻舆论工作，确保正确的政治方向和舆论导向，为党的十九大胜利召开营造良好的舆论氛围。二是充分发挥"中央厨房"全媒体生产功能，发挥好"两级"平台作用。三是更加突出重点，突出差异化发展，引导新媒体进一步做大做强新媒体平台。2017年6月5日上游新闻4.0版本已上线，力争年内上游新闻下载量达到300万，重庆客户端下载量达到900万，理论头条粉丝量达到30万，上游财经客户端下载量达到50万，慢新闻客户端下载量达到80万。四是在强化新闻管理的前提下，紧跟前沿技术，不断创新新闻产品业态，实现全符号、多形态的新闻传播，不断提升集团新闻舆论传播力、影响力。五是进一步整合资源，深化都市报改革。六是主动适应新趋势,进一步创新经营管理,进一步增强集团综合实力和持续赢利能力。七是加快推进华龙网上市步伐。

  面对新形势新任务新要求,面对媒体深度融合发展新形势,面临新的挑战和机遇,重报集团将永葆初心,履职尽责,继续努力前行,深入推进媒体融合发展,进一步提升集团新闻传播力、引导力、影响力、公信力和综合实力,在实现中国梦伟大征程中做出省级党报集团应有的更大贡献。

第十九章　贵州日报报业集团融合创新实践

黄小刚[①]

《贵州日报》是中共贵州省委机关报，创刊于 1949 年 11 月 28 日，当时取名《新黔日报》，1957 年改名为《贵州日报》并沿用至今，经过 68 年的发展，《贵州日报》已发展成为全省覆盖面最广、最具影响力的综合性党报。在内有转型升级、改革创新的发展动力和外有新媒体冲击、市场需求多变的经营压力之下，在数字媒体大发展这一背景之下，贵州日报报业集团不断改革创新，推动传统媒体与新媒体的融合创新发展，现已成为拥有 4 报、6 刊、6 网，集报、刊、网、客户端等为一体的全媒体集团。

2017 年初，贵州日报报业集团对编制、职能、人员等进行了相应的改革与调整，以进一步推动传统媒体与新媒体的融合创新发展。改革的重大成果之一就是成立了贵州日报社全媒体采编部门，部门下设全媒体指挥调度中心、全媒体采访中心、《贵州日报》编辑出版中心和新媒体运营中心四大板块，分别负责全媒体新闻宣传工作的统一调度与指挥、新闻采集与组稿、《贵州日报》内容编辑与出版、新媒体平台策划、编辑与发布等工作。

第一节　纸媒改版全新上市

从 2016 年 3 月开始，贵州日报报业集团就开始酝酿《贵州日报》改版工作，通过内部改革、调研、座谈、专家咨询等多方面工作准备，并结合《贵州

[①] 黄小刚，华中师范大学国家文化产业研究中心在读博士，研究方向：文化产业、媒体融合。

日报》实际情况，逐步形成了《贵州日报》改版工作的全面规划。

《贵州日报》改版的理念是：追求思想的光芒与泥土的芳香。改版的定位是：党报姓"党"、党报是报、贵州特色、中国视野、世界眼光。改版的目标是：进一步提升《贵州日报》的思想含量、新闻含量、信息含量、文化含量、知识含量、审美含量，打造"正确、有用、好看""公信、专业、亲和"的精品党报。

2017年1月1日，贵州日报报业集团正式推出了全新版的《贵州日报》，改版后的《贵州日报》对原有的理论版进行了重构，并隆重推出了评论版面，打造理论评论高地，进一步强化《贵州日报》的深度性、互动性和吸引力。

实践是检验真理的唯一标准，市场是检验产品的唯一标准，而读者是检验产品的试金石。2017年1月22日，贵州日报报业集团举行了《贵州日报》改版座谈会，邀请了贵州省委宣传部、省新闻出版广电局、省政府新闻办等单位的专家和基层读者代表参加座谈会，广泛听取读者对该报新一轮改版的意见和建议，以推出更符合读者需求、更满足读者偏好的优秀产品。

改版后的《贵州日报》，在理论评论方面有了进一步的提高，思想性、互动性、可读性也越来越高，吸引了越来越多的读者，可以说，理论评论已经成为《贵州日报》改版后最重要的成果之一。2017年6月9日，《贵州日报》荣获有中国报业协会评选的"2016—2017中国报业最具原创力媒体"称号。

一、名家专栏强化深度

思想性和深度性是理论评论的根本诉求和重要任务，改版后的《贵州日报》紧紧围绕思想性和深度性，通过邀请王蒙、梁衡、叶小文等知名专家在《贵州日报》评论版开辟专栏，定期发表极具人文气息和思想深度的理论文章，不断强化该栏目的思想性和深度性。如叶小文先生的《激活贵州文化的开放基因》、王蒙先生的《文化产品需要智慧和良心》、梁衡先生的《重建森林与人的文化关系》等文章，都得到了读者的广泛好评和转发。

二、关注热点保证时效

新闻报道需要实时关注社会、经济、政治等各方面的最新动态，及时发布相关新闻信息，可以说时效性是新闻报道的根本任务。评论文章纵然不如新闻报道那样具有极高的时效性要求，但是不断关注社会当下热点，并对其进行深入的分析与评论，为读者提供一定的参考和指导，是评论版面保证评论时效，提升栏目质量，吸引广大读者的重要途径。

大数据是贵州省近几年来重点发展的产业之一，是当之无愧的贵州省经济、社会热点，为此，"《贵州日报》组织策划了'大数据发展观察'系列理论文章，既有时任贵州省委常委、贵阳市委书记陈刚领衔的课题'以大数据为引领打造创新型中心城市'的精华内容摘登，亦有大数据在交通、旅游、智库建设、舆情导控等多领域具体应用的研究，是对贵州大数据战略行动的一次较为深入的理论探讨"①。

三、灵活简洁强调可读

理论评论，尤其是党报的理论评论文章，给广大消费者的第一印象就是枯燥和无聊，如何既保持理论评论文章的思想性和深度性，又让理论评论文章生动呈现，可读性强，这是很多理论评论栏目面临的共同挑战。

为了进一步提升理论评论文章的可读性和简洁性，《贵州日报》评论版从栏目设置、文章长度、呈现形式等多方面进行改革与创新，并取得了一定的成效。

一是除了一些特殊的评论文章之外，大部分评论文章控制在 2 000 字以内，以小评论、短文章的形式，让读者更愿意阅读，也更容易阅读。

二是设置了《网来》《正能量加油站》等栏目，刊发一些身边发生的、具体的新闻事件评论，且这些评论都是来自于不同行业、不同年龄、不同性别的读者，将广大读者的意见和评论收集并刊发出来，从而进一步促进读者与报纸的互动，引起读者的共鸣，以实现吸引并留住读者的目的。

---

① 陈守湖. "五度"合一提升党报舆论引导力——贵报传媒着力打造理论评论前沿高地[J]. 传媒, 2017, (7).

第二节 多元平台立体呈现

媒体产品的核心在于内容，在新媒体、互联网等新兴技术的冲击下，传统媒体纷纷意识到仅仅依靠原有的纸质传播媒介已无法向消费者有效传递服务内容。酒香也怕巷子深，纵有再好的内容，也需要有多元、便捷的传播渠道将产品和内容传播出去，尤其是在碎片化、移动化阅读时代，通过纸质媒介进行阅读的消费者越来越少，取而代之的是数字化、移动化、图片化、碎片化的阅读。在这样的背景之下，很多传统媒体纷纷推出"两微一端"等新媒体产品，以进一步丰富媒体产品，拓宽宣传渠道。

在贵州日报报业集团党委书记、社长、董事长赵宇飞看来，媒体产品内容是王，渠道也是王，二者不可偏废。近年来，贵州日报报业集团积极推动渠道建设和平台建设，除了对传统纸媒进行改版之外，还在手机客户端、PC端、微信社交端、云端纷纷发力，逐步形成了多元化、立体化的全媒体传播平台。

一、手机客户端

2015年11月5日，贵州日报报业集团正式上线了官方客户端"今贵州"手机新闻客户端。该客户端是贵州省立体网络阵地"五个一"工程重点项目之一，是贵州主流移动新闻平台，承担着贵州省委、省政府权威信息移动发布的重要责任。

"今贵州"手机新闻客户端的成立，将原本分散在摄影部、技术部等不同部门的资源、人才进行重新整合和编制，将原有的各部门独立负责的不同业务进行有机融合，逐步实现了集团内部的业务融合与组织机构融合。在采编流程方面，"今贵州"手机新闻客户端已逐步实现了"前端采集共享、中端编辑加工指挥调度、后端发布呈现的平台化大生产新格局，原则上按照'先客户端后报纸'的基本流程发稿，有效实现了信息的一次采集、分项编辑、多平台推送"①。截至目前，"今贵州"手机新闻客户端下载量已突破80万。

---

① 赵国梁，王恬. 打造彰显"四力"的党报全媒体信息传播平台——贵报传媒"今贵州"客户端的探索与创新［J］. 传媒，2017，(7).

二、PC 端

一是通过整合现有网站资源，建设上线了一个新闻信息资讯平台——今贵州新闻网。该网站涵盖了智汇、区域、经济、文化、教育、直播、守望者、大扶贫、大数据、大生态、大旅游、大健康、漫新闻等栏目，是一个综合性、专业化的新闻信息资讯平台。

二是建设了一个以图片为主的网站——贵景网。网站通过与全省3 000多名摄影师和摄影爱好者签约，对他们的图片资源进行整合，从而汇聚起大量的优质图片，形成了集图片采集、汇聚与发布为一体的专业化图片资源库。目前，通过对这些图片进行归类整理，初步形成了穿行贵州、新闻、影像记忆、地方志、贵景摄影志、摄影精选等栏目。

三、微信社交端

自2014年中央大力推动媒体融合发展以来，大批新媒体产品纷纷上线，一时间，"两微一端"似乎成了媒体融合的标配，尤其是客户端和微信公众号，几乎成了各家传统媒体单位推动媒体融合发展的必备产品。根据人民网研究院发布的《2014中国媒体移动传播指数报告》，在报告统计的200家报纸和137家杂志样本中，微信的入驻率分别为93.5%和87.6%，其中都市报的入驻率高达100%。[①]

近年来，贵州日报报业集团推出了"贵州日报""政前方""贵景网"等多个微信公众号和微博，并围绕相关平台开展了系列推广活动，获得了大量用户的关注。

四、云 端

大数据云上贵州"媒体云"项目是贵州日报报业集团重点打造的媒体平台，通过本项目的建设，将对贵州省乃至全国的媒体资源进行整合，并在此基

---

① 黄晓新，刘建华，卢剑锋. 中国传媒融合创新研究（2015—2016）[M]. 北京：中国书籍出版社，2017：311.

础上建设融合新闻云服务中心和媒体大数据分析挖掘云服务中心,为社会大众、政府、企业等提供新闻信息、大数据采集、数据分析、信息咨询等服务。

2014年12月16日,贵州日报报业集团与贵州省经济和信息化委员会签订大数据云上贵州"媒体云"战略合作框架协议,通过整合资源优势结成长期发展联盟,共建大数据云上贵州"媒体云",该项目是云上贵州"7+N"云工程的重要组成部分。

2015年3月30日,贵州日报报业集团与北京拓尔思信息技术股份有限公司正式签约云上贵州"媒体云"项目总体设计,有效推动项目的实施。

2017年7月8日,在第十二届中国传媒年会上,贵州日报报业集团与贵州省各市州党报、贵安新区报签署"媒体云"项目战略合作协议,共同打造优势互补、互利共赢、平台共建、资源共享、步调一致、协同紧密的贵州党报全媒体传播矩阵。

通过近年来的发展,大数据云上贵州"媒体云"项目已集成并运行了数字报抓取、统一文件管理、信息推送、舆情监测等14项媒体管理系统和平台,与兄弟党报做了积极对接和谋划,与省内各市、州党报媒体实现了联动。

第三节 跨界整合多元发展

跨界整合与经营是传统媒体融合转型的重要选择和特色之一,如广州日报集团通过推出"地铁+"渠道融合项目,实现由报纸媒体向都市地铁渠道综合运营商的转型,贵阳日报传媒集团通过"媒体+"发展战略,实现了向大数据产业、教育产业的转型与融合等等。

旅游产业是贵州省委、省政府重点发展的核心产业之一,近年来,贵州省提出了大旅游产业的发展目标,提出要推动贵州省旅游产业实现"井喷式"增长,贵州省旅游产业大有可为。2016年,国家旅游局局长李金早提出全域旅游发展目标之后,全域旅游很快也就成了全国各地发展旅游产业的重要方向,贵州省也不例外。

跨界整合是大势所趋,而全域旅游是现实发展,两者的有机结合便孕育出了贵州日报报业集团全域旅游品牌国际传播中心,推动了贵州日报传媒集团向旅游产业的跨界整合与转型发展。该中心成立于2016年6月15日，其定位为：聚合、整合国内外传统媒体、新媒体、自媒体等资源平台，以传播实效为目标，以精准传播为特色，全方位服务贵州旅游业，努力成为贵州全域旅游品牌传播的策划者，全域旅游内容推广的创作者，全域旅游特色产品的开发者，全域旅游资源整合的探索者。

中心成立以来，通过内部整合资源，外部联合互动，围绕旅游产业发展需求，推出了系列产品和服务，并取得了一定的成效。

一、推出旅游专业刊物

一是公开发行国内首家以"全域旅游"命名的旅游杂志。2017年1月，经国家新闻出版广电总局核准统一刊号，贵州日报报业集团创办《贵州全域旅游》中英文期刊的申请获得批准，该杂志将成为对外宣传贵州旅游、外人了解贵州旅游的重要平台和窗口。

二是创办旅游产业内刊《贵州旅游参阅》。该杂志由贵州日报报业集团与贵州省旅发委共同创办，其目的在于弥补贵州省没有旅游产业内刊这一空白，为省内旅游产业发展搭建一个信息互通、动态了解、行业交流、理论研究的平台。

二、举办旅游宣传活动

旅游产业的发展需要对外宣传与推广，而媒体的优势正在于信息传播与宣传推广，中心成立以来，充分利用自身强大的团队力量和宣传优势，整合行业与政府资源，策划举办或者承办了系列旅游宣传活动。如2016年"山地公园省·生态徒步季"走进六盘水、安顺等活动，2017年"今贵州新年大步走"生态徒步活动等，2017年，中心还承担了台江中国姊妹节活动的整体推广，负责该活动的整体宣传与推广活动，包括召开新闻发布会、策划主题报道、邀请媒体报道等。

三、开发旅游文创产品

旅游文创产品是旅游产业发展的重要支撑，随着大众旅游时代的来临和全域旅游的不断发展，消费者对旅游文创产品的要求越来越高。就目前来看，市场上的旅游文创产品同质化现象严重，大多数旅游文创产品只是简单拼接，缺乏创意。

中心成立以来，一直致力于探索对省内文化资源的梳理和旅游文创产品的开发，中心将成立旅游文创工作室，充分挖掘贵州省民族文化特色资源和山地文化特色资源，并与现代旅游产业和市场需求相结合，不断进行旅游文创产品的研发与生产，丰富贵州省旅游产品，拓宽贵州省旅游宣传渠道。

此外，中心还计划实施"六个一"工程，以丰富贵州省对外旅游宣传与推介产品。"六个一"工程内容包括一套贵州旅游画册、一套多彩贵州旅游丛书、一套贵州旅游地图、一套贵州旅游内部资讯、一套贵州旅游数字宣传产品和一套贵州旅游推广文创产品。

第四节　媒体融合创新特点与思考

根据传统媒体发展规律，结合贵州日报报业集团媒体融合创新的具体做法可以发现，推动传统媒体与新媒体的融合发展，除了推出系列新媒体产品之外，在采编流程、营收来源等方面也形成了一些不同于传统媒体的新特点。

一、媒体融合创新特点

一是流程闭环化明显。传统媒体的采、编、发流程呈一种线性状态，即内容采集、内容编辑、印刷发现和读者阅读几部分组成，采集什么新闻、新闻如何编辑、刊发什么内容、以什么样的形式来刊发全由媒体单位说了算，是一种典型的"我写你看"的模式，消费者没有太多的参与权。

而媒体融合之后，产品形态也发生了变化，既有传统纸质媒体产品，又有新媒体产品，因而对传统的采、编、发流程也有了新的要求，各大媒体单位也都纷纷对其进行了系统的改造，逐渐形成了一种闭环式的状态，即由内容采集、多次编辑、多渠道发布、用户体验与互动再到内容采集的闭环过程。

二是营收来源多元化。传统纸媒单位，尤其是政府主流媒体单位，基本都属于事业编制机构，由财政统一拨款，因此在经营方面基本没有太多的投入，总体而言，传统媒体的经营收入来源主要包括发行收入和广告收入两部分，其中以发行收入为主，收入来源较为单一。

随着技术的不断进步和新媒体产业的不断发展，传统纸质媒介受到了巨大的冲击，纸媒的发行数量、发行收入和广告收入都呈现大滑坡的状态，加之事业单位改革工作的不断推进，传统媒体单位的事业属性逐渐注销，转而成立媒体公司，逐步走向市场化，自负盈亏，在内部改革与外部竞争的双重压力之下，很多媒体单位经营困难，举步维艰，一些纸媒甚至因无力经营而破产停刊。在这样的背景下，传统媒体纷纷寻求自我转型与发展之路，于是，传统媒体与新媒体融合发展应运而生。

2014年是中国媒体融合发展元年，经过近几年的发展，媒体融合之后的营收来源大概包括以下几个方面。

1. 发行收入

很多传统媒体单位进行媒体融合发展之后，只是新推出了系列新媒体产品，传统的纸质媒介并没有完全停办，因此，部分传统媒体单位仍然保有部分纸媒产品的发行收入。

2. 广告收入

该部分收入除了传统纸媒产品的广告收入之外，还包括网站、手机客户端、微信公众号等新媒体产品的广告收入。

3. 内容经营收入

新闻媒体属于典型的内容产业，很多媒体单位经过多年的发展与积淀，都拥有丰富的内容资源，通过对这些资源进行进一步的挖掘与开发，提供具有市场价值的信息咨询服务，从而获取相应的内容经营收入。如贵州日报报业集团大数据云上贵州"媒体云"项目，就是通过对贵州省乃至全国的媒体资源进行整合，并在此基础上建设融合新闻云服务中心和媒体大数据分析挖掘云服务中心，为社会大众、政府、企业等提供新闻信息、大数据采集、数据分析、信息咨询等服务。

4. 渠道经营收入

该部分收入主要包括自有渠道经营收入和代理渠道经营收入两部分。自有渠道经营收入是对自有媒体产品的经营收入，包括版面合办、活动经营、宣传推广等方面；代理渠道经营收入主要是指代理建设宣传渠道、开发宣传产品、运营与维护宣传渠道等服务收入。

5. 跨界经营收入

跨界经营几乎已经成为媒体融合转型的重要选择，继中央提出"互联网+"发展战略之后，很多学者和媒体单位纷纷提出"媒体+"战略，强调通过依托媒体单位自有平台和优势，推动媒体与其他产业的融合发展，如贵州日报报业集团通过成立全域旅游品牌国际传播中心，推动媒体产业与旅游产业的融合发展，实现了由媒体产业向旅游产业的跨界经营。

二、媒体融合创新的思考

媒体融合创新发展不可能是一蹴而就的，而是一个长期的培育与转型过程，也不是传统媒体与新媒体此消彼长的关系，而是你中有我、我中有你的关系。要推动媒体融合创新发展，需处理好以下几个方面的问题。

一是社会效益与经济效益的问题。媒体融合创新发展，既是传统媒体在数字媒介时代的自我救赎与发展，更是国家拓宽舆论宣传渠道，加强社会舆论引导与控制的根本要求，同时，随着国家文化体制改革的不断推进，传统媒体单位已逐步实现转企改制，逐步走向市场化发展道路。因此，国有传统媒体单位必须充分依托自有优势，主动转变观念、对接新媒体，提升自身的竞争力，以获取一定的市场份额与盈利空间，同时，又要搭建全媒体平台，拓宽新闻宣传渠道，高质量完成政治宣传任务。

二是传统媒体思维与互联网思维的问题。以传统报纸、杂志等纸媒为例，其基本生产流程主要包括明确选题、新闻采编、校对排版、出版发行等环节，市场渠道以报刊亭销售和订阅为主，是一种"内容生产导向型"的运作模式，强调"我要发什么"。而基于互联网思维的新媒体则是一种"用户需求导向型"的运作模式，互联网思维强调去中心化，强调个体的体验、参与和互动。以微信为例，微信仅仅是一个平台，在这个平台上面，每一个个体都是媒体人，可以随时随地发布自己周边的新闻信息，同时也都是消费者，可以随时随地浏览这个平台上面的各种新闻信息。如果传统媒体是"我写你看""我播你看",那么新媒体则是"大众写、大众看""大众播、大众看"。因此,媒体融合不应该也不能仅仅是把传统媒体上的内容进行一定加工之后再通过新媒体发布出去,新媒体更多的是一种平台,需要大众的广泛参与和互动,如果仅仅将新媒体作为一种新闻发布的新渠道,把拓宽信息传播渠道作为媒体融合的目的,那么媒体融合或许从一开始就是失败的。

国际报业融合创新篇

第二十章　美国报业融合创新研究报告

李文竹[①]

作为近年来人类信息传播史上的重要一环,数字化传播的兴起与发展已经使人们获取信息的方式发生了根本改变。尼葛洛庞帝曾预测,信息产业的前途"百分之百要看它们的产品或服务能不能转化为数字形式"。今天,这样的预测已经变成毫无争议的共识。与此同时,这场由互联网引领的技术革命首先点燃了报业危机的导火索,而数字化传播的发源地美国,也成为全球最先遭遇报业衰退的发达国家之一。

在媒体环境的深度数字化之下,数字化媒体用户加速增长,超过一半的媒体接触时间被数字化媒体所占据,传统媒体,尤其是传统报业的用户量则急剧下滑,传统媒体影响力减弱。美国传统媒体的衰弱,在2016年的美国大选中得到印证,希拉里和特朗普在主流媒体之中高达57∶2的支持率差距,主流报纸和电视台组队的舆论强攻,依然无法影响最终的选举结果,一个Twitter总统诞生了,这不禁令人想到马克思的那句名言,"一切坚固的东西都烟消云散了"。

2016年10月,路透社发布《挑战与机遇:数字化、移动化、社交化背景下的媒体与新闻业》研究报告,指出全球传媒业面临数字化、移动化、社交化的三大趋势。科技巨头掌控数以亿计的用户流和内容发布权;信息冗余的媒体环境使得用户拥有更多选择权,用户注意力变成稀缺资源[②]。那么,既然信息时代的数字化变革已经以其压倒之势展示出这个时代的节奏,传统媒体的融合转型便成为无法回避的应对之路。2016年,在互联网信息技术蓬勃发展的背景下,美国传媒产业继续进行结构调整,一些主流报纸更是投入巨大的财力创新

[①] 李文竹,中国新闻出版研究院助理研究员。
[②] 数字化、移动化、社交化趋势已成定局,路透社将如何吸引用户注意力?[EB/OL].北京时间,2017-04-02,http://item.btime.com/00vlr89fk5ctuhat5sn3d40mi8p.

强化数字平台，本报告旨在总结目前美国报业的发展现状，提炼其在转型过程中所采用的融合创新方式，为我国报业的转型发展提供可资借鉴之处。

第一节 美国报业发展现状

自 2004 年起，美国独立民调机构皮尤研究中心便开始发布关于美国新闻媒体行业各部门主要受众和经济指标的年度报告《新闻媒体状况》。2017 年 6 月，皮尤研究中心发布的《美国报业状况》研究报告直观显示出美国报业在 2016 年面临的前所未有的艰难局面。在社交媒体、智能手机等新兴媒体在各个领域大力拓展、发展迅猛的情况下，美国报业转型的探索进入改革深水区的胶着状态。

一、报业发行持续减少

一直以来，报纸都是美国新闻业的重要组成部分，近年来，由于受众逐渐转向消费数字新闻，美国报业的受众黏性逐渐降低，报纸发行量，尤其是印刷版发行量持续减少。据估计，2016 年美国日报平日刊总发行量（包括印刷版和数字版，但未包括《纽约时报》《华尔街日报》和《华盛顿邮报》的数字版发行量）为 3 500 万，星期日刊总发行量为 3 800 万，均比前一年下降了 8%。其中印刷版发行量降幅最大：平日刊下降 10%，星期日刊下降 9%。①

在整个报业发行量的黯淡之态中，报纸的数字发行量呈稳定增长趋势，成为难得的亮点。根据审计媒体联盟的数据（不包括《纽约时报》和《华尔街日报》的数据），2016 年数字版发行量大致稳定，平日刊下降 1%，星期日刊上升 1%。由于数字版的流量难以精确计量，而且美国的三个订阅量最高的日报《纽约时报》《华尔街日报》和《华盛顿邮报》并未向 AAM（媒体审计联盟）提交完整的数字流量统计报告。如果将通过相关材料估算的《纽约时报》《华尔街日报》这两大品牌带来的数字发行增长量计入在内，那么平日刊数字版发

---

① 本部分数据及图表引自皮尤研究中心《美国报业状况》研究报告，Pew Research Center, Newspapers Fact Sheet, June 1, 2017, http://www.journalism.org/fact-sheet/newspapers/.

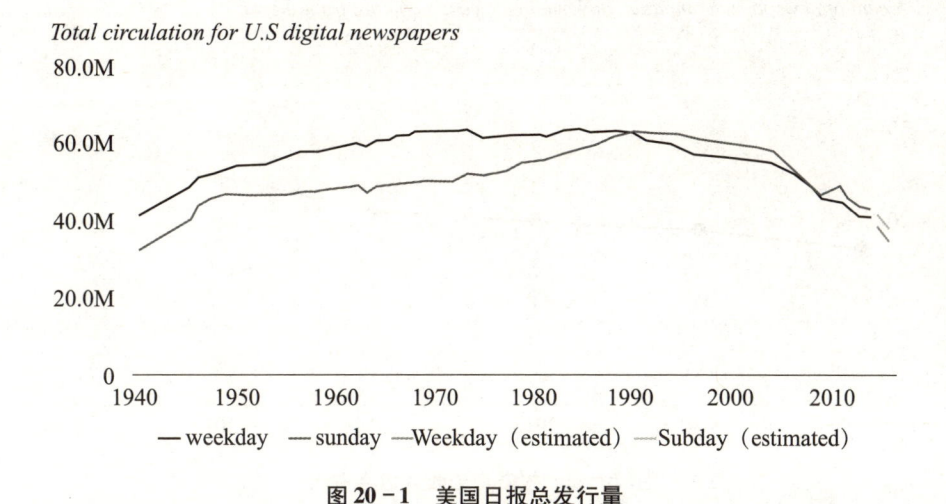

Total circulation for U.S digital newspapers

图 20-1　美国日报总发行量

行量将上升 11%。

这样一来，报业整体印刷量也随之改变，数字传播呈现出新的图景。只是，即便如此，2016 年美国报业全年整体发行量仍呈下降趋势，只是规模有所减小——2016 年全年发行量下降 4%，而不是 8%。

二、广告收入继续下滑

自 2008 年经济大萧条以来，美国报业总体进入持续十余年的结构性转变，呈现出螺旋下滑态势。2000 年至 2015 年间，报业的广告收入从约 600 亿美元跌至约 200 亿美元，几乎抵消了此前 50 年的全部收益。2016 年，美国报业依旧处于衰退状态，据估计，2016 年报纸行业广告收入总额为 180 亿美元，比 2015 年减少 10%。估计发行收入总额为 110 亿美元，大致与 2015 年持平（上升 0.4%）。

与此同时，数字端收入在报业总收入中的比重不断上升，2015 年占比已达 25%，较 2014 年的 22% 和 2013 年的 20% 有明显而持续的上升，2016 年数字广告占报纸广告收入的 29%，这比 2015 年多了四分之一，比 2011 年多了 17%。

总体而言，近年来美国传统报业广告收入继续下滑，数字化转型所带来的广告收入给予转型中的美国报业更多依靠，这在一定程度上反映出数字转型的成效正在逐渐显现，但美国报业在数字化转型上的投入与收益并不相匹配，数

Percent of newspaper companie' advertising revenue coming from digital

图 20-2　报纸广告收入数字占比

字订阅收益与数字流量增加至今未能转换成新的盈利模式，报业在整体上仍处于困境之中。

三、传统采编岗位缩减

数据显示，美国报纸的数量从 2001 年的 9 310 家减少到 2016 年的 7 623 家，降幅为 18%。网络媒体自 2007 年以来则增长了 150%，2016 年达到 13 924 家。报业的衰退直接表现为传统报媒采编岗位的持续缩减，根据美国劳工统计局（OES）的就业统计数据，传统报业的记者、编辑数量呈持续减少之势。自

Total number of newsroom emplogees at U.S newspapers

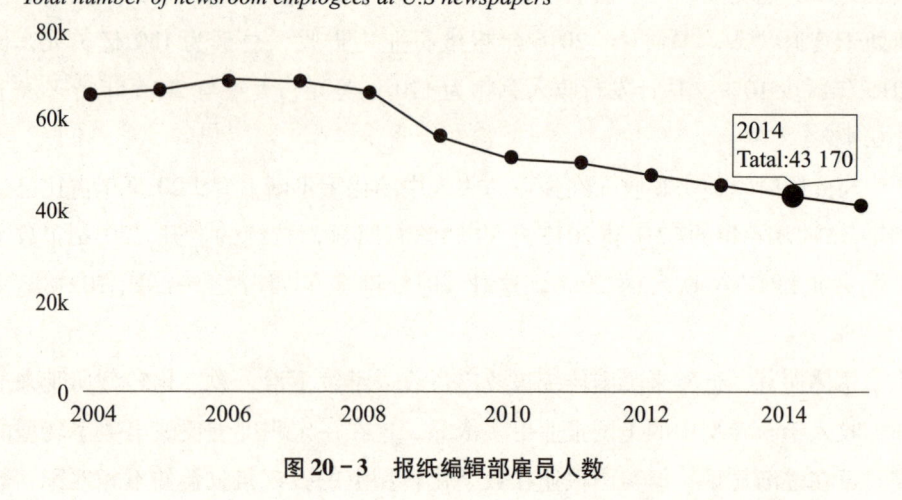

2014
Tatal:43 170

图 20-3　报纸编辑部雇员人数

2001年以来，美国报业裁员过半，其雇用的人数从2001年1月的41.2万人下降到2016年9月的17.4万人。与之相对应的是，网络媒体雇员却大幅增加，从2007年的6.7万人增加到2016年的20.6万人。这些数字充分反映了因受众从印刷媒体转向网络媒体而导致传媒业此消彼长的剧变。

2017年6月，作为美国报业巨头的《纽约时报》为增设新的数字化领域的岗位，宣布裁撤编辑，这是继2016年5月纽约时报为进行数字化转型而裁员以来的再次大幅裁员计划，与此同时，很多其他大型传统纸媒公司也在进行大规模裁员。在传统报媒时代，编辑记者一直相对独立，与读者互动很有限，为控制成本，并在数字化领域谋求更好的转型，传统采编岗位的缩减已成为趋势。

四、分拆重组步伐加速

由于传统报业经济收入状况的表现不佳，拉低了媒体集团内部，包含新媒体在内的其他快速增长部门，美国的大型融合性媒体集团逐渐全面剥离报纸杂志业务，将资源投向前景更好的电视与数字业务，开始了分拆与剥离"急行军"，也让我们看到了一条资本规律运作下的媒介整合之路。

2012年起，新闻集团、时代华纳集团、论坛集团、华盛顿邮报集团已经先后完成分拆。2015年6月29日，刚刚在2014年经历了分拆的甘乃特集团（Gannett）再次进行了产业剥离，此次分拆之后，报纸业务与广播电视和数字业务彻底剥离，同时宣告了美国大型报刊产业与广电娱乐产业融合发展时代的结束。

在不断剥离与拆分报纸等传统业务的同时，近年来，美国媒体集团也同时呈现出合并与融合的趋势，不断利用互联网技术对传统媒体产业进行重组。如2015年，美国电信巨头AT&T以485亿美元收购卫星电视服务供应商DirectTV；AT&T的竞争对手Verizon以44亿美元收购美国在线（AOL）；2016年，AT&T以854亿美元收购时代华纳，以上案例都是美国媒体在优质内容和渠道相结合方面的尝试。

毋庸置疑，并购重组已成为当前美国媒体集团重要的资本运营方式，一方面，媒体企业可以通过产业链的拓展来增强实力；另一方面，通过协同效应和交互推广，重组后的新集团可以在更高层面促进产业链的优化，由此带来更多利润。

第二节　美国报业融合创新实践

全球最先遭遇衰退的美国报业，也成为改革之路上的先行者，在与世界新媒体巨头的相融相抗中创新手段，调整结构，寻找发展之路。近年来，在数字优先战略、付费墙模式、客户端开发、视频制作、社交媒体融合以及采编、管理、运营、技术等各个环节的探索中，美国报业转型探索亮点频出，呈现出媒体人的创新精神。

一、实施彻底的"数字优先"发展战略

数字化的信息时代，"数字优先"在美国报业转型中位居战略高位，正在被越来越多的美国报业机构实践推行。"数字优先"的提出并不限于传统媒体的意涵之下，而是囊括公共服务数字化等一系列社会服务领域。在媒体语境中的"数字优先"具有广义和狭义之分，广义的定义指由传统平台优先变为包括网络和移动在内的所有平台的齐头并进，即"先生产（数字）内容，然后通过合适的平台发布"。狭义则指真正意义上的数字优先，即将数字平台的内容生产与发布置于压倒性的优先地位，所谓"数字第一，纸媒第二"[①]。

目前，广义的"数字优先"早已成为一种普遍的媒体发展战略，与此同时，狭义的"数字优先"也以其鲜明的特色引起人们的关注。美国的全国性主流日报，纽约时报、华盛顿邮报、今日美国等均将数字优先战略作为其重要的创新手段。如百年老报《基督教科学箴言报》和《西雅图邮报》已分别于2008年和2009年停止印刷版，全面转为网络版；《纽约时报》已经将所有内容在数字端优先发布，并将自己定位为数字媒体公司；纽豪斯家族的前进出版集团中，有180多年历史的《皮卡尤恩时报》已重新组建为数字化的"诺拉媒体集团"，并设立两个分开运营的新机构来落实"数字优先"，位于NOLA.com的内容编辑部生产发布所有原创内容，然后再由纸媒编辑编排上版付印。

[①] 辜晓进. 重走美国大报：移动互联时代的报业能否成为"不死鸟"？[EB/OL]. 2016-04-01. http://zjnews.china.com.cn/redian/2016-04-01/68809.html.

二、重视新闻移动客户端的开发利用

近年来,在线阅读新闻已经成为美国数字新闻最大趋势,38%的美国人经常在线阅读新闻,其比例几乎是纸媒读者的两倍,移动终端成阅读数字新闻首选设备,其占比已从 2013 的 54% 攀升到如今的 72%[①]。在这一背景下,对移动新闻客户端的重视成为美国报业发展的必然选择,其移动端主要包含社交媒体和客户端(APP)两大平台。

在社交媒体的利用上,由于社交媒体已经成为具有垄断性质的数字平台,美国报业在 Facebook、Twitter、YouTube 等上大量开设报纸官方社交账号已经成为普遍现象。稳坐美国社交媒体头号交椅的 Facebook 成为报业的首选目标,如丹佛邮报在 Facebook 上有 40 多个账户。

除此之外,APP 更是成为美国报业的转型利器。据美国 APP 数据公司 App Annie 2016 年 6 月 30 日披露的数据,美国大型报业集团如甘尼特公司开发了 691 个 APP,论坛媒体集团开发了 208 个、新闻集团开发了 374 个、赫斯特集团开发了 371 个、前进出版集团开发了 186 个[②]。值得注意的是,目前美国报业遍地开花的 APP,已经不再仅仅作为"单一内容复制工具",而是正在逐渐转变为"最佳的新式移动资讯生产者"。这些 APP 大致分为综合新闻类、专业类、区域类和活动类等四个类别,其设定和开发均是基于不同群体的不同需求,侧重信息服务的性质,人们日常生活的各种需求都可以在 APP 中找到讯息。在 APP 的发展热潮中,美国报业正趋于更加理性和务实的精神。

三、多种媒介形态嵌入常规报道业态

目前,在美国报业的媒体报道创新动作中,美国各主流大报们均在网络和移动数字终端开发视频内容,嵌入包括视频在内的多种媒体形态的融合报道已经成为常态。如在纽约时报 APP2016 年 5 月 4 日特朗普确定为共和党候选人的

---

① Pew Research Center, 10 facts about the changing digital news landscape, Sept. 14, 2016, http://www.pewresearch.org/fact-tank/2016/09/14/facts-about-the-changing-digital-news-landscape/.

② 传统媒体转型:重走美国大报带来的启示[EB/OL]. 前线, http://www.bjqx.org.cn/qxweb/n293596c756.aspx.

印第安纳州竞选活动报道中,纽约时报在其头条对其进行长达 2 000 多字长篇报道,并插入了特朗普、特鲁兹和民主党候选人竞选者桑德斯的现场讲话视频和特朗普的 13 幅幻灯片。这一系列丰富多彩的视频化、可视化的报道形式,具有极大的视觉和感官冲击力,改变了纸媒落后的表现形态。同时,除了将视频嵌入具体新闻报道,纽约时报和华盛顿邮报等全国性大报的 PC 端和 APP 端还都有专门的视频专栏,并设计推出了专发视频作品的 APP 等。

在势不可挡的视频革命之中,视频演播室也已成为报纸编辑部的标配,新闻的视频生产能力已成为一线记者的基本素质。纽约时报 APP 报道中的视频产品都是报纸记者的原创;自 2015 年,华盛顿邮报组建了 40 人的精英视频团队,平均每天生产约 60 条视频新闻。在一些地方报社,也采取多种方式生产视频产品,如丹佛邮报每周生产二三十个视频新闻;达拉斯新闻晨报采取与地方电视台合作的方式,既在电视台开设专栏,也同时在报社的数字平台播发。

四、付费墙主导报业盈利模式创新

对网上数字内容建立付费墙(pay-wall),进而实现数字平台的内容变现,已经成为颠覆广告收入主导的重要创新性盈利模式。在 2011 年建立"计量式""软"付费墙后,《纽约时报》针对不同的需要对付费模式进行了创新,对于偏爱某一栏目用户,设计了单项收费方式,逐步培养起纸质版用户的在线阅读习惯,提供了更优质的用户体验,并使付费墙在美国媒体中得到跨越式发展。

2016 年,美国报业协会调查现实,美国发行量 5 万份以上的 98 家日报中已经有 77 家建立了各种形式的付费墙[1]。如排行第一的报业集团甘尼特公司(Gannett Company),其旗下 100 多种日报中,已有七成实现了数字端的收费阅读,并将继续扩大推行;作为西部老牌报业集团的麦克拉奇公司(The McClatchy Company),目前旗下日报已全部建立了付费墙。

付费墙转型模式的关键在于,建立付费墙后报纸所能提供的新闻内容价值,以及采用自媒体技术对这些内容进行有效传播的能力。作为美国报业的大牌,《纽约时报》《华尔街日报》等大报内容质量好,能够建立起良性的网上

---

[1] Paywalls become the norm at US newspapers: surve, PHYS. February 29, 2016, https://phys.org/news/2016-02-paywalls-norm-newspapers-survey.html.

订阅业务。

同时，Facebook 也在和报业合作，进行了一系列盈利探索。2016 年 4 月，Facebook 推出的"即时新闻"功能已向所有报社开放。通过这一功能，用户无须点击链接，可以在网站直接阅览全文，加载时间比原来快了 10 倍。Facebook 的政策规定：同意合作的新闻机构可以在新闻内设置广告，Facebook 参与分账但只拿一小部分，大头归新闻机构。

值得指出的是，包括《纽约时报》在内的很多报纸采取的是收费加免费混合模式，2015 年底，《纽约时报》纯数字端收费订户数量于已达 109.4 万个，但还在继续努力扩大免费端受众群体，在收费与免费之间保持着平衡。

第三节　美国报业融合创新发展趋势

移动互联时代，在当前世界范围内传统媒体所经历的数字化转型的挑战之中，美国报业持续表现出令人敬佩的创新勇气和改革热情，展现出值得我们关注的新创意和新亮点。在主流报业的不断努力下，来自报业的信息仍然成为新媒体信息平台的重要来源之一，密苏里新闻学院新闻研究院一项调查表明，72% 的美国成年智能手机用户"经常或很经常"获取来自电视或报纸的新闻。报业终端呈现的创新变化，成为支撑美国报业发展的基本面，报业发展在困境中孕育着转机。

一、新闻编辑室转型趋势

作为报业以及整个新闻业的核心，新闻编辑室的转型趋势是世界报业转型趋势的枢纽，同时是报业发展趋势在新闻编辑室的体现。当前，美国报业发展中较为普遍的理念是，各种新媒体有其自身的要求和生产逻辑，"一馈多吃"不一定可行，因此目前新闻编辑室的转型实践表现在，彻底颠覆采编流程，根据需要对编辑部进行重组，打通纸媒、网站、APP、社交媒体等所有平台的内容生产和发布。"内容编辑部"是制作一切媒体内容的地方，其原创内容的采集和分发都有明确的平台指向。

同时，在新闻编辑室，为了应对新技术的挑战，主编角色已经发生改变，他需要承担起改造传统媒体基因的责任，将互联网公司的基因注入媒体机构，成为其发展的内生力量。一位新时代新闻编辑室的主编，不仅仅是一位专业的编辑，更应当是一位优秀的管理者、领导者和企业家。

正如世界编辑论坛总裁埃里克·毕尔莱格所指出的："数字技术的不断进步继续重新定义新闻编辑室，影响我们的组织方式，吸引读者的方式，发现和核实日益多样内容的方式，以及讲述故事的方式。"而为了适应这一趋势，需要进一步创新运作机制，开启新闻编辑室的模式转型。

二、从"融媒"到"浸媒"的发展趋势

作为新闻业的革命性趋势，"融合"指的是媒体所呈现出的多功能一体化的发展趋势，视频、文字、幻灯片……各种媒体形式融合的报道形式，成为基于移动互联网的报业发展中走过的重要路径。然而，在新技术的引领下，美国报业发展已经开始由"融媒"时代向更具参与感的"浸媒"时代发展，旨在为受众提供更深层次的感官体验。

最具代表性的"浸媒"技术为 VR 技术，在 VR 新闻方面，《纽约时报》一直保持了相当的领先优势，2015 年 10 月，《纽约时报》研发了自己的 VR 内容发布平台——NYT VR。2015 年底，难民题材的首部 VR 纪录片《流离失所》一经推出，即引发社会轰动。2016 年，科技新闻类的《探寻冥王星的冰冷内心》、时尚生活新闻类的《禅修之旅》等相继推出。2016 年 5 月，《纽约时报》宣布与谷歌合作建立新的内容发布平台，在 VR 专业内容分发方面获得新突破。

2016 年，全球传媒界已经见证了"沉浸式"的媒介形态具有的巨大潜力，几年前还只存在于概念中的传播技术已经成为惠及普通人的媒介产品，并实现了井喷式发展。VR 技术的核心特征可以归纳为"3I"——沉浸（Immersion）、互动（Interaction）和想象（Imagination）。VR 技术将在传播理念和效果上为传统媒体和新兴数字媒体带来新的变革机遇。

三、"付费墙"商业模式发展趋势

从近年来欧美国家付费墙的发展情况看，来自读者付费的消费内容正在逐

步增加，在报业方面，数字内容的付费趋势更加明显，41%的美国报纸已经实施严格的付费访问，多数采用计量模式，报纸过度依赖印刷版收入的情况已经开始逐步改观。正如媒体分析师肯·多科特所预测的，读者收入的革命已经到来。

"付费墙"是传统报纸对在线内容实行付费阅读而建立的支付模式，体现了报纸商业模式的根本转变。付费墙重新确立了用户的付费原则：要为有价值的内容产品付费，而无论其内容是从何平台获得。在报业数字化转型的尝试中，基于内容价值的付费墙战略可以帮助纸媒建立稳定的付费用户群，并进一步建构其"内容+渠道"的可持续盈利模式，这也是数字化转型中的报业建立稳定赢利模式的代表性尝试。

付费发展的趋势将逐步改变报纸收入片面依赖广告、依赖印刷版的局面，从大众市场转向利基市场，报纸本身的内容成为报纸生存的关键，这有利于报纸逐步摆脱纸质版本，对困境中的报业来说意味着重要的利好。

四、移动平台转型发展趋势

随着移动互联网时代的到来，移动平台已经成为具有决定意义的战略平台，移动设备终端的普及为报纸提供了巨大的发展机遇。在美国，超过80%的人通过数字设备阅读报纸数字内容，超过一半的数字报纸读者只通过移动设备（平板和手机）来阅读报纸数字内容[1]。在这样的背景下，报业适应移动互联网的技术进步，开拓移动平台业务，便成为发展中的大势所趋。

在报业转型过程中，移动APP端具有极大的战略优势，预示着新闻传播的未来方向。如作为门户报纸的数字门户，移动APP客户端优于Facebook等社交媒体，可以系统、全面地体现传统媒体的原创优势；APP端上可以容纳各种阅读形式，融合包括文字、图片、音视频、虚拟等在内的具有各类呈现方式的深度阅读形式，给予受众前所未有的阅读体验；APP支持用户点赞、评论、下载、转发等各类交互行为，受众的参与度得到极大提升；同时，在广告经营上，APP端已经成为广告最佳嵌入平台，为数字广告的扩展提供了机会。因

---

[1] 《世界报业趋势》调查发布：读者已经成为出版商最大收入来源 [EB/OL]. 传媒圈, http://www.mediacircle.cn/? p=38836.

此，在当今报业一砖一瓦的重建阶段，报业的移动平台转型，将成为报业未来发展的下一个重要趋势。

五、大数据技术发展趋势

在大数据时代，公司经营成败的关键依赖于是否能从用户行为数据的挖掘中作出相应的分析，以指导运营决策，这一原则也适用于转型期的传媒业。当前，新媒体环境下以数据驱动的新闻正在可视化和实操性方面呈现出非常多的可能性，而且在包括华盛顿邮报、美联社、赫芬顿邮报等大型媒体集团中进入实用阶段。

大数据不仅体现在新闻内容的生产上，而且还聚焦于用户黏合、广告营销、个性服务等各个层面。北欧最大的媒体集团师施伯史泰德媒体集团在纽约媒体大数据会议上发表观点指出："我们的竞争对手已经从过去的传统媒体转向全球性的新媒体公司。我们必须建立一个强大的领导和管理体系，将数据分析转化为我们的 DNA，才能更好地转型为数字媒体。"早在 2014 年 2 月，纽约时报就聘请了第一位首席数据科学家 Chris Wiggins 加入团队，帮助公司改进收入模式，拓展用户群；作为全球发行商客户之一的《金融时报》，利用大量数据分析来细分受众群体，进行精确定位，优化广告定价，从而充分把握市场机会。

目前，互联网已经成为媒体行业的游戏规则，运用大数据分析可以帮助新闻发布商确定热门话题的趋势内容，了解受众特征，从而制定更有效的推广策略，获取更多的广告收入，使报业保持持续的活力，帮助报纸在数字时代得到蓬勃发展。

在今天，变革是唯一恒久不变的东西。在报业的转型过程中，为使新闻生产者保持竞争力，有许多路径需要考量，许多规范需要更新，许多技能需要引入，而在此路上，唯一的途径就是不断地创新与再造。

第二十一章 韩国新闻媒体的创新

黄 菲[①]

本文主要研究对象为韩国新闻媒体市场,研究目的是探究韩国新闻媒体的融合与创新发展。本文首先对韩国新闻媒体的整体现状进行分析总结,归纳出发展的特征及热点趋势,着重分析报业集团面临的主要发展问题及创新趋势,最后用具体的案例来说明韩国报业集团的创新。

本文以资料收集和实地考察现场访谈的形式对韩国新闻媒体市场进行深入了解和研究,从新闻从业者的访谈中获得第一手的研究资料,从韩国权威媒体相关的管理研究机关收集准确权威的数据资料。

本文研究的意义主要有三个方面,一是让中国新闻媒体工作者及从业人员对韩国新闻媒体行业有一个初步直观的了解;二是通过总结韩国新闻媒体行业发展趋势,剖析韩国现在所面临的问题,为中国的报业新闻行业提供有力的参考例证;三是通过对韩国新闻媒体创新发展的案例分析,给中国的报业新闻行业融合创新提供一些可借鉴的方法。

第一节 韩国新闻媒体产业的现状

韩国新闻媒体产业按业态主要分为报纸类媒体、电视广播类媒体和网络类新闻媒体。从韩国言论振兴财团的《2016韩国言论年鉴》中可以看到,从企业数量方面来看,网络新闻媒体因为很大一部分都是线上无实体公司的新闻媒体,所以数量最多。2 767家企业拥有大大小小一共3 094个新闻媒体,从业人

[①] 黄菲,韩国国立首尔大学管理学博士,现任韩国首尔科学综合研究生院(aSSIST)工商管理MBA主任教授,主要研究方向为:国际商务、公司国际化战略、韩国文化产业、革新与创造等。

员也很多,达到16 848人,其中记者人数就有10 959人;报纸新闻媒体是言论产业的传统媒体业态,也是新闻的主要制造源泉,1 342家报纸新闻拥有1 447家媒体,从业人数是三个业态中最多的,达到24 241人,其中记者有14 992人;但从总销售额方面来看,虽然企业数量最少,但电视广播媒体创造了最大的销售收益,而且另外一点值得注意的是,电视媒体的记者人数也不多,才有3 289人。电视广播媒体的新闻来源多是报纸和网络上面二次加工的话题,不过在表现形式上,电视新闻则是最直观的。

表 21-1 韩国言论产业业态分类情况统计

	报纸新闻媒体	电视广播媒体(综合频道与新闻类)	网络新闻媒体
企业数量	1 342 个	52 个	2 767 个
媒体数量	1 447 个媒体形式	57 个频道	3 094 个网络新闻
从业者总人数	24 241 人	16 575 人	16 848 人
记者人数	14 992 人	3 289 人	10 959 人
总销售额	3 兆 1 764 亿韩元	5 兆 3 389 亿韩元	4 868 亿韩元

出处:韩国言论振兴财团《2016韩国言论年鉴》

在报纸媒体新闻方面,有一些行业发展的特点值得我们总结,具体如下。

一、从"朝中东"变成了"朝东中"

韩国三大报纸媒体的格局在2016年发生了微妙的变化,韩国人习惯按照发行量和付费订阅量把三大报纸媒体说成"朝中东",也就是说除了占绝对优势的《朝鲜日报》之外,《中央日报》一直都是比《东亚日报》略微占优的第二大地位,但就在2017年6月韩国ABC(认证审计局)协会发布的数字显示,"朝中东"变成了"朝东中",《东亚日报》以微弱的优势赢了《中央日报》登上了第二大纸面媒体的宝座,对于这个结果,其实韩国人也是比较意外,因为"朝中东"这个顺次已经维持了几十年,虽然《中央日报》相关人士辩解说"由于有3万份本应计入统计的付费订阅不知什么理由没有被计入,所以才导致痛失亚军的宝座,对此深表遗憾"[1]。不过根据调查和走访相关人士发现[2],

---

[1] 韩国记者协会"付费份数下滑,朝鲜减少0.9%,中央减少4%,东亚减少0.3%;韩国ABC协会,发表2016年付费份数"[EB/OL]. 金昌南记者. 2017-06-02 http://www.journalist.or.kr/news/article.html? no=41862.

[2] 2017-08-18 对《东亚日报》进行现场考察访问,受访人员为《东亚商业评论》的总编辑者等。

《东亚日报》在面临行业竞争及转型危机的时候,在模式创新及内容创新方面,的确是取得了相关改善革新的成功。

对于《东亚日报》的成功,其实业内人士的看法和观点不是非常一致,还是有很多老资格的新闻人尚未打破"朝中东"的固定观念,所以他们认为这次的顺次变化仅仅是一时现象,并不能说明问题。不过《东亚日报》集团的确在最近几年对整体业务进行了一个巨大的调整和转型。将原先比较带有浓重政治色彩的报社集团改头换面为一个经管专业性强的、适应当今时代发展、跟得上时代脚步的新时代报社集团。《东亚日报》集团不仅强化了社会经济部门的采访编辑记者队伍,打破了网络新闻和报纸新闻的取材界限,统合成一个选题组编辑室,而且开放性新闻的战略思想积极诚聘韩国各大著名高校的管理学教授作为其下属商业杂志《东亚商业评论》的顾问及评审委员,这使得《东亚商业评论》在内容方面不仅强调与时俱进、紧跟时代的脉动,讨论最新热点话题,而且在专业性方面也做到了"权威,全面,多角度",来自各所优秀大学的管理学教授在这个开放的交流平台上亦是相互交流同时也是竞争,开放自由的机制使得这些内容方面的竞争成为可能,也使得《东亚商业评论》自身可以快速进行模式升级,不断推出吸引读者眼球和让读者信赖的有用内容。此外,《东亚日报》集团每年定期举办"东亚商务论坛",邀请海内外知名商业人士学者出席,通过这样的方式也提升了整个报业集团的竞争力和品牌影响力。

表21-2　2016年末韩国主要报纸总收益排行

报纸名称	付费份数	报纸总收益	订阅总收益	单位一份报纸的收益
朝鲜日报	125.429 7 万份	2 798 亿韩元	541 亿韩元	22.3 韩元
东亚日报	72.941 4 万份	2 257 亿韩元	945 亿韩元	30.9 韩元
中央日报	71.993 1 万份	2 193 亿韩元	898 亿韩元	30.5 韩元
国民日报	13.881 9 万份	436 亿韩元	187 亿韩元	31.4 韩元
首尔新闻	11.602 8 万份	565 亿韩元	357 亿韩元	48.8 韩元
首尔经济	5.795 5 万份	527 亿韩元	423 亿韩元	91.1 韩元

出处:韩国ABC协会,各大报纸年终报告,作者整理

二、"量大"不等于"收益高"

大家一直认为的"付费订阅量大,广告收益就越高"这个公式在今年被证明是不正确的推断。发行量不算大的《首尔经济》反而比付费订阅量第一位的

《朝鲜日报》单位广告收益还要多，这让我们开始对传统报业的收入模式产生怀疑，据调查显示，付费订阅规模与纸面广告收益不再呈正相关关系。在调查结果中可以看到，付费订阅一份报纸产生的广告收益最高的是《首尔经济》，每份付费订阅带来91韩元的基本收益，这比付费订阅量最大的《朝鲜日报》的单份付费订阅报纸只有22韩元的收益要多出好几倍。而据ABC协会调查结果显示，截止2016年末，《首尔经济》销售份数才只有5.795 5万份，远不及排名第一的《朝鲜日报》125.429 7万份。在以往大家的固有观念里会认为，付费订阅量大或发行量大的话，新闻报社的广告费收益自然就多，而且通常阅读量大意味着广告价值也大，广告价格自然会很高，所以大家在评价一家新闻报社的时候，主要还是看他们的日发行量和付费订阅量。但随着网络的发达和智能手机的普及，其实现在已经没有那么多人会去订阅纸面的新闻了，甚至现在还在订阅纸面新闻的人大多数都是上了岁数的老年层，在通过大数据进行分析以后，纸面新闻广告昔日的光环不在，整个报业的付费订阅量也和各家的广告收入不再呈正相关关系了。

具体来看韩国各大纸面新闻的广告总收益，可以看到排名第一的是945亿韩元的《东亚日报》，然后第二名是898亿元的《中央日报》，发行规模第一的《朝鲜日报》只以541亿韩元排在第三，之后是单位收益率最高的《首尔经济》总收益423亿韩元，《首尔新闻》以357亿韩元，《国民日报》以187亿韩元分别排在第五和第六。纸面广告的计算方法也是从纸面新闻的总收益中减去付费订阅的总收益之后得出的大致估算值。韩国的纸面新闻现在尽管也在大街报亭会有零散读者不定期购买，但据统计这样的"散户"不足整个付费阅读的1%，大部分的纸面新闻是以定期订阅的形式被购买，每个月支付1.5万韩元的订阅费，一年下来是18万韩元，不过这笔订阅费其实不能简单地被认为就是纸面新闻的收益了，因为为了卖出一份定期订阅的报纸，新闻报社也会雇佣人力推销，此外还附带赠送礼品鼓励定期订阅，所以事实上，从读者那里赚到的18万可能实际上是所剩无几的。那么纸面新闻的主要收益来源就是广告收益，不过现在的调查数据也显示，付费订阅量和广告收益并不呈正相关，说明纸面新闻的价值应该体现在内容和表现形式上，在内容上的权威性和形式上的创新，以及顺应时代潮流积极发展与新媒体之间的融合，都是《东亚日报》和《中央日报》可以在广告收益上远远领先于《朝鲜日报》的原因，在韩国人的眼中，尽管原来也是"朝中东"三家都是保守的代表，但现在可以看到通过创新发展明显改变了大家对他们的固化认识。

三、新闻多渠道融合应用，打造报业集团的电视台

在新闻多渠道应用的今天，《东亚日报》集团和《中央日报》集团最近几年做得最成功的事情就是开办了"综编"电视台，也就是属于报业集团的电视台，换句话说，原来的无线电视台只有 KBS（韩国国家电视台）、MBC（韩国文化放送电视台），以及 SBS（首尔电视台）这三家，是不用购买有线电视的家庭在家可以收看到的电视频道，所以一直以来这三家电视台都占据着整个可视媒体市场的主要位置，不管是在影响力还是收益性方面。但三家主流新闻报社"朝中东"纷纷创办了自己的电视台法人，推出了自己的新闻节目和综艺节目，打破了以前的"三台鼎立"局势，对国营的两家电视台 KBS 和 MBC 电视台造成了巨大的冲击。比如在 2017 年 SISA Press 做的"最有影响力的舆论媒体"调查中，《中央日报》的子公司 JTBC 电视台就占据了 57.7% 的比重排名第一[①]。另一个由韩国文化体育观光部下属的"舆论集中度调查委员会"进行的针对报纸新闻、电视广播新闻和网络新闻等全体新闻媒体的"2016 年新闻窗口为基准计算的舆论影响力占有率"调查结果中东亚报业集团凭借旗下的报业、电视广播及网络媒体统合的战略获得了 7.1% 的市场占有率，超越了其他两个报业集团[②]。电视新闻媒体的激烈竞争也间接影响了纸面新闻的订阅及权威性。这也可以说是《中央日报》和《东亚日报》在打造多渠道媒体平台的融合发展过程中获得了实质性收效。

四、新闻记者能力素质要求高，竞争激烈社会地位高

新闻的主要竞争力来自记者，在韩国"朝东中"三社拥有最好的员工福利，因此也最受年轻人的青睐，想进这三家主流报社工作是每个学习新闻专业学生的梦想，这致使三家主流报社集团的人才选拔竞争异常激烈，不仅要名校

[①] 安成模记者. JTBC 影响力・信赖度・阅读率"三冠王" [EB/OL]. 2017-09-26. SISA Press. http://www.sisapress.com/journal/article/171467.

[②] 尹永喆. 延世大学舆论影像学科教授. 为成为值得信赖的新闻媒体而进行的统合开发 [EB/OL]. 东京媒体交流学术大会发表文章. 东亚日报. http://news.donga.com/3/all/20171025/86935772/1.

专业毕业，还要掌握多国语言，这些都是基本，文笔好，能吃苦耐劳，甚至相貌好都成为大型新闻集团选人的标准，这些能进三大报社集团工作的记者都是韩国最优秀的媒体人才，当然在选拔过程中，由于现在的记者主力军都是年轻记者，所以民主公正的选拔机制得以很好地实施，大家都是靠真本事去竞争，尽管竞争还是非常激烈，但都基本可以做到公平竞争和善意竞争。

在韩国，记者拥有很高的社会地位，因为记者这个职业是要实际接触民生最前线的职业，可以拥有很广泛的人脉，甚至权威的记者还会有很多话语权，在一些韩国影视作品中也可以看到一些媒体人士可以左右政经界人士的情景，这也间接印证了韩国民众认为媒体人的力量是很强大的，并且如果滥用的话会造成政经界人士连锁的腐败。因此，做一名有尊严有实力有话语权的记者是每个韩国记者的终极目标。

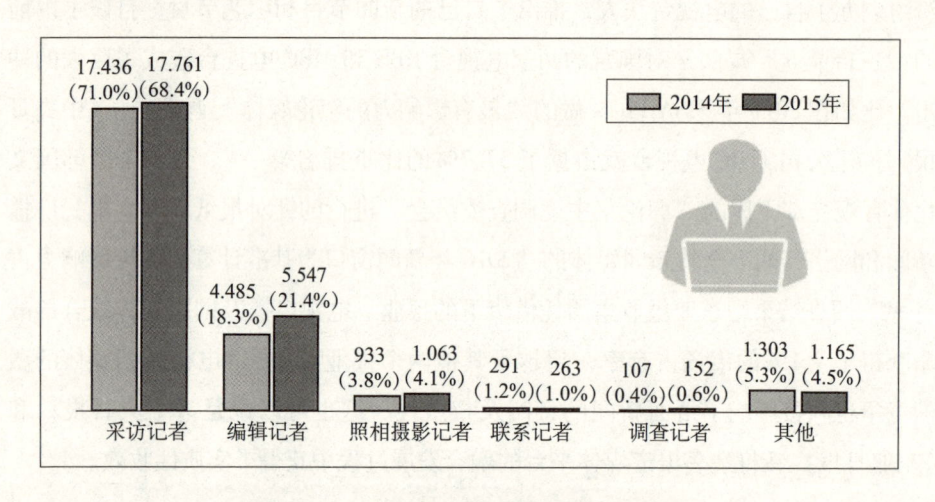

图 21-1 韩国新闻记者分类别的人数统计

出处：韩国言论振兴财团《2016 韩国言论年鉴》

第二节 新闻产业主要热点及发展趋势

一、纸面新闻的危机

通过韩国言论振兴财团发布的"2015 言论受用者意识调查"的结果显示，

报纸的订阅率从 1996 年的 85.2% 连年下降，到 2015 年仅为 25.4%。因此这直接导致纸面新闻的日发行量减少[①]。目前在人口约 5 000 万的韩国，三大主要报纸的日发行量超过 100 万份的仅有《朝鲜日报》一家，所有的纸面新闻都在向互联网和手机终端进行战略转移。但另一方面，根据世界新闻协会总会发布的一项调查显示：母公司是报纸新闻的媒体公司 90% 以上的收益仍旧来自于纸面新闻，其中包括付费订阅收益及纸面广告收益[②]。尽管所有的纸面媒体都意识到了纸面新闻有可能被数字化的网络及移动手机端的新闻所替代，但数字新闻的收益模式仍旧有待开发和创新。不仅韩国，在全世界范围内所有纸版新闻在数字订阅、数字广告、纸版广告和纸版新闻订阅这四大项中，所有国家的新闻的主要收入来源仍旧是纸版广告和纸版订阅收益。

表 21-3　2015 年报纸新闻销售额构成　　　　　　　单位：百万韩元

项目	广告收益	附加事业及其他事业收入	报纸销售收入	网络内容销售收入	合计
金额	1 802 206	728 938	505 946	139 307	3 176 397
百分比（%）	56.7	22.9	15.9	4.4	100.0

出处：韩国言论振兴财团《2016 韩国言论年鉴》

表 21-4　2015 年网络新闻销售额构成　　　　　　　单位：百万韩元

项目	广告收益	附加事业及其他事业收入	网络内容销售收入	合计
金额	217 750	200 153	68 919	486 821
百分比（%）	44.7	41.1	14.2	100.0

出处：韩国言论振兴财团《2016 韩国言论年鉴》

但是，尽管现在所有的纸面媒体都在大力发展数字新闻，但直接通过纸面媒体官方主页点阅数字新闻的情况是极少的，大多数的受用者都是通过搜索引擎直接点阅数字新闻，所以这并不能为纸面新闻企业带来广告收益。通过韩国言论振兴财团进行的"2015 言论受用者意识调查"的调查结果显示，72.1% 的用户在搜索引擎上直接点击新闻题目来了解新闻。所以在韩国这样的问题也

---

① 来自韩国言论振兴财团"2015 言论受用者意识调查"的内容整理。
② 韩国言论振兴财团《2016 韩国言论年鉴》中提到世界新闻协会（WAN-IFRA）发布的《2015 年世界新闻动向（World Press Trend）》报告，2016-06-15。

引发了纸面新闻社和搜索引擎对数字新闻的提供方式以及广告收益分配的争论。

二、机器人新闻

从 2015 年首尔大学舆论信息学科研发出了机器人记者,并自动简要报道了 2015 年的韩国职业棒球联赛的所有比赛新闻开始,韩国进入了一个机器人记者和人类记者竞争的时代。在 2016 年 1 月 21 日的《财经新闻》中首次提到了"机器人记者"这个词①。所谓的机器人记者"写新闻"的时候,会经历一个先收集数据,然后制造话题,识别重要话题,设定新闻的风格,最后完成新闻的过程。这个流程最适用于基于历史数据做出判断的证券类新闻和体育类新闻,《媒体今日》曾针对 600 名普通人,164 名记者做了一个调查,结果显示,普通人中 81.4%,记者中 74.4% 是以为机器人写的新闻是人写的。在听说这篇新闻是机器人写的时候,大部分的人都表示觉得更可信。然而当问到机器人是否会最终取代人类记者的时候,普通人有 30.2%,而记者只有 11% 表示有可能②。

三、数据新闻-BIG KINDS 服务上线

数据新闻是指利用收集取材到的数据进行分析报道。虽然就政府部门发布的统计数据写的新闻以前就有,但是现在舆论媒体更注重分析和加工,有含金量令人信服的分析报道会提升新闻用户的忠诚度。特别是自 1990 年开始,韩国言论振兴财团就开始运作开发以新闻大数据为基础的分析系统 "KINDS",现在把大数据的 "BIG" 和 "KINDS" 结合起来,对新闻关键词等大数据的 "BIG KINDS" 分析成为现在新闻媒体二次加工高附加价值新闻的主要手段③。如何通过进行大数据的类别分析,整理成可视化强的图片新闻,增进读者的理

---

① 金准京记者(2016-1-24)."机器人记者"韩国国内的第一篇新闻非常神奇,不过……[EB/OL]. 媒体今日. http://www.mediatoday.co.kr/?mod=news&act=articleView&idxno=127277&sc_code=&page=&total.

② 郑常根记者(2015-09-08). 猜猜看哪篇是机器人写的新闻……[EB/OL]. 媒体今日. http://www.mediatoday.co.kr/?mod=news&act=articleView&idxno=124915&sc_code=&page=&total.

③ 官方主页:https://www.bigkinds.or.kr/.

解，是现在新闻舆论媒体关注的焦点。

四、新闻媒体的数字化·移动化革新

韩国新闻社为顺应数字化移动化发展的大潮，也在积极进行着革新。比如优先生成网上新闻和一句话移动终端的新闻速报。改编新闻直播间运营模式，构建可以完成制作多媒体新闻的统合系统。不仅如此，各大新闻社还运营自己的 SNS 公众号来与用户拉近距离，制造速食新闻，编辑短小的视频新闻。另外，在权衡纸面新闻和网络新闻的重要性上，通过合并改编线上线下采访记者的队伍，将整个新闻制作的中心放在网络新闻上，比如《中央日报》还增设了数字媒体管理企划部门，建立了 24 小时 4 班人马不间断新闻更新的 "EYE 新闻 24"[①]。

五、建立了新闻合作评审委员会的官方组织

由于大多数用户都是通过搜索引擎或是聊天工具来接收新闻的，2016 年 3 月新闻合作评审委员会正式组建，评审委员由韩国新闻协会、韩国电视协会、韩国网络新闻协会、韩国舆论学会、韩国言论振兴财团、韩国记者协会、韩国新闻伦理委员会、经济正义实践市民联合、大韩律师协会、舆论人权中心、网络新闻委员会、韩国 YWCA 联合会、韩国消费者联盟等 15 个团体推荐的 30 名委员组成。每 15 人一组分为第一小委员会和第二小委员会。对于内容及新闻标准合作的审查每年进行 1 次，对于检索合作的审查每年进行 2 次。2016 年 5 月进行的第一回检索合作的审查中，一共有 602 家媒体申请，最终通过审查的有 70 家，通过比率为 11.6%[②]。之后又在 2016 年 11 月 14 日开始两周之内进行了第二回新闻检索合作审查，申请的 686 家媒体中，仅 46 家获得了通过，通过率为 6.71%[③]。通过严格的把关，互联网上的新闻乱转、不注明出处的现象有了根本的改观，重复反复的新闻出现率比之前下降了 95%，对于同一事件内

[①] 官方主页：http://www.inews24.com/.
[②] Platum2016 - 05 - 27. Naver-Kakao 新闻检索合作评审结果发布……602 家中 70 家通过 [EB/OL]. http://platum.kr/archives/60347.
[③] 张书妍记者 2017 - 02 - 17. 新闻合作评审委员会，第二回新闻检索合作评审结果发布. http://www.globalnewsagency.kr/news/articleView.html?idxno=67346.

容进行略微修改的新闻内容减少了 96%，大大地净化了整个网络新闻环境。

六、实验初期的 VR 虚拟现实新闻

从 2016 年开始，VR 设备的单价开始变得大众可以接受，因此使 VR 虚拟现实新闻的需求成为可能。《朝鲜日报》和《韩国经济新闻》制作了 360 度可视的影片内容，特别是《朝鲜日报》截止 2016 年 10 月末一共制作了 80 余篇 360 度全视角的影片。360 度影片可以让用户感受不可能直接经历的一些事情，去到自己现在不能去的场所。而且全方位展示让人觉得更真实可信。不过 360 度影片制作费用仍是十分昂贵，而且尚未解决佩戴 VR 道具看 360 度影片时的不适感以及眩晕的问题。

第三节　韩国新闻媒体产业融合创新案例

案例：因为专业，所以信赖：韩国的《哈佛商业评论》——《东亚商业评论（DBR）》[①]

《东亚商业评论》每月定期发行两次，是《东亚日报》集团旗下的将最新的商业前沿消息以专业水平传达出来的一本经管领域的杂志期刊，但与一般的商业杂志不同，这本杂志更注重专业性和学术性，该杂志的编辑委员和邀稿人全部来自著名韩国大学及大企业研究所等商界研究的前沿，他们不是对一时的商界现象进行"报道和评论"，而是利用自己的能力和所掌握的知识，来对现在出现的诸多问题进行深度分析，这样一来让《东亚商业评论》有了很高的权威性，但更难能可贵的是，这些文章经过总编及编辑的润色之后，都变得生动易读，再高深的东西也容易理解，另外为了让读者更加形象地理解内容，会制作很多实用的说明图表来帮助理解。

《东亚商业评论》的内容安排让定期读者们好评不断，不像其他商业杂志那样，封面会排进所有主要标题和让企业成功人士来做封面以吸引购买，《东

[①] 案例内容整理源自 2017-08-18 对《东亚日报》进行现场考察访问，受访人员为《东亚商业评论》的总编记者等。

亚商业评论》每次的封面选图都是主编精心挑选的，适合 Special Report 的一张图片，甚至在翻开杂志以后可以看到对这张图的介绍资料。而且只在杂志封面写上每期"特别报告"的题目，其他的内容都要翻开杂志才可以知道。

从内容方面来看，每期杂志的开篇部分都是细心整理的一目了然的最新商业动向"趋势和洞察"，让企业人士在短时间内就可以知道天下事，了解最需要知道的产业动向。这部分就像一道开胃菜，很舒服地让人进入每期的"特别报告"，在这个部分中，会有五六位专业人士针对这个话题来写下自己的观点和看法，这样让读者读到的不是一家之言，不会觉得很平面，而是五感俱全，很立体地全面地甚至可以引发读者思考地来消化这个"特别报告"的主题，这就好比一道主菜，需要很多层次感的味道，单一的味道会不足以体现主菜的分量。之后第三个环节到了一些"主食"，也就是具体的一些经营之道的讨论，会涉及一些案例研究，也会涉及一些海外产业及企业调查分析，这些可以提供给企业家一个相对的参照比较，可以更好地体会和决定出适合自己企业的最佳方案。最后一部分是对一些扩展知识的整理和收集，比如说对人对事及对自己的认识和提升，涉及一些引发哲学思考的经营伦理问题，这些就好比大餐吃好以后，上来的一款厨师长精心准备的甜点，虽然看起来并不是整个就餐的必需，但却画龙点睛，富有创意的甜点总是可以给人带来喜悦和新的能量，超过对已经享用的大餐的期待，获得满足的感受。值得一提的是《东亚商业评论》的印刷非常人性化，重点段落或词语都会被颜色或特殊字体标识出来，在每页的两侧都留有余白便于书写笔记心得，而且文献及参考内容的出处都翔实地标识出来，提升了整个杂志的权威性和可读性。

通过这些方面的努力，让《东亚商业评论》成为诸多商业杂志中独树一帜的代表，很多企业人士和大学管理学教授都会定期订阅，近10年的发展历程，已经让《东亚商业评论》拥有了5万多名企业人士的会员。此外，为了普及最新商业动向及新趋势，让大家都喜欢和关注商业管理方面的学习，《东亚商业评论》在众多著名韩国高校都在免费发放，很多同学可以利用课余时间阅读来增强自己对商业的理解，补充最新的商业动向。

《东亚商业评论》利用将近10年的时间去发展自己忠实的企业读者粉丝，在这个过程中，杂志不仅集中注意力把杂志办好，而且还给企业提供更实惠的交流和学习的机会，而这些也正是《东亚商业评论》的主要盈利来源，与一般杂志靠广告收益的商业模式不同，《东亚商业评论》更重视开发实用商业教育与举办国际性影响力的论坛，现在定期进行的一些专业人士的业务强化教育课程是受到很多企业人士好评的，因为自身是《东亚商业评论》的忠实读者，建立了良好的信任，会觉得《东亚商业评论》提供的资源都是有用的好资源，通过线上线下教育，不仅可以增进能力，而且还可以交到朋友，与一些同是《东亚商业评论》的忠实企业读者交流，甚至可以合作，建立长期的良好关系。《东亚商业评论》在整个韩国的商业界建立起了一个沟通良好的机制和平台，此外，还通过"东亚专家—项目牵线服务"将国内 430 余名业界专家、海外 7 500 名专家人士与 200 多个商业项目联系到一起，满足客户企业的需要，提升企业的价值和竞争力。

《东亚商业评论》不仅在内容上重视创新和设计，提高可读性和权威性，而且像所有纸面新闻一样，杂志也同样受到 2017 年互联网和智能手机大潮的冲击。对此，《东亚商业评论》也走在了融合创新的最前端，不仅很早就开设了专门的主页网站，将很多文章在网上分成免费阅读和会员付费阅读实现差别化服务，而且还与韩国最具影响力的创新引擎 NAVER 携手开办了手机端的"BUSINESS"栏目，通过这个栏目，读者可以通过手机更加方便快捷地阅读最新的《东亚商业评论》以及相关的周边服务。

第二十二章　俄罗斯大众传媒融合发展情况报告

王卉莲[①]

据联邦通信、信息技术与大众传媒监督局统计，截至2017年4月17日，俄罗斯共有大众传媒79 786种，其中杂志占37%、报纸占28%、专刊丛刊等占5%、线上大众传媒（主要为网站、印刷类大众传媒的数字产品等）占11%、电视占10%、广播占7%、通讯社占2%；2016年俄罗斯新注册大众传媒3 665种，在其中的2 149种印刷类连续出版物中，杂志1 199种，报纸897种，丛刊7种，专刊12种，汇编34种。

近年来，俄罗斯印刷类大众传媒市场低迷，期刊发行持续萎缩，期刊广告逐年递减。2012—2015年俄罗斯印刷类大众传媒市场总量维持在650亿—700亿卢布。2015年，俄罗斯印刷类大众传媒发行量为20亿册，较2014年减少16.7%，较2005年减少65.5%。2015年俄罗斯印刷类大众传媒广告收入为233亿卢布，较2014年减少29%。印刷类大众传媒市场不景气，原因主要有以下几点。

一是受互联网和电子产品冲击，居民对印刷类大众传媒的阅读需求下降。据德勤独联体调查公司统计，2015年俄罗斯居民对印刷类大众传媒的阅读时间较2012年减少17%，上网、读电子书、玩电子游戏时间则分别增长61%、31%、10%。全俄社会舆论研究中心在2017年1月13日俄罗斯报刊日进行的调查显示，51%的受访者倾向于阅读纸质报刊；34%的受访者喜欢使用电子类大众传媒，其中有54%的人经常使用互联网；在莫斯科和圣彼得堡，43%的受访者倾向于使用电子类大众传媒；17%的俄罗斯人表示，已经完全做好准备放

---

① 王卉莲，中国新闻出版研究院副研究员。

弃阅读纸质报刊。

二是自 2014 年下半年起，俄罗斯财政取消了自 2008 年起每年对期刊订阅的补贴（30 亿—32 亿卢布），导致期刊订阅数量大幅缩减。这对刚有起色的期刊订阅市场来说，无异于雪上加霜。2016 年上半年俄罗斯期刊订阅数量较 2014 年上半年减少 27%。

三是因通货膨胀、卢布贬值造成期刊出版成本增加，发行商经常提高期刊价格，导致居民期刊购买需求减少。期刊发行点数量持续缩减，盈利不断减少，全国性期刊发行企业破产数量日益增加，期刊发行举步维艰。

在此背景下，印刷类大众传媒出版商纷纷向多媒体公司转型。跨媒体运作成为俄罗斯主要大众传媒机构吸引读者、获取广告收入的重要途径。2015—2016 年俄罗斯主要大众传媒机构情况见表 22-1。

表 22-1　2015—2016 年俄罗斯主要大众传媒机构情况（依据 AIR 指标划分）

序号	出版机构	2015 年 千人	比重 %	出版物数量	2016 年 千人	比重 %	出版物数量
1	博达（Burda）	14 233.4	23.4	27	12762.0	21.0	28
2	鲍尔传媒（Bauer Media）	8 771.1	14.4	9	11 182.4	18.4	13
3	赫斯特·什古廖夫出版（Hearst Shkulev Publishing）	11 494.3	18.9	9	10 688.0	17.5	8
4	独立媒体（Independent Media）	9 201.4	15.1	11	8 769.9	14.4	11
5	共青团真理报（Комсомольская Правда）	8 861.4	14.6	4	7 556.9	12.4	2
6	证据与事实（Аргументы и Факты）	6 599.8	10.8	3	6 257.0	10.3	5
7	7 天（7 дней）	6 707.3	11.0	3	6 113.0	10.0	3
8	驾车（За рулем）	5 528.5	9.1	1	5 228.5	8.6	1
9	牧场（Толока）	5 673.0	9.3	20	4 758.4	7.8	18
10	大众报刊（Популярная пресса）	3 908.9	6.4	2	3 477.5	5.7	2

续表

序号	出版机构	2015 年 千人	比重 %	出版物数量	2016 年 千人	比重 %	出版物数量
11	普列斯—信使（Пресс-Курьер）	5 665.1	9.3	7	3 468.6	5.7	4
12	环球（Вокруг света）	3 787.2	6.2	1	3 415.6	5.6	1
13	艺术交流传媒集团（ACMG）	3 677.9	6.0	5	3 341.4	5.5	7
14	莫斯科共青团员报（Московский комсомолец）	3 629.6	6.0	6	3 252.2	5.3	4
15	孔利传媒（Конлига Медиа）	4 149.4	6.8	8	2 840.3	4.7	6

注：AIR——出版社全部出版物每期在 10 万及以上人口的城市中 16 岁及以上人群中拥有读者的平均数

资料来源：Mediascope、NRS，2015 年 5 月—2016 年 10 月

第一节 大型跨国传媒集团的融合发展情况

在俄罗斯，大型跨国传媒集团在俄分支机构借助多媒体平台拓展业务，以纸媒、互联网、手机等为载体推出印刷类大众传媒附加产品，拓宽了读者群体，增加了发行量，提高了广告吸引力，是大众传媒融合发展的标杆。

近年来，《大众传媒法》修正案（俄罗斯联邦法律第 305 号）对含有外资的大众传媒机构的业务开展产生了重大影响。该修正案于 2014 年 10 月 14 日通过，自 2016 年 1 月 1 日起生效，规定：外国公民和拥有双重国籍的俄罗斯公民不能成为俄罗斯联邦境内大众传媒的创办者；外资在俄罗斯大众传媒中所占比重不得超过 20%；含有外商投资的大众传媒要根据要求在 2016 年 2 月 1 日前完成调整；含有外商投资的大众传媒应在 2016 年 2 月 15 日前向联邦通信、信息技术与大众传媒监督局报送企业拥有者和创办者的信息，否则监督局将通过诉讼程序暂时中止大众传媒的活动。大型跨国传媒集团纷纷按照《大众传媒法》修正案的要求，在俄罗斯完成股权交易、资产调整和业务重组。具体情况如下。

一、赫斯特·什古廖夫集团

赫斯特·什古廖夫集团（HSP），前身是赫斯特媒体集团（HSM），是美国赫斯特集团在俄罗斯的分支机构。2015年8月赫斯特媒体集团在联邦税务局注册赫斯特·什古廖夫出版集团。股权的80%由集团主席B. M. 什古廖夫持有，另外20%由美国赫斯特集团持有。除国外合作伙伴不干涉编辑流程外，赫斯特媒体集团重新签订许可合同，其期刊编辑、印刷、发行权全部转归赫斯特·什古廖夫出版集团。赫斯特媒体集团的一千多创作人员也并入新集团旗下。集团在俄罗斯和其他独联体国家设立了71个地区分支机构，出版物每期发行量超过400万册，读者共计1 700万人；据谷歌分析统计，集团线上项目月均访问者超过7 300万。

按照《大众传媒法》修正案的要求完成调整后，经过原有业务的重组，目前赫斯特·什古廖夫集团主要分为三部分：赫斯特·什古廖夫出版公司，负责出版物生产和发行业务，旗下品牌有《世界时尚之苑》《世界时尚之苑·女孩》《世界时尚之苑·装潢》《马克西姆》《嘉人》《幸福父母》《心理月刊》《启程》《天线-7频道》《热门明星》《环球》《妇女日》等；赫斯特·什古廖夫媒体公司，负责广告销售、数字媒体运营、市场推广业务；赫斯特·什古廖夫数码公司，负责女性互联网平台集合"女性网络"、男性数字资源"男性网络"以及城市互联网平台集合"地区网络"的数字化建设。

赫斯特·什古廖夫数码公司主要情况如下："女性网络"包含 ELLE.ru、Wday.ru、StarHit.ru、MarieClaire.ru、ELLEGirl.ru、Parents.ru、PSYCHOLOGIES.ru、Woman.ru 等线上项目，是拥有读者最多的女性数字资源平台，月均访问者为4 600万。"男性网络"包含 MAXIMOnline.ru 和 VokrugSveta.ru 等线上项目，整合了最顶级的男性数字资源，月均访问者为500万。"地区网络"遍布俄罗斯40多个城市，月均访问者2 200万，旗下的城市互联网平台均纳入联邦广告网，广告公司由此获得更多的地区读者作为广告受众。

近年来，该集团通过内容数字化、兼并、收购大型网站等方式，不断加强数字出版业务。2016年该集团55%的利润来自传统出版业务，45%来自数字出版业务。

2014年，旗下纸质版杂志相继推出电子版，借助手机、互联网、社交网站等多媒体平台拓展业务。《幸福父母》杂志推出 iPad 和 iPhone 互动版本。《世界时尚之苑》《心理月刊》杂志可以在 Google Play 刊物上浏览安卓版。《马克西姆》杂志俄罗斯版采用新的经营模式，运用新的跨媒体解决方案，将杂志的纸质版和电子版团队结合起来。其精心打造的信息空间 Maxim Galaxy，包括以"马克西姆"命名的杂志、网站、电视、手机版以及 iPad 版等，全球用户超过600万。《热门明星》杂志通过 StarHit. ru 平台，向用户提供手机娱乐新闻，用户可以从杂志网站及其面向 iPhone、iPad 和 Android 系统的免费应用中获取娱乐信息，还可将信息分享给脸谱、链接、推特上的好友，发送至邮箱，建立筛选材料目录。

2015年6月，获得俄罗斯城市网站 Rugion 的控股权，由此集团的网站一跃成为俄罗斯各地区最大的网站。据专家估算，交易金额约为2 000万欧元。合并后，集团网站访问者增加了三分之一强，月访问者为5 000万人。2016年5月，收购互联网平台 Woman. ru。该平台是俄罗斯最受欢迎的女性互联网平台之一，月均访问者超过2 200万。据专家估算，此次收购额在3亿至5亿卢布之间。

2016年初，即将庆祝成立155周年的俄罗斯老牌出版机构——环球出版社宣布与赫斯特·什古廖夫集团进行合作，合作领域涉及期刊编辑、发行、广告和数字媒体运营等方面。环球出版社看重集团在纸质期刊品牌打造和数字媒体融合发展方面的经验，想借此推广自身的企业网站和期刊电子版。经过一年的协作，双方互惠互利，取得了良好的效果，希望进一步加强合作。

二、独立媒体出版社

独立媒体出版集团（Independent Media），1992年由以杰尔克·萨乌耶尔为首的荷兰投资团建立。2005年1月，欧洲顶尖媒体控股集团芬兰萨诺玛公司以1.42亿欧元收购了独立媒体公司全部股份，成立萨诺玛独立媒体公司。集团主要出版女性和男性时尚娱乐杂志，2012年集团新增商务杂志的出版。旗下有三家公司："联合媒体"（Юнайтед Пресс）负责图书和部分杂志出版；"潮流媒体"（Фэшн Пресс）与美国赫斯特媒集团合资，负责娱乐杂志出版；"商务新闻媒体"（Бизнес Ньюс Медиа），与英国培生公司和美国罗伯特·梅尔多克新闻公司合作，负责出版商务类书籍。

2013年9月，因经营情况恶化，萨诺玛独立媒体集团试图放弃在俄罗斯的媒体业务。2014年12月集团与美国赫斯特媒体集团达成协议，出售潮流媒体有限责任公司50%的股权。当时专家预计，交易金额约为5 000万欧元，交易完成后，赫斯特媒体集团将占据俄罗斯女性豪华杂志市场49%的份额和男性杂志市场44%的份额。但是，两家集团的交易申请未被俄罗斯反垄断局批准。2015年10月，莫斯科时报有限公司从联合媒体有限公司收购《男性健康》《女性健康》《国家地理（俄罗斯版）》《国家地理 旅行者》《农业投资者》《农业技术与工艺》杂志以及 Go Publishing 客户项目。截至2016年初，除拥有商务新闻媒体股份公司的股权和联合媒体有限责任公司100%的股权外，萨诺玛独立媒体集团拥有曼达多利（Mandadori）独立媒体有限责任公司以及潮流媒体有限责任公司50%的股权。

2016年5月，以"风险合伙人"（InVenture Partners）风险基金为代表的投资财团成立独立媒体出版社，将优质出版（Premium Publishing）、潮流媒体和优质独立媒体（Premium Independent Media）这些传媒公司的股权收归旗下，新成立的出版社80%的股权由俄罗斯人持有。目前，优质出版有限公司出版《大都会》《时尚芭莎》《时尚先生》《罗博报告（俄罗斯版）》《大众机械》《家园》等；优质独立媒体有限公司出版 Grazia；潮流媒体有限责任公司转为从事广告和发行等业务。

独立媒体出版社，目前在俄罗斯拥有读者量超过1 400万人，占俄罗斯期刊广告市场20%的份额，号称最早在俄罗斯采用数字出版技术的期刊出版商。早在2008年11月，集团就与联盟趣味交易商（UFT）公司合作发行《大都会》手机版，成为在俄罗斯面世的第一份手机版时尚杂志。用户用手机发送短信，即可收到 WAP 网址链接，打开链接后就可阅读该杂志。

三、博达出版社

博达出版社，1995年由德国赫伯特·博达传媒集团成立，是博达东欧公司的子公司，号称第一家面向俄罗斯读者用俄语出版的西方出版社。其前身是1987年由原苏联和德国的对外贸易出版社、安娜·博达出版社和费罗斯塔尔出版社共同创立的苏德合资的博达现代责任有限公司。2015年4月，博达出版社倡议建立珠穆朗玛峰文化（Эверест культура）有限责任公司，10%的股权由德国母公司持有，其他90%由俄罗斯子公司的会计师亚历山大·叶菲莫夫持有，同年11月，该倡议获得俄罗斯反垄断局批准，2016年9月完成股权变更。

1987年该公司首次出版了德国知名时尚杂志《博达》。这是苏联允许出版的第一本欧洲杂志。之后，在引进大量欧洲杂志的同时，公司也不断推出俄罗斯本土杂志品牌。其主要出版方向是女性杂志、男性杂志以及生活实用类杂志。自2002年起，博达出版社开始在俄罗斯出版世界知名的《花花公子》杂志，并且首次在俄罗斯出版"迷你"系列女性杂志。2006年开始出版汽车杂志《车王》。2009年，公司旗下品牌《休息吧》《好建议 我爱烹饪》《博达》《丽莎 我的孩子》被媒体评为畅销杂志。据统计，博达出版社1995—2003年平均资金流转量为1亿—1.1亿美元，其中广告收入为2 780万美元。2012年，其主流杂志《博达》发行量为46万册。目前，博达出版社共出版84种期刊以及41种自有品牌的专刊，拥有庞大的读者群，业已成为俄罗斯期刊市场的领导者。据Mediascope统计，超过3 520万人阅读博达出版社的杂志。据特恩斯市场研究公司（TNS）俄罗斯调查分公司统计，在印刷类大众传媒中，博达出版社是目前拥有读者数量最多的出版机构。

博达出版社积极投资运营创新性数字化项目，2014年在俄罗斯推出了一个全球数字化平台Glam Media（www.glamrussia.com）。博达出版社的360°项目是出版机构跨媒体运作的典型案例。该项目除了推出纸质杂志及其附加产品外，还组织一系列的活动，进行个人定制出版，发展数字资源，提供线上服务，开展互联网贸易，从事大众传媒批发业务，在旗下零售店出售商品，参加电视节目，运用室外广告等。

四、艺术交流传媒集团

艺术交流传媒集团（Artcom Media Group），2008年成立，隶属艺术交易集团（Art Trading Group），在柏林、米兰、莫斯科和巴黎设有分支机构。2015年秋，根据《大众传媒法》修正案的要求进行调整后，该集团在俄罗斯的子公司主要由出版部、广告部和活动部三部分组成。出版部主要出版下列世界知名杂志品牌的俄罗斯版：《福布斯》《福布斯生活》《福布斯女人》《大都市》《巴黎时装公报》《巴黎时装公报 旅行》《德国国家地理》《高尔夫文摘》《设计时代》《室内设计》《GALA传记》、Port、SNC、OK! 等。

打造新媒体是艺术交流传媒集团的重要业务方向。集团数字出版部门拥有员工 500 余人，每年推出超过 200 个数字出版项目，约 3 000 万俄罗斯用户使用相关线上产品。近年来推出的世界知名杂志的俄罗斯网站有 Forbes.ru、sncmedia.ru、ok-magazine.ru、trendspace.ru、portmagazine.ru、golfdigest.ru、russiandesignhub.ru 等。此外，还提供集团出版的各类杂志的数字版本和手机应用，推出 BrandVoice，开办新式新闻学学校，等等。

第二节　俄罗斯本土出版机构的融合发展情况

面对大众传媒融合发展的大潮，俄罗斯本土出版机构也积极响应。俄罗斯商业咨询集团公司、《莫斯科共青团报》传媒控股公司、驾车杂志社、7 天杂志社是较为积极的市场参与者。他们积极尝试各类跨媒体解决方案，取得了不错的效果。

一、俄罗斯商业咨询集团公司

俄罗斯商业咨询集团公司（РБК）1993 年成立，为俄罗斯大型传媒控股公司，涉足互联网、电视、期刊行业，致力于向广大受众提供各类商业信息和服务，为客户的职业发展和业务开展提供信息经验交流和知识获取平台。2016 年公司总收入 55.82 亿卢布，同比增加 10%。公司业务主要有以下几部分构成：B2C 信息与服务，包括网站、电视频道、报纸和杂志；主题项目包括不动产、汽车资讯、风尚、体育、市场调查、会展等板块。公司一半以上的收入来自 B2C 信息与服务。近年来，公司持续发展手机媒体产品。2015 年公司手机广告收入同比增加 65%，2016 年同比增加 273%。2016 年，公司手机读者占据市场份额由上一年的 29% 增至 34%。

公司于 1995 年建立俄罗斯商业咨询网站 rbc.ru。目前，该网站业已成为俄罗斯线上商业资源领域的领军者。截至 2014 年 9 月，网站拥有使用者 1 250 万人。此外，公司旗下还有金融分析网站 lf.rbc.ru、体育资讯网站 sport.rbc.ru、不动产资讯网站 realty.rbc.ru、生活资讯网站 style.rbc.ru、汽车资讯网站

autonews. ru、高新技术网站 cnews. ru。

公司于2003年推出俄罗斯商业咨询电视频道。该频道是俄罗斯唯一的商业类频道，装备有现代的录播系统和数字化设备，在莫斯科和圣彼得堡设有远程演播室，在纽约设有记者站，节目在独联体、波罗的海、西欧、北非、近东和中亚的国家进行转播。据 Mediascope 统计，2016年下半年该频道在俄罗斯每月观众达1 700万人。目前，该频道在俄罗斯技术覆盖人口超过9 000万人。

2006年，因广告投放需求增加，公司推出以俄罗斯商业咨询命名的报纸和月刊。上述报刊很快占据了商业类期刊市场的主导地位。据特恩斯市场研究公司统计，2014年5月至7月在莫斯科《俄罗斯商业咨询报》每期月均读者11.7万人，《俄罗斯商业咨询杂志》每期月均读者40.2万人；《俄罗斯商业咨询杂志》是俄罗斯排名第二受欢迎的商业类杂志，每期平均读者101.3万人。据 Mediascope 统计，2016年下半年上述报刊在俄罗斯每月读者为180万人。据业内人士反映，2016年公司有意出售媒体部分股权，但几位主编的离职影响了相关谈判的进行。据称，2017年4月公司恢复了上述谈判。

此外，公司还组织一些商业会展，颁发相关奖项。旗下俄罗斯中心集团（RU-CENTER Group）占据俄罗斯域名注册市场份额的50%以上，占据俄罗斯主机服务市场份额的27%以上。公司还提供非商业类互联网项目和服务，其中较大的网站有 qip. ru 平台、smotri. com 视频服务网站和 loveplanet. ru 交友网站。

二、《莫斯科共青团报》传媒控股公司

《莫斯科共青团报》（Московский комсомолец），1919年12月11日创刊，最初名为《青年社员报》，为社会政治类日报，苏联解体后改为每周一至周六出版。1991年9月之前，该报一直由全俄列宁共产主义青年团委员会莫斯科州委员会和莫斯科市委员会联合主办。20世纪90年代报纸更名为《莫斯科通讯报》，90年代中期成立传媒控股公司。

除《莫斯科共青团报》，公司旗下还有一系列每周出版的副刊：《莫斯科共青团报 俄罗斯地区周报》，每周三出版；《莫斯科共青团报 周六周日刊》，2008年前为《莫斯科共青团报 周日刊》；《莫斯科共青团报 林荫道》为电视节目导视；《莫斯科共青团报 汽车》，2011年推出相关网站，自2013年起转为线上出版，更名为《汽车观察》；《父母之家》。

此外，公司还出版面向狩猎者的出版物和女性出版物。自 2003 年 5 月出版《狩猎与钓鱼 21 世纪》杂志和《俄罗斯狩猎报》。公司出版的狩猎类出版物《马格努姆》《猎狗》《自然与狩猎》《收获颇丰的狩猎者》，后来成为《狩猎与钓鱼 21 世纪》杂志的一部分。自 2001 年起，与法国 Aguesseau Communication 公司合作，出版《氛围》杂志，自 2005 年起出版《美丽氛围》杂志。2011 年推出狩猎相关网站 Охотники. py，2012 年推出女性杂志网站 WomanHit. ru。

2016 年，《莫斯科共青团报》传媒控股公司在俄罗斯互联网大众传媒市场上处于领先地位，其广告额较 2015 年增长了 36%。公司旗下有汽车观点、女性热点、狩猎等专门网站，2016 年月均访问者为 400 万人。2016 年公司新推出了萨马拉、乌里扬诺夫斯克、萨兰斯克、普斯科夫和雅库斯克 5 个地区项目，54 名相关工作人员进行相关网络运营维护工作。2016 年 7 月，公司推出了"健康在线"平台。访问者在该平台上不仅能获取医学方面的资讯，而且还能检索和预约莫斯科最好的大夫。平台上设有自我诊断板块，由 40 多名有经验的大夫在线提供服务。

三、驾车杂志社

《驾车》（За рулем）杂志 1928 年创刊，旨在向最广大的劳动群众普及汽车相关知识，1989 年以前是苏联唯一的一份与汽车有关的大众普及类期刊。20 世纪 80 年代末，该杂志发行量达 450 万册。

2009 年 8 月，杂志推出新的网站，除囊括《驾车》杂志、《驾车报》、《买车吧》杂志、《摩托》杂志、《航程》杂志的内容外，还拥有专业编辑团队撰写的原创内容。自 2011 年秋，在 www.zr.ru 网站上可以浏览创刊以来的全部《驾车》杂志。

2013 年 4 月，杂志创刊 85 周年之际，推出了《驾车》《摩托》《航程》杂志的 iPad 版，以及针对安卓系统的《摩托》数字版。自 2013 年 1 月起杂志采用增强现实技术（Augmented Reality），每期杂志至少 10 篇文章采用这项技术。该社的数字杂志在苹果商店（App Store）和谷歌市场免费和付费应用排行中均位居前列。

2014 年 10 月，《驾车》杂志第一千期问世，其 iPad 版本可在苹果商店中浏览。在杂志纪念版页面上可以跟往常一样用智能手机或平板电脑扫描后免费获取该杂志的副刊。在杂志纪念专刊上，跟之前一样，可以用智能手机和平板电脑观看一些图片或视频材料，以 3D 效果欣赏日产探路者汽车，直接链接巴黎国际车展，在手机上阅读杂志副刊《驾车 AR》。

四、7 天杂志社

7 天（Семь Дней）杂志社于 1995 年 10 月成立，隶属俄罗斯天然气工业传媒控股公司，在俄罗斯印刷类大众传媒市场上占据主导地位，杂志总印数约 6 000 万册。该社出版《7 天电视节目》《故事大篷车》和《故事大篷车精选》杂志。2012 年 5 月推出《故事大篷车》和《故事大篷车精选》杂志的平板电脑版。2013 年上述应用在苹果商店的报刊亭、娱乐类别销售榜单中名列前茅，在苹果商店俄罗斯版块中进入前 15 强。

以上是对俄罗斯外资和本土大众传媒机构融合发展的简要介绍。但是，印刷类大众传媒在俄罗斯的融合发展并非顺风顺水。一些期刊在全面转型为电子版本后发展不畅，甚至导致停刊。而一些印刷类大众传媒虽未推出电子版本，但发行效果却并未受到影响。鲍尔传媒集团就是传统纸质期刊出版机构成功运作的典型案例。该集团号称俄罗斯最大的大众需求类期刊出版机构。2016 年杂志发行量超过 8 200 万册，发行额超过 12 亿卢布，每期读者超过 1 100 万人，其中 750 万为女性读者。

年度热点观察篇

第二十三章 融合中的中国传媒业

郭全中[①]

2016年,传媒业正在融合:相关主管部门大力支持党报党刊;供给侧改革加快,停刊停播则成为新常态;中央厨房处处冒烟,但实际效果难以保证;广东传媒业改革再出发;进一步借助资本市场转型,大数据提前布局;特殊管理股提上议事日程。

第一节 党报、党刊得益于政策等红利而逆势飞扬

近些年来尤其是2016年以来,在传统媒体收入大幅度下滑的背景下,各级党委和政府为了保障传统媒体更好地做好舆论引导工作,在财政补贴、政策红利等方面给予了一定的支持,而且党报党刊也通过"一升一降"等创新措施实现了自身的逆势上涨。

一、各级财政对党报党刊等进行了财政补贴

首先,在中央级媒体方面,2014年8月18日中央提出媒体融合之后,中央财政给予了更多的财政拨款,此外中宣部、中央文资办的各项专项资金也给予了更多支持。

其次,在区域媒体方面,上海市、广东省、重庆市、四川省、河北省等地给予财政补贴。一是从2012年上海报业开始改革时,上海市委、市政府每年给予《解放日报》和《文汇报》5千万元。二是从2013年开始,广东省委、

[①] 郭全中,国家行政学院社会和文化教研部高级经济师。

省政府每年拿出1.5亿元现金，其中给予《南方日报》7千万元、《羊城晚报》5千万元，广东电视台3千万元，连给3年。2016年开始，财政补贴增加到每年2亿元，其中给予《南方日报》1亿元，《羊城晚报》6千万元，广东电视台4千万元。三是2015年广州市市委市政府支持广州日报社3.5亿元。2016年12月14日晚，粤传媒发布公告称，其全资子公司广州日报报业经营有限公司于当日收到《广州市财政局关于下达支持党报媒体发展资金的通知》：安排3.5亿元人民币支持党报媒体发展资金，用于《广州日报》的印刷、发行支出。四是从2016年开始，深圳市委市政府每年各给深圳特区报业集团和深圳广播电视台1亿元现金，用于支持他们的新媒体发展，连给六年。五是重庆市委市政府每年给予重庆日报社财政拨款1亿元。六是珠海市委市政府每年给珠海特区报社3000万元资金支持。七是河北省出台相关政策要求各级财政资助各级媒体，当然重点是支持当地的党报党刊。

第三，财政出资购买党报等。一是吉林省、内蒙古自治区等由省级财政直接出资购买省级党报再免费分发给相关人员，而不是由党报社自己负责党报发行工作；二是重庆市由重庆市财政局出资购买10万份《重庆日报》免费发给相关人员；三是上海市委市政府由上海市财政局出资购买10万份《上海观察》的电子版，再免费分发给相关人员。

二、给予各类优惠政策

首先，给予党报集团税收、资源等各种优惠政策。一是在税收方面，各级政府对转企改制之后的文化企业采取减免所得税的措施，时间到2018年12月31日；二是重庆市委市政府对重庆日报报业集团的营业税、增值税、所得税等所有税收采取先征后返的方式进行全部返还；三是山东等地区对传媒单位的划拨地以转增注册资本金的方式转变为商业用地，这能够在很大程度上提高传媒单位的资本实力；四是云南省等地区把优质旅游资源交给传媒单位进行运营；五是在数据资源上给予大力支持。

三、党报党刊充分利用政策优势采取"一升一降"的方式创新经营

首先，党报党刊的发行属于行政指令性发行范畴，尤其是在党费足额收取

之后，购买党报的财力大幅度提升，各级党报党刊纷纷通过提高发行价格的方式来实现发行大规模盈利。我国报纸的发行价格与国外发达国家尤其是日本相比普遍较低，发行出现严重"倒挂"现象，这就导致其盈利模式存在过于依赖广告的问题，而党报党刊利用政策优势提高发行价格就能摆脱发行"倒挂"的窘境。例如，某地地市级党报的发行量为20万份，发行价格为每年200元/份，发行费率为50%，则其发行收入为2 000万元，而如果发行价格提高到每年400元/份，发行费率降到30%，则其发行收入将为5 600万元，而这增加的3 600万元基本上是净利润。目前，无论是中央级的《光明日报》，还是省级的《南方日报》等，纷纷采取提价增质的措施来创新经营，当然地市级报社更是纷纷提价。

其次，降低无效版面。报纸要实现盈利，一定要保证30%以上的广告占版率，但是由于各级党报在上一轮的"厚报"运动中也纷纷增加版面，在广告投放下降的情况下，已经难以保障基本的广告占版率。为了更好地节流，各级党报纷纷通过降低无效版面的方式来节省投入。

第三，利用好"八项规定"带来的政策利好。"八项规定"导致各级政府之前大操大办的晚会等项目不能继续，由于我国财政管理的刚性约束，这部分资金就必须另寻出口，否则就可能导致自己手中的财权大大缩水。这种情况下，各级政府就把这笔钱花在党报党刊的专版上进行形象宣传，虽然党报党刊的商业广告大幅度降低，但是政府形象广告的增长不仅能够弥补这部分下滑而且能够实现逆势上扬。

但是也必须清楚的是，这种财政补贴的包养方式并不能从根本上解决党报党刊的发展难题，虽然能在一定时期内保障党报党刊的低水平维持，但是也将极大地降低党报党刊的核心竞争力。

第二节　供给侧改革积极推进

一、不少传统媒体停刊和停播、供给侧改革快速推进

2016年，传统媒体的崩盘速度加快，连号称要做百年大报的《京华时报》

都停出纸质版而只出新媒体版,除了报纸,杂志和电视也难逃厄运,具体见表23-1。而重庆日报报业集团更是推出供给侧改革大动作,宣布将把其旗下的《重庆晚报》《重庆晨报》《重庆商报》三家都市类子报进行合并,先合并经营后勤业务,然后合并采编业务。必须指出的是,将有越来越多的传统媒体难以为继,关停并转将成为新常态。

表23-1 2016年停刊以及拟停刊的传统媒体

名称	所属行业	所属单位	创立时间	停刊时间	备注
京华时报	报业	北京市委宣传部	2001年5月28日	2017年1月1日	改出新媒体版
东方早报	报业	上海报业集团	2003年	2017年1月1日	员工整体转入澎湃新闻网
太阳报	报业	香港东方报业集团	1999年3月14日	2016年4月1日	——
九江晨报	报业	九江日报社	2010年10月11日	2016年4月1日	
今日早报	报业	浙江日报报业集团	2000年	2016年1月1日	
河南青年报	报业	河南省共青团	1949年6月	2016年9月27日	
时代商报	报业	辽宁日报报业集团	2005年5月1日	2016年8月31日	
伊周FEMINA(拟)	期刊业	赫斯特中国	2008年5月	2017年1月	曾经是全国发行量最大的女性时尚周刊
芭莎艺术	期刊业	Harper's BAZAAR	2011年	2016年7月底	转型新媒体
新视线	期刊业	现代传播集团	2002年4月	2016年7月底	
大众软件	期刊业	中国科技情报学会	1995年	2016年底	

续表

名称	所属行业	所属单位	创立时间	停刊时间	备注
香港亚洲电视	电视业	香港亚洲电视	1957年5月29日启播	2016年4月2日	亚视前身为"丽的映声"及"丽的电视",1973年4月6日由收费电视转为免费电视,1982年9月24日正式更名为"亚洲电视"。
华娱卫视	电视业	TOM集团	1994年	2016年年底	创立11年,亏损6亿元
深圳广电集团法治频道	电视业	深圳广电集团	——	2016年9月16日	

资料来源：根据网络资料整理

二、关停并转、互联网+是传媒业供给侧改革的核心

所谓供给侧改革，是指从供给、生产端入手，通过劳动力、土地、资本和创新等生产要素的优化配置，来达到调整和优化经济结构，更好地满足用户需求的目的。对应到传媒业，供给侧改革则是根据用户的需求变化，淘汰落后产能，创新媒体形式。简而言之，其核心是关停并转传统媒体等落后产能，向互联网彻底转型来实现新生。

首先，同质化的市场化传统媒体已经成为落后产能。改革开放之后，伴随我国经济的快速发展和社会的全面进步，我国的市场化传统媒体快速发展，很好地满足了受众的精神文化需求。而近几年来，由于互联网媒体的快速发展，受众大量转移到互联网上成为互联网媒体的用户，传统媒体的数量就显得过多、过滥，很多传统媒体已经沦为彻头彻尾的落后产能。以报业为例，根据国家新闻出版广电总局发布的《2016年新闻出版业产业分析报告》，截至2016年底，我国有100 084种期刊，1 894种报纸，供给已经严重过剩，不少已经成为落后产能，亟须关停并转。目前，重庆、广州、深圳、杭州、成都、武汉、南京等城市存在大量同质化的都市类报纸，大家为了争取越来越小的市场而陷入恶性竞争。报业如此，广电业亦如此！

其次，积极向互联网转型是本质。传统媒体深陷困境的根源是用户连接失效，而要重建辉煌，就必须通过互联网转型来重建用户连接。根据 CNNIC 近日发布的《第 40 次中国互联网络发展统计报告》显示，截至 2017 年 6 月底，我国网民数量为 7.51 亿，占全球网民总数的五分之一，互联网普及率为 54.3%；手机网民为 7.24 亿，互联网渗透率为 96.3%。可以看出，用户已经转移到互联网尤其是移动互联网主战场上，这就给传统媒体带来了严峻的挑战，传统媒体的困境在于绝大多数传统媒体需要互联网媒体而不是传统媒体！在这种情况下，传统媒体就必须积极向互联网转型，真正做到"用户在哪里，我们就应该去哪里，用户需要什么，我们就应该提供什么"。

三、市场化媒体难以为继是供给侧改革的大背景

2012 年以来，在互联网媒体的剧烈冲击下，我国市场化媒体尤其是市场化报纸开始出现断崖式下滑，目前绝大多数已经深陷困境、严重亏损。2016 年，阿里巴巴的广告收入超过 800 亿元，百度的广告收入近 700 亿元，都远远超过中国所有报纸的广告收入之和。根据笔者自己近几年的调研，无论是沿海发达地区、中部地区，还是西部不发达地区的市场化报纸，市场化报纸的发行量、广告量都在大幅度下降，有些都市类报纸的广告收入出现腰斩甚至有的下滑到之前的五分之一。

在传统媒体市场份额大幅度下滑的同时，出现了骨干流失和恶性竞争的恶性循环。一方面，人往高处走，水往低处流。由于事业平台影响力和薪酬水平的双重下滑，传统媒体的吸引力大大下滑，大量骨干快速流失，或者跳槽到互联网媒体或者创业；另一方面，由于市场规模萎缩，现有传统媒体之间的竞争日益恶化，市场秩序混乱，进一步恶化了市场化报纸的外部环境。这种恶性循环也进一步加剧了传统媒体的困境。

而未来一定时间内，一城一报是趋势。在报业市场繁荣时，一城出现多张市场化报纸是正常的，而当市场萧条时，通过关停并转，实现市场化报纸的一城一报不仅是趋势而且是必然。当然，时间再往后推移，可能一城一报的格局都会打破，有些城市将只存在党报而不再需要都市类报纸。毫无疑问，在当前的情况下，市场化媒体尤其是市场化报纸合并就是大势所趋，合并是市场规律和市场的必然选择。

四、合并有利于互联网转型

合并有利于开源节流，为互联网转型提供更多的资金。在节流方面，当报业广告市场大幅度下滑的大势已定的背景下，整合同质化的报纸无疑能够节省大量的资金：能够大大降低印刷和发行成本；有效降低管理等保障成本；合理降低人员成本。在开源方面，合并有利于在当地形成更强的信息垄断地位，能够提升对互联网媒体的议价能力，获得较多的版权溢价。

合并有利于传统媒体的用户聚合。当前，传统媒体在转型时，采取的是"村村开火、户户冒烟"的转型模式，所有的市场化报纸都打造了属于自己的PC 互联网、两微一端等等，但是并没有有效地留存用户，这显然不符合互联网媒体的发展规律。互联网的梅特卡夫定律指出，互联网媒体的价值与用户的平方成正比，而通过合并市场化报纸，整合其旗下的用户资源，则能够更好地实现用户的商业价值变现。正所谓，好钢一定要用到刀刃上，伤其十指不如合力断其一指，合并绝对有利于互联网转型。

第三节　中央厨房处处"冒烟"

去年，全国各地的传统媒体都在大力兴建中央厨房，但是绝大多数中央厨房变成了"节庆厨房"，成了摆设，而实际效果却大打折扣。要建立起切实可用的中央厨房，关键要遵循六大原则。

一、以采编流程重构为前提

当前，我国传统媒体建设的"中央厨房"存在的最大问题是不能常态化运作，只能当领导人视察或者两会等重大事件发生时才能真正起到作用，导致沦为"节庆厨房"。当然"中央厨房"不是不能常态化运作，而是传统媒体没有作好前期的准备工作，即没有进行采编流程的彻底重构和优化，结果只有依靠传统媒体的主要领导协调才能统一调配各部门协同运作。因此，中央厨房的建设是首先对采编流程进行制度化重构和优化，使得其能够不依附主要领导的协调而能够自动运作，否则只能沦为花架子的形象工程。

而要彻底重构和优化采编流程，一方面需要全员转变观念，破除传统媒体人长期的纸媒路径依赖症，另一方面需要打破现有的采编利益格局，而这都需要主导者具有极大的决心和魄力。这事必须是一把手工程，但是很多传统媒体尤其是传统媒体集团的一把手要么对中央厨房的认识不到位，以为只要花钱搭建起这套设施就万事大吉了，要么当老好人为了一团和气而不愿意得罪人。

二、以底层架构统一为标准

传统媒体尤其是具有一定规模的传统媒体，其互联网媒体及技术平台的建设长期以来采取的是"村村点火、户户冒烟"的方式，传统媒体旗下的所有媒体都"麻雀虽小五脏俱全"，各类互联网媒体及平台成为标配，不仅高度同质化难以形成有效的协同，而且技术标准都不同，更难以在需要整合的时候进行有效整合。

传统媒体的互联网探索应采取统分结合的方式，即底层架构必须统一而应用层可以根据自身的特色分别探索。如果底层架构不统一，不仅难以搭建起真正的用户沉淀平台，更难以充分发挥互联网的梅特卡夫定律，即网络的价值与网络使用者数量的平方成正比，最后只能落得个互相指责的结局。

三、以互联网为主体

实践已经充分证明，传统媒体的快速衰落不可避免，互联网尤其智能媒体才是未来，才是方向，因此在搭建"中央厨房"时绝不能以传统媒体为主体，把提升和优化传统媒体作为目的，而应该以进行更好的互联网探索为目的，按照互联网的规律进行构建。但是在实践中，在传统媒体中，由于传统媒体从业人员尚处于主体并具有很强的话语权，导致融媒中心的建设仍然是以传统媒体为主体，而不是为了更好的互联网探索，这样的结果只能是"新瓶装旧酒、换汤不换药"。

四、以用户沉淀为目的

传统媒体有用户吗？根本没有用户，而只有受众！用户和受众的区别是什么？用户是在线的，受众是不在线的，用户是可以精准画像的，而受众是不可精准画像的。所以，用户是可以紧密互动的且具有很高的商业价值的，而受众是不能高度互动的、商业价值也偏低。

互联网思维的本质是"用户体验为王"，互联网媒体发展的根本就是巨量的用户，只要能够获得巨量的用户并服务好这些用户，就能找寻到商业模式和盈利模式。对于没有用户的传统媒体来说，首要的工作就是树立起"用户体验为王"的意识，想方设法利用各种技术来一个一个地沉淀用户。

五、以互联网新产品为结果

用户沉淀不是最终目的，最终结果必须能够拿出来用户满意且具有盈利模式的互联网新产品。传统媒体虽然也出了很多互联网新产品，但是基本上是废品，根本原因是传统媒体路径依赖症的"内容+"，基本上难以实现可持续的、大规模盈利。

如何打造互联网新产品，一要深刻理解自身沉淀的用户需求，从用户痛点出发；二要从市场需求出发，真正具有市场前景，而不是拍脑袋的"闭门造车"；三要实现业务人员和技术人员的"混""通"，唯有混、通，才能真正理解如何借助新技术来创新业务，打造互联网新产品。

六、以三大平台建设为抓手

那么，融媒中心到底应该如何建？就是利用大数据和人工智能技术来搭建大数据资源和技术平台、智能生产和传播平台和用户沉淀平台三大平台。

首先，大数据资源和技术平台，能够把之前和当前生产的内容数字化之后再数据化，即对内容进行科学的标签化，使得数据化后的内容能够有效、方便地智能匹配给采编人员和用户。

其次，智能生产和传播平台，实现了内容生产和传播的智能化，完全包含中央厨房的功能并且使得中央厨房的常态化运作。智能生产和传播平台对采编流程进行了彻底重构，并建立起科学合理的评价评估及反馈机制。

第三，用户沉淀平台，在建立起用户标签化体系的基础上，通过数据化内容和用户个性化需求的智能化匹配，实现用户的沉淀，并在用户沉淀的基础上，根据用户的需求而设计新的数据产品，进而探讨新的商业模式和盈利模式。

第四节　出现了一些现象级传播产品，但却缺乏用户沉淀

一、出现了一些亿级以上的爆款产品

2016年以来，传统媒体加强策划，积极借助互联网的传播手段，打造了一些现象级的传播作品，具体见表23-2。

表23-2　2016年至今媒体融合"爆款"产品

作品名称	出品单位	出品时间	点击量
穿越时光，这是我保家卫国的样子	人民日报客户端	2017年7月29日	10.4亿+
"一带一路"微视频《大道之行》	新华社	2017年5月12日	5亿+
2017年征兵宣传片《中国力量》	中国军网	2017年5月4日	2亿+
系列微视频《初心》	央视	2017年3月18日	12.36亿+
AR创意动画短剧《"剧透"2017年全国两会》	人民网	2017年3月1日	1亿+
歌曲《厉害了，我们的2016年！》	央视网	2017年1月29日	1亿+
微视频《最牵挂的人》	人民日报	2017年1月29日	11.4亿+
微纪录片《小账本连着大情怀》	新华社	2017年1月28日	6.7亿+
全媒报道《开往春天的扶贫列车》	新华社	2017年1月22日	1亿+
微视频《习近平总书记的一天》	"央视新闻"新媒体	2016年11月15日	1.2亿+
图片报道《中国一点都不能少》	人民日报新媒体中心	2016年7月11日	2.6亿+
沙画《不忘初心　砥柱中流》	朝阳工作室	2016年7月10日	2亿+
微电影《红色气质》	新华社	2016年6月20日	2亿+
2016征兵宣传片《战斗宣言》	中国军网	2016年4月28日	2.6亿+
H5《习近平元宵节问候》	人民日报客户端	2016年2月19日	2.5亿+

资料来源：网络传播：必看！媒体融合这三年，15款点击过亿的"爆款"产品回溯

二、用户连接能力不足

传统媒体深陷困境的根源是用户连接失效，媒体融合的目的是重建用户连接。虽然传统媒体借助新媒体，通过策划打造了十多款传播量过亿的现象级产品，但是由于没有有意识地去进行用户沉淀，导致用户转化率很低，更谈不上重建用户连接。

第五节 特殊管理股开始试点

早在2013年，党的十八届三中全会《中共中央关于全面深化改革若干重大问题的决定》就提出，要对按规定转制的重要国有传媒企业探索实行特殊管理股制度，此后2014年2月，中央全面深化改革领导小组第二次会议审议通过的《深化文化体制改革实施方案》把在传媒企业实行特殊管理股制度试点列为2014年工作要点，2015年8月，《中共中央、国务院关于深化国有企业改革的指导意见》提出推进公司制股份制改革，允许将部分国有资本转化为优先股，在少数特定领域探索建立国家特殊管理股制度。但是令人遗憾的是，听到楼梯响但未见人下来，特殊管理股迟迟没有落地。而近日人民网拟参股北京铁血科技公司应该是特殊管理股的试点，我们可以通过该案例来看看特殊管理股如何落地。

一、试点范围

由于已经在国外资本市场或者香港资本市场上市的互联网公司有大量的外国股东，一方面在这样的互联网公司推行特殊管理股会引起较大的国际影响，另一方面这些互联网公司的市值都很大，也需要耗费大量的资金，如阿里巴巴、腾讯控股的市值高达几千亿美元，即使1%的股权也需要几十亿美元，耗资巨大。因此，这些互联网公司暂时不会纳入特殊管理股范围内。

基于此，特殊管理股的试点范围将是未上市的互联网公司以及在国内上市或者在新三板挂牌的互联网公司，未上市的互联网公司如一点资讯等，在新三板挂牌的互联网公司如这次人民网参股的北京铁血科技股份公司等。

二、持股比例及持股方式

在持股比例方面，基本借鉴的是英国"金股"制度，一般为1%—1.5%。在该案例中，人民网将以7.89元/股的价格，认购铁血科技发行的91.33万股非限售流通股股票，总计约720万元，占发行后铁血科技总股本的1.5%。而对于规模较大的互联网公司，持股比例应该在1%左右。

在持股方式方面，小互联网公司由国有传统媒体直接持股，如该案例中由人民网直接持股铁血社区；而对于规模较大的大互联网公司则需要组建相应的投资公司来持股。由于大互联网公司市值高，由传统媒体直接投资持股的方式就难以实施。如果市值为500亿元，即使1%也需要5亿元的投资，这就需要组建投资公司来投资。

三、监管方式

特殊管理股制度的本质是既要做好管控又要促进互联网公司的科学发展，这就需要通过互联网公司的治理机制来建立起合理的监管方式。

在董事会方面，由投资方派出一名特别董事。在该案例中，人民网将向铁血科技推荐一名董事，经铁血科技股东大会选举产生。

在总编辑方面，为了保证正确的舆论导向，互联网公司必须设立总编辑一职，投资方派出的董事对于总编辑有"一票否决权"。在该案例中，铁血科技将设总编辑一名，列入高级管理人员名单。

四、内容审核

为了保证正确的舆论导向，就必须进行内容审核，而内容审核是个高风险行业，需要耗费大量的人力物力。如果没有相应的物质激励是不会有人愿意去持股互联网公司而承担内容审核职能的，则特殊管理股更难以落地。物质激励无非有两种安排，一种是直接给予投资公司内容审核费，另一种是相对低的价格给予投资公司一定的股权，而且这种股权能够相对容易地进行交易。

为了更好地进行内容审核，互联网公司的内容审核应由投资公司负责，对于具有内容审核能力的投资公司由投资公司负责，对于没有内容审核能力的专门投资公司则由特别董事担任内容首席风险官，负责领导内容审核。在该案例中，由于人民网具有很强的内容审核能力，铁血科技将与人民网签署内容审核服务合同，由人民网负责铁血科技的内容审核工作。

在补偿内容审核公司方面，由于内容审核需要耗费大量的人力物力，应由互联网公司向投资公司支付内容审核费用。在该案例中，由于投资公司是按照市场价格进行投资，且持股比例很低又不能随意减持，所以采取铁血科技支付相应的内容审核费用的办法。

特殊管理股制度在互联网公司试点无疑开了一个好头，但我们更希望未来能在传统媒体进行落地开花，为传统媒体的转型提供更好的制度保障。

第六节　广东传媒业改革再出发

改革开放之初，引领全国改革创新的广东省开风气之先，其传媒业的改革与发展也在全国处于前列。1996年广州日报报业集团成立成为全国第一家传媒集团，南方报业传媒集团、羊城晚报报业集团和深圳报业集团在全国传媒业都处于全国领先水平。但是自2012年以来，上海和浙江省传媒业锐意创新，在资本运作、经营管理等方面全面领先广东省传媒业。2015年以来，在广东省省委常委、宣传部长慎海雄的力推下，广东传媒业不断推出大手笔的改革措施，迎来新一轮改革期。

一、采取"媒体＋金融"的发展战略

媒体融合和转型是一个需要大投入和长期投入的、复杂的系统化工程，必须以足够的资金为前提，而这就需要玩转资本，采取"媒体＋进入"的发展战略。近两年来，广东省的"媒体＋金融"战略动作频频，取得了良好的效果。

首先，先后设立两只百亿量级的媒体融合发展基金并投入实质性运作。2016年3月，广东南方媒体融合发展投资基金在广州成立，总规模100亿元，首期规模为10.6亿元；2016年7月，新媒体产业基金成立，是经广东省政府

批准，由广东省委宣传部、省财政厅联合发起设立的政府投资基金。基金由广东省财政出资 10 亿元引导，吸引金融机构等社会资金参与，募集目标规模 100 亿元以上。

其次，推动珠江电影集团与广州越秀集团联合发起设立"珠影越秀影视文化产业发展投资基金"。2016 年 4 月，广州越秀产业投资基金管理股份有限公司与珠江电影集团有限公司成立珠影越秀影视文化产业发展投资基金，基金目标总金额 50 亿元人民币，其中首期募集 5 亿元人民币。

第三，广东省委宣传部又与上海浦发银行签署了《"文化+金融"战略合作协议》，浦发银行将向广东文化企业及文化产业集团提供不低于人民币 500 亿元的意向性投融资额度。

第四，南方传媒作为猴年 A 股第一股在上交所挂牌，为南方出版传媒集团的融合转型提供了有效的直接融资通道。

二、成立南方财经全媒体集团

在我国由于"属地化管理"政策导致传统媒体的区域化分割和行业化分割，很难形成跨行业、跨区域的大型传媒集团。而南方财经传媒全媒体集团作为经中央批准的跨报刊业和广电业的传媒集团，重组了属于报刊业的南方报业传媒集团和属于广电业的广东广播电视台旗下最为优质的财经媒体资源，旗下媒体业务资源有：《21 世纪经济报道》《投资快报》《城市画报》《21 世纪商业评论》《快公司》等平面媒体，经济科教频道、股市广播频率等广电媒体，21 经济网、财富动力网、21 财搜网等互联网媒体，21 世纪经济报道 APP、21 世纪社交媒体矩阵等移动媒体；数据业务资源包括：飞笛资讯、财经极客、新三板资讯平台、21 世纪经济研究院等；交易业务资源包括：文化交易平台、文化财产保险、越声理财、起航基金、投资通、证券咨询牌照等。

第七节 资本运作方式多元化，积极布局大数据产业

2016 年，相比于之前的年份，我国传媒业的资本运作方式更为丰富，主要

有直接上市融资,海外上市公司从国外资本市场私有化并在国内上市,引进战略投资者,定向增发融资,有发行短期债券,跨境并购等方式。

首先,在新上市方面,广电网络和电影成为赢家。2016年,主要有南方传媒、中国电影、广西广电、上影股份、新华网和贵州广电等6家在上海证交所上市,广电网络和电影各占2家,其中南方传媒是猴年A股第一股,中国电影是目前中国娱乐业最大的IPO,目前为止广电网络已经有10家,成为我国传媒类上市公司的重要组成部分。具体见表23-3。

表23-3 2016年传媒类主要上市公司

上市公司	股票代码	上市地点	发行股份	发行价格	募资总额	募资用途
南方传媒	601900	上海证券交易所	16 910万股	6.13	10.36亿元	用于品牌教育图书出版、连锁门店升级改造、数字化印刷系统、跨网络教育内容聚合服务平台、信息化系统等项目及补充流动资金
中国电影	600977	上海证券交易所	46 700万股	8.92	41.66亿元	12亿用于补充影视剧业务运营金、7亿投向数字影院投资、14亿投向数字放映推广应用等项目,另外,5.3亿偿还2007中国电影集团企业债券本金及最后一期利息
广西广电	600936	上海证券交易所	30 000万股	4.80	14.40亿元	全媒体支撑网络建设项目、全媒体综合信息服务平台项目、补充流动资金
上影股份	601595	上海证券交易所	9 350万股	10.19	9.53亿元	用于影院新建及升级改造、信息系统与网络平台建设等

续表

上市公司	股票代码	上市地点	发行股份	发行价格	募资总额	募资用途
新华网	603888	上海证券交易所	5 190.29万股	27.69	14.37亿元	投向全媒体信息应用服务云平台，移动互联网集成、加工、分发及运营系统业务，政务类大数据智能分析系统，新媒体应用技术研发中心，在线教育等领域
贵州广电	600996	上海证券交易所	2.1亿股		31.46亿元	用于广播电视综合信息基础网络建设项目、广电新媒体全业务系统建设项目、网络媒体融合内容建设项目等3个项目

资料来源：根据上市公司资料整理

其次，重庆日报报业集团产业有限责任公司成功发行10亿元超短期融资券，之前南方报业传媒集团、大众日报报业集团也发行过公司债。不得不说的是，当传统媒体收入和净利润双双下降的情况下，发行债券融资方式比股权融资方式的风险更高。

第三，传媒业充分认识到大数据的未来巨大机遇，开始积极布局大数据产业。2016年9月，浙报传媒通过非公开股票增发项目获国家主管部门批准，拟募集资金不超过19.5亿元，用于建设"互联网数据中心和大数据交易中心"项目。相信未来5年，大数据产业会成为浙报传媒的重要支柱产业。

第八节　国家强化互联网媒体监管，力图实现线上线下同一尺度

2016年，国家新闻出版广电总局、网信办、文化部等多个部门出台各种新规，互联网媒体受到越来越严格的监管，具体见表23-4。2016年以来，相关

主管部门频出新规，具有如下特点。一是监管范围大大扩大、监管程度大大加强，如微博、微信等社交网络平台已经被纳入监管范围。二是强调平台主体的责任。如未持有《信息网络传播视听节目许可证》的机构和个人使用微博账号、微信公众号等各类社交应用开展互联网视听节目服务，应由网络平台作为该项服务的开办主体，按照视听节目管理的各项要求，对节目内容履行内容把关等各项管理责任，节目范围不得超出平台自身许可证载明的业务范围。三是在新业务刚开始时就开始加强监管，如直播等。

表23-4 2016年相关主管部门出台的新规

文件名称	发布机关	主要内容
关于进一步加强电视上星综合频道节目管理的通知	国家新闻出版广电总局	"限童令"——亲子类节目淡出荧屏
网络出版服务管理规定	国家新闻出版广电总局、工业和信息化部	中外合资经营、中外合作经营和外资经营的单位不得从事网络出版服务
电视剧内容制作通则	国家新闻出版广电总局	电视剧制作机构应积极制作通则中倡导的内容，不得制作通则中禁止的内容
专网及定向传播视听节目服务管理规定	国家新闻出版广电总局	媒体定位、管理机制、创新发展、市场价值
关于移动游戏出版服务管理的通知	国家新闻出版广电总局	移动游戏版号审批、总局审核
关于进一步加快广播电视媒体与新兴媒体融合发展的意见	国家新闻出版广电总局	媒体融合、"十大体系建设目标"
国家新闻出版广电总局办公厅关于加强网络视听节目持证机关参与"全国中小企业股份转让系统"管理有关问题的通知	国家新闻出版广电总局	网络视听企业登录新三板前要审批
国家新闻出版广电总局关于进一步加强社会类、娱乐类新闻节目管理的通知	国家新闻出版广电总局	加强社会类、娱乐类新闻节目的管理

续表

文件名称	发布机关	主要内容
关于加强网络视听节目直播服务管理有关问题的通知	国家新闻出版广电总局	加强网络视听节目直播服务管理，电视不能播什么，网络也不行
网络表演经营活动管理办法	文化部	网络表演经营单位须有许可证，表演者要实名注册
互联网直播服务管理规定	国家网信办	实行"主播实名制登记""黑名单制度"等强力措施，且明确提出了"双资质"的要求

资料来源：根据网络相关资料整理

分析我国互联网媒体的发展历程，其成功经验在于：一是先发展后规范，由于互联网都是从边缘领域出发，其有着自身独特的发展规律，如果刚开始就进行严格监管就可能导致新形式难以发展起来；二是互联网的重要优势在于利用技术提高生产效率和生产能力进而大幅度降低成本，而如果过度监管会导致监管成本大幅度上扬，如何平衡监管和成本之间的度就至关重要。

第九节　中宣部等部门推动广电网络大整合

近日，中共中央宣传部、财政部和国家新闻出版广电总局三部门下发《关于加快推进全国有线电视网络整合发展的意见》，意见要求结合市场运作和行政推动，到"十三五"末期，基本完成全国有线电视网络整合，成立由中国广播电视网络有限公司控股主导、各省级有线电视网络公司共同参股、按母子公司制管理的全国性股份公司，实现全国一张网。

虽然国家的政策意图是好的，但是整合的难度无疑是巨大的。一是中国广播电视网络有限公司的实力有限，没有足够的资金进行整合。二是数量众多的省级有线电视网络公司上市公司，将使得整合难度急剧增加。目前，加上刚刚上市的贵州广电网络，我国已经有10家有线网络上市公司，分别是歌华有线、华数传媒、电广传媒、广电网络、天威视讯、吉视传媒、湖北广电、江苏有线、广西广电。10家上市公司的总市值加起来近2 000亿元，而且这些上市公司都是由当地财政出资，整合必然会遭到当地政府的强力反对。三是有限电视网络相对于互联网，不仅技术相对落后而且互动性弱，体制更是远远滞后，而且早已错过了三网融合的好机遇，而从业务层面上讲，互联网媒体早已经实现了三网融合，留给有线电视网络的时间窗口已经不多。

第十节　体制改革在个案上取得一定突破

传统媒体落后于互联网媒体，一个关键因素就是体制，虽然2003年以来我国就开始推进传媒单位的转企改制，但是严格地说，我国的传媒单位并没有真正实现转企。2016年，我国的传统媒体在体制上虽无大的突破，但是依然在个案上取得了一定的突破。

首先，北京时间在体制上实现了较大尺度的突破。具体说来，北京新媒体集团与奇虎360合资成立了北京时间股份有限公司，其中奇虎360持股60%，且董事长由奇虎360总裁齐向东担任。这不仅打破了民营公司难以入股国有新闻企业的惯例，更是实现了民营公司控股，当然这个个案是相关部门的一个实验，未来如何还需要观察。

其次，东方明珠新媒体引入管理层增量持股。2016年，作为国有传媒类上市公司龙头股的东方明珠新媒体发布了股权激励计划。根据公告，东方明珠本计划拟向激励对象授予的限制性股票占公司股本总额的0.69%，主要激励对象包括公司高管、核心管理人员、核心业务骨干和核心技术骨干，授予价格为12.79元。股权等长期激励机制能够很好地实现管理层行为的长期化，实现有恒产者有恒心，有效解决国有文化企业长期存在的激励不够的顽疾，但是也必须指出的是，东方明珠新媒体的这次股权激励虽然开了个好头，但是激励力度明显不够，更有点像是福利。

第二十四章 三维度将大数据融入传统报业

彭铁元[①]

大数据（big data），指无法在一定时间范围内用常规软件工具进行捕捉、管理和处理的数据集合，是需要新处理模式才能具有更强的决策力、洞察发现力和流程优化能力的海量、高增长率和多样化的信息资产。如今，大数据已经深入中国的每一个角落，大数据已经在改变中国，改变着一切传统企业，改变整个市场的格局。我们的工作、生活、社交都将与它息息相关。从移动、电信、阿里巴巴、微博、微信、百度到互联网的每一个角落，整个互联网就相当于一个大数据库，深刻地改变着新闻业态。

目前，数据的可获得度已经空前提高。数据的海量、及时、动态、开放，有利于我们完善分析的效度和深度。大数据影响传媒行业的发展已成既定事实，而传媒机构能否利用数据分析提炼出独到、高质量的观点，在凌乱纷繁的数据背后找到更符合社会要求的新闻产品和服务，并进行针对性的调整和优化，这是大数据时代新闻内容是否富有竞争力的关键。

本文试图从大数据对传媒业的影响，通过融媒体和大数据的发展融合，围绕传统报纸大数据的采集、整理、分析、发布、反馈，阐述三个维度的泛互联网化产品。垂直整合大数据媒体产业链和技术平台形成大数据新闻；垂直整合新闻产业链新闻数据，结合信息租售形成大数据案例库；垂直整合新闻大数据与融媒体的深度融合的思路，联合大数据技术提供商形成大数据技术平台。三个维度使得大数据的优势与传统媒体的优势融为一体，迅速形成媒体核心竞争力，打造融媒体的新旗舰。

[①] 彭铁元，国家大数据专业委员会秘书长。

第一节　大数据发展趋势决定媒体发展的泛互联网化维度：大数据新闻

一、大数据第一个发展趋势是泛互联网化，对媒体的影响就是由此形成了新闻泛互联网化产业链

泛互联网化是指使信息和服务通过当下可能的技术和手段在计算设备、通信设备、机器、人之间传递和交付的网络，包括物联网、车联网、人工智能等相关网络技术和设备。互联网将逐步深刻影响社会的生产力和生产关系，现阶段传统媒体正在被互联网化，而下一阶段人和物也将被互联网化。从大数据视角来看，泛互联网化是收集新闻用户数据、发布新闻资讯的唯一低成本的方式，收集用户数据的价值、发布新闻资讯的价值是因为它能够带来新闻价值、社会价值和经济价值。

新闻泛互联网化的趋势，行业内很容易理解。由此带来的几个变化，碎片化、门户化、收费方式发生了变化，媒体运作模式也随之发生变化。如 App Store 就是一种模式。这里面有两个特别的变化，媒体用户关注成本，包括时间成本、经济成本、效率成本等等，新闻软件可以唾手而得；媒体载体碎片化、低成本化，几乎无限量地随时随地保证供应，使得媒体和用户在操作上非常容易，有利于媒体茁壮成长，有利于新闻跨区域、跨行业、跨语言传播，更加促进了媒体的融合，催生了更多的新闻服务方式，新闻用户也可以通过社交网络、新闻跟贴、点赞等实现用户间相互支持、自服务、社群自动聚类、分类等新闻生态。新闻 APP 的服务提供者主要为两大类，一类是传统媒体的针对其发布的相对应的报纸 APP 应用，如《南方周末》APP 应用作为传统媒体开发的报纸 APP 项目，传承了其传统纸质的特点：新闻以独家为主，时评以纵深见长。另一类是互联网中门户网站开发的新闻 APP 应用，如搜狐、网易客户端等，充分利用互联网的优势，新闻内容更新实效性高、范围广。目前 APP 分别针对不同的智能系统，开发不同系统适用的 APP 应用 iOs 版和 Android 版以及

Windows Phone 版等不同运营模式的版本。

围绕新闻数据的采集、整理、分析、发布、反馈形成的融媒体产业链就形成了媒体的第一个维度：大数据新闻。

大数据新闻是指在一定的社会空间内，围绕新闻的传播、发展和需求变化，社会管理者、企业、个人及其他各类组织及其政治、社会、道德等方面的价值取向产生和持有的社会态度总和的表现。它是有关新闻的大数据应用，是新闻客户对新闻的用户体验的采集、挖掘、分析和共享，是新闻发布及发展等各种各样的大数据的集中体现。而一般的大数据集合并不一定具有新闻价值，只有包涵新闻价值的大数据才是大数据新闻。

大数据新闻可以是一条新闻或者一类相关新闻的大数据的采集、分析和呈现，用户对新闻所表达的信念、态度、意见和情绪等等表现的总和，包括新闻的传播途径、浏览次数、下载地址、转载载体和地域传播趋势等。大数据新闻既是大数据，也是新闻。大数据不一定是新闻，但新闻一定是大数据，大数据新闻是将智能分析、写作、数据可视化与个性化相结合，针对政治经济文化体育各个领域，旨在通过新闻数据分析和呈现，帮助用户洞悉复杂政经文体等事件背后的意义。

数据背后是网络，网络背后是人，研究网络数据实际上是研究人组成的社会网络。大数据技术预测舆情的价值实现，最关键的技术就是对舆情间的关系进行关联，将不再仅仅关注传统意义上的因果关系，更多关注数据间的相关关系。按大数据思维，每一个数据都是一个节点，可无限次地与其他关联数据形成舆情链上的乘法效应——类似微博裂变传播路径，数据裂变式的关联状态蕴含着无限可能性。

当今时代的发展，赋予了大数据新闻新的特征。

（1）采写大数据新闻的不只是传统报纸上拿记者证的记者，而是身怀"十八般武艺"的大数据分析师，将智能分析、写作、数据可视化与个性化相结合，针对政治经济领域，旨在通过新闻数据分析和呈现，帮助读者洞悉复杂政经事件背后的含义。

（2）大数据新闻以全球、全民、全媒大数据采集为中心，而不是再以指定单一或局部事件采集为中心。

（3）大数据新闻把新闻传播过程和效果及附加值作为最为关注的焦点问

题，而不是再和传统报业一般把新闻内容作为主要目标。

（4）大数据新闻不只是数据新闻，不只是可视化新闻，不只是图片集锦新闻，也不只是数字新闻，更不是报纸上仅含的平面设计，而是新闻的大数据。

（5）大数据新闻每一篇都是大数据产品，点赞、转载和打赏三法是直接通过评价其经济价值实现政治传播价值的终极互动追求，实现和感受新闻用户体验，与传统报业重大新闻高高在上发表为目的、不照顾用户阅读习惯、反馈缓慢形成强烈对比。

（6）以往的报纸报道中，文字始终是新闻的主体，即使有图片和数据，也只是为文字叙事做辅助，充当新闻材料的"配角"。而在大数据新闻中，数据和图表成了新闻的主体，也是叙事语言，而文字却更多时候只能起到辅助作用。

目前，南方都市报算是最先倡导大数据新闻的实践者，退出大数据新闻的数据版，不定期刊发，融入表格、漫画、数据统计等新的形势，不再是单一的文字，而是更具生动性和直观性的新闻作品。英国卫报，在大数据新闻的实践中走在世界的前列，率先实现了大数据新闻与读者的互动，"开放新闻"栏目就旨在使公民可以针对数据表达自己的分析和看法。随着数据可视化技术的发展，公民亲自参与到《卫报》的大数据新闻制作当中，新闻也实现了众包模式。

第二节 大数据发展趋势决定媒体发展的媒体行业垂直整合维度：大数据媒体案例库

案例就是人们在生产生活当中所经历的典型的富有多种意义的事件陈述。案例，又有个例、实例、个案等说法。案例在不同的领域，不同的人们认识当中说法不一样。案例库是含有问题或疑难情境在内的真实发生的典型性事件的整合。所谓案例库就是指人们对已经发生过的典型事件捕捉的记述。媒体案例库将这些案例整合，通过报道或者数字化存储的方式展示给受众。媒体未来应通过将案例库转化为智库打造融媒体旗舰产品。

当前，大数据媒体案例库利用大数据技术影响社会变革主要体现在以下几个方面：一是受众在互联网和移动互联网进行消费、社交活动所产生的数据，大数据库可从这些数据中发现或洞察社会趋势；二是企业或各领域在运行过程中产生的数据，大数据库可帮助企业进行仿真预测，或者帮助经纪机构用于宏观经济仿真预测；三是机器和传感器提供的流水作业和监测记录的数据，这些数据是大数据库型媒体建设智能楼宇、智能交通等的感知素材；四是经过人为加工、被称为知识文化成果的各种结构化数据，这些数据可帮助有关部门进行更好的决策。用大数据技术打造案例库，除了有利于提高媒体自身的服务水平之外，也是这个时代技术进步的再体现，大数据技术是融媒体技术基地的重要组成部分。

媒体案例库是通过大数据思维大规模集成整合国内、国际政府管理信息资源，利用大数据技术采集、分析、研究、呈现，以中国政府与世界各国政府、中央政府和地方政府、历史和现实、理论和实践相结合的维度，全面聚焦政府的宏观、中观和微观管理，政府管理的方式方法，政府管理生态以及全球化条件下的政府管理面临的机遇与挑战，总结梳理政府管理的新思维、新路径、新经验、新方法，甚至是教训和挫折，尤其关注各级政府在政务活动中最具典型意义和标本价值的治理模式与决策案例，为各级政府政务决策提供实时科学的管理与决策参考，为各级党政科研机关、大专院校及企事业单位领导提供领导力学习平台与决策参考。

大数据媒体案例库的建设主要围绕以下几个方面。

（1）媒体案例库不仅有责任解读和传播中国特色社会主义制度体系的理念、内涵、价值、体系等，成为坚定的中国特色社会主义制度的守望者；更有义务发挥专业所长，围绕国家治理体系的结构层次、内在逻辑、影响因素、系统构建等开展前瞻性研究，夯实国家治理体系的理论基础，成为完善国家治理体系的推动者、国家传播战略的执行者。

（2）媒体案例库不仅要成为指导中国经济改革和发展的案例数据库，需要根据中国经济改革发展的需要不断创新发展，更有义务构建中国特色社会主义政治经济学的案例理论体系，塑造政治经济学对中国特色社会主义经济建设的解释力、前瞻力和影响力。构建中国特色社会主义政治经济学的案例理论体系，首先要以马克思主义政治经济学为基础，对现有的案例学术名称和概念进行全面梳理和阐释，构建一套中国特色社会主义政治经济学的案例学术话语体系；其次对基于中国特色社会主义实践的理论创新成果进行全面总结、梳理、提炼，形成贯穿中国案例建设始终的重要任务；我们还要构建中国治理实践的案例体系和案例理论体系，包括案例建设对象和方法、基本范畴、基本理论等，形成有中国特色社会主义案例研究和传播的重要体系和能力。

（3）媒体案例库不仅要向全世界开发、开放中国经济、社会的数据、样本、案例、统计、调查与分析，尽量提供更多方便给教学与研究；重视外教、外研、外国访学、跨国教学、跨国访问学习，更要吸引越来越多的中外经济学家、政府官员和国际国内智库给中国经济把脉问诊、梳理解读。习近平总书记说："解决好民族性问题，就有更强能力去解决世界性问题；把中国实践总结好，就有更强能力为解决世界性问题提供思路和办法。"实践是理论形成的活水源泉，实践也是检验理论的标准。马克思指出："理论在一个国家的实践程度，决定于理论满足于这个国家的需要的程度。"要构建具有"中国立场、中国智慧、中国价值"的中国政府管理案例体系，聚焦中国行政改革实践是我们唯一的选择。我们要建设一个中国经济治理、政治治理、文化治理、社会治理、生态治理和党的建设等各方面完整的中国案例体系，竭力避免对中国政治经济发展研判的盲人摸象、各说各话的现象，以丰富的案例库提供给学界加快中国经济发展学术理论建设，为早日实现中国经济学术理论体系的问世作出应有的贡献。

（4）媒体案例库的建设与发展不仅要做好自己的话语体系、学术体系、价值体系、功能体系等各方面建设，更要做好一个知识服务智库的发展定位。知识服务型智库概念界定主要集中在四个视角：一是价值维度，满足公众需求，赢得公众认同是服务型智库定位的价值取向和合法性基础；二是关系维度，主要从政民关系视角强调服务型智库定位的核心是公民权利本位和政府义务本位，重视政民互动、公民参与；三是职能维度，认为服务型智库定位的关键在于实现知识服务职能转变，核心职能由市场走向公益，经济效益走向社会服务；四是功能维度，认为服务型定位就是为社会提供基本而有保障的公共知识产品和有效的公共知识服务。

（5）媒体案例库不仅要讲好"中国的故事"，更要欣赏"外国的月亮"。善于捕捉世界各国案例中的亮点为我借鉴，善于捕捉海外受众关注的国际问题中的热点和焦点，形成积极的良好互动，这也是媒体案例库取信世界的态度，更是让中国的故事传播得更远、更久、更能深入人心的必由之路。

目前，中国的崛起在世界眼中首先是一个经济成功的故事，但是中国在国家治理、社会发展、人权改善和制度建设等方面的成功，还没有得到充分讲述，中国案例要做的事情还只是刚刚开始。我们要充分利用西方案例建设经验和话语方式，建构以中国实践为基础的中国案例叙事模式，讲好中国的故事，增强在国际上的话语权，逐步实现国家传播战略的目标。

大数据的发展带来了大数据库的诞生，案例库的建设对推动智库的发展有着积极帮助。在推动媒体融合发展中，求是杂志社、光明日报社、经济日报社、中国日报社以及中央人民广播电台和中国国际广播电台等中央和地方主流媒体认真贯彻落实中央要求，深化内部体制机制改革，培养锻炼全媒体人才，打造"现象级"融媒体产品。其实，智库型媒体建设在国际上已经出现许多成功的先例。英国《经济学人》2013年的收入为3.46亿英镑，广告收入只占三成，智库服务、政府咨询等服务业务占了7成。在我国中国瞭望智库作为新华社国家高端智库的公共政策研究中心，是国家高端智库建设的重要组成部分。政策以及宏观社会发展是瞭望的重要内容。《财经国家周刊》是《瞭望》品牌时事政经期刊集群系列刊物之一。每个季度国家统计数据发布后，《财经国家周刊》都会和国家统计局合办"中国宏观经济形势季度分析会"，该会是一个典型的智库型媒体产品。最直接的是推出具有风向标意义的封面报道，既加强了与国家统计局、中国社科院、北京大学等权威研究机构的常规化合作，也达成了与多个参会机构的课题合作意向，为其他高端论坛活动积累了人脉和品牌。

第三节　大数据发展趋势决定媒体发展的新闻大数据技术平台维度

索尼前总裁讲过一句话："以互联网为经营的公司，他们采用新的技术，新的模式，更加靠近消费者，他们收集大的数据，并形成预判，长期来看，所有以供应链管理为见长的公司，制造型企业必将沦为平台级的附庸，这种趋势是不可避免的，也是管理难以扭转的。"所以对大数据技术的掌握，必须是媒体公司的核心能力。比如今日头条在短时间里迅速崛起，就从国内印证索尼前总裁这句话的残酷性。今日头条就是以新闻供应链管理见长的技术公司，就是靠无偿海量转发传统媒体的内容为代表快速致富的典型。今日头条至今拒绝承认自己是媒体公司，一直要求做回技术公司。

技术提供商，这里面的公司非常之多，像我们非结构化的数据，包括视频、语音、语义文本的这些东西，还有图片的，每一种技术都需要不同的数据处理方式，每一种都有大公司出现，像语义处理里面的托尔思，图片处理公司像金生股份（音），他们都有很快成长的前途。今日头条公司是新闻大数据成为资产的活证明。今日头条、谷歌等大数据技术平台公司的厉害之处，不仅仅是它拥有媒体供应链管理技术，它还拥有大量用户行为数据，而对用户数据的解读能力也是他的核心能力之本。这些公司有全部的互联网数据，应用商数据，全部社交网站数据。

如今市面上大数据技术平台层出不穷，互联网公司都在争相推动自己大数据技术平台的发展。平台发展主要有两个大类：一是一站式大数据管理和应用开发平台。覆盖了数据集成、大规模数据存储与计算、数据应用开发及数据管理等企业大数据使用场景。二是企业级大数据可视化分析平台。面向业务人员的自助式敏捷分析平台，采用PPT模式的报告制作，更加易学易用，具备强大的探索分析功能，真正帮助用户洞察数据发现价值。

一站式大数据管理和应用开发平台，包含了数据收集、数据存储、数据计算、数据分析、优化业务、数据规划等功能。数据收集过程中，会包含海量的半结构化数据，如XML、HTML文档数据等。非结构化数据，包括所有格式的办公文档、文本、图片、XML、HTML、各类报表、图像和音频/视频信息等等。数据的类型繁多，但也造成了数据的价值密度低的特点，大数据技术平台就要整合数据，充分挖掘数据的价值。支持全量非实时、增量实时数据接入，支持分布式文件系统和数据库，支持流式计算、离线计算、内存计算发挥数据的最大效用。自助式的分析，流畅的报告制作过程，数据分析效率会提升80%，因此平台的建设功能缺一不可。

企业级大数据可视化分析平台可基于MES系统，根据企业生产管理模型建立的标准化、精细化、智能化的生产制造过程，它将所有生产和产品业务全面融合管控，打造一个整合生产各相关资源的一体化的管控平台。帮助生产企业打造并提升4个核心竞争能力，即品质追溯能力，实时监控能力，资源调配能力，生产决策能力。利用可视化建模，出PPT式报告，不断进行分析与探索优化业务，结合实际业务场景和痛点，帮助业务快速发现问题，定位问题，解决问题。根据数据进一步业务洞察，旨在精准营销，建立用户画像，营造全新战略规划。人民日报2017年八一的"军装照"H5，在交互式新闻的基础上更近一步，让用户亲自参与生成内容，成为传播链条中的一环，实现"裂变式"传播。人民日报客户端出品的H5产品《快看呐！这是我的军装照》，上线十天，浏览次数（PV）累计突破10亿，独立访客（UV）累计1.55亿。从2017年开始，人民日报将重点放在建设全国移动新媒体聚合平台，启动"人民直播"，推出"人民号"，与媒体同行共建共管共享，努力打造一个属于主流媒体自己的，体现社会责任和价值取向的内容生态平台。

第二十五章 从单向度融合到多层次融合

——基于2017年媒介融合盘点

李 彪 王永祺[①]

经过近二十年的发展，媒介融合的层次与程度不断深入，2017年媒体融合驶入深水区。传统媒体报（台）网端微四面出击、音视频游戏深度融合的态势此起彼伏。一方面，传统媒体充分发挥其擅长新闻策划的优势，与互联网分发平台及技术公司紧密合作，创造了数十个"爆款"融媒体产品，将主流价值观融入作品中，实现了社会口碑与正能量双赢的融合新局面；另一方面，部分传统媒体经济收益不断下滑，造成人员流失严重，已经从传统报业向传统广电业蔓延，这两者对比鲜明的局面出现彰显了目前媒介融合进入深度转型期，单向度、浅层次的融合已经不能解决传统媒体的生存问题，2017年一些深层次的融合开始出现，呈现出了全新的融合特点。

第一节 2017年媒介融合的新特点：以技术导向的立体化融合模式凸显

近年来，由于技术的不断发展革新，传统的新闻生产方式和格局发生了根本变化，新的生产主体（UGC、PGC、OGC和MGC）和信息分发模式层出不穷，综合来看，2017年媒介融合无论在融合领域还是在融合层次上均展现出全新的特点和趋势，具体主要体现在以下几点。

[①] 李彪，中国人民大学新闻学院副教授；王永祺，中国人民大学新闻学院研究生。

一、内容融合："国家队"闪亮登场、"现象级"融媒体产品不断出现

相较于以往媒介融合多是市场媒体和技术公司主导不同，2017年媒体"国家队"闪亮登场，并与新媒体技术公司等合作，不断推出"爆款"融媒体产品，引起了包括"电子原住民"为主的90后群体的关注，既体现了主流意识形态，传播了正能量，又展示了国家级传统媒体媒介融合的能力和决心。

人民日报新媒体中心紧扣重大节庆等热点时刻，充分利用明星、网友参与的演唱活动等，先后策划的《我爱你中国》等融媒体产品多次在节日期间爆红网络，成功利用社交媒体的互动属性，实现了正能量传播的成功报道和宣传策划。最典型的是八一建军节期间推出的《快看呐！这是我的军装照》H5新闻游戏产品，该产品由人民日报客户端负责创意以及前端开发，腾讯天天P图团队提供最核心的图象处理及支持，将1927—2017年这90年间的军装全部呈现出来，让用户上传照片，利用人脸识别技术，生成属于用户的不同年代的军装照片。在2017年7月29日晚间上线，到8月4日浏览量已经突破10.46亿，独立访问客户高达1.63亿。在1分钟访问人数的峰值达到117万，迅速发展成为全民晒军装的一个现象级事件。

新华社"国家相册"栏目在2017年5月"一带一路"国际合作高峰论坛前夕，推出创意微视频《大道之行》，短片综合运用图片、视频、3D动漫等元素，带你走进"一带一路"所倡议的多彩空间，"五通"理念、建设热潮、宏大愿景，在一幅幅精彩的画面和震撼的视听冲击中壮丽呈现，习近平总书记亲自担任旁白配音，不仅让国内外惊叹，网友们也是炸开了锅，短短一个月内累计观看量超过5亿次；新华社全媒报道平台在建党96周年之际推出的短视频《无悔的誓言》，短时间内观看量超过1亿次。2017年新华社"国家相册"栏目跨界叙事能力显著增强，单集浏览量均过千万，《动漫MV｜习近平关心的这六件事》总浏览量5 600万次。

央视推出的《国家宝藏》，定位是文博探索类节目，每期展示一个省级博物馆的三件文物，角逐故宫的《国家宝藏》特展。这档节目吸引观众目光的不仅是奇珍异宝，还有由明星担任的"国宝守护人"，每一件藏品都配上一个舞台剧，演员通过表演讲述其前世今生。《国家宝藏》在视频网站、社交网络的

火爆，为文博节目年轻化找到了正确的打开方式，而明星在其中起到了推波助澜的作用，每期节目都成功引来观众关注和热议。

从以上案例可以看出2017年内容融合的主要特点：一是央媒异军突起，开始引领内容融合的趋势，并且改变以往"主流价值观与新媒体技术无法融合"的刻板印象；二是内容融合的背后是技术的深层次使用与融合，技术是融合的催化剂，离开技术的融合都是沙上建塔；三是内容融合必须以产品为导向，不再是传统意义上简单的"技术+内容"的叠加和呈现，内容融合的前提是互动，好的内容融合产品必然是互动性强、用户有很强的卷入度的产品。

二、业务融合：中央厨房制成为2017年媒介融合的潮流与趋势

2017年，人民日报继续着力推动"中央厨房"与媒体智库融合转型，中央厨房将"记者前线+编辑后方"的简单模式深化为"数据支持+记者前线+可视化融入+产品推广+产品经理统筹"的多线性协作模式，让新闻成为产品，将编辑记者个体整合为新闻产品团队。在人民日报"中央厨房"的示范效应下，新华社"中央厨房"全媒体报道平台扩容升级，初步建成了资源整合、融合加工、舆情监测、业务管理、影响力评估、远程指挥等六大功能。

2017年，在中央权威主流媒体的带动下，各类媒体纷纷打造有自身特色的"中央厨房"。2017年全国两会召开之际，中国青年报"中央厨房"工程——"融媒小厨"正式投入使用，该工程将着眼点放到移动端，移报为"屏"；产品线从以报为主，转向以端为主；视频被作为融合的突破口；不同业务部门、不同产品线都与"融媒小厨"相连结，以物理空间的"合"，寻求内在机理的"融"。

地方媒体在"中央厨房制"也有积极的探索。湖北广电集团"长江云"是全国首个将舆论引导与意识形态管理平台、政务信息公开与移动政务平台、社会治理和智慧民生服务平台三者融为一体的综合平台，在运行两年后于2016年开始改革，2017年全面升级为"新闻+政务+服务"的综合云平台。2017年，南方报业传媒集团以"重组、再造、融合"三大关键词打造"中央厨房"，各媒体结合自身特色，打造个性化"中央厨房"，融通采、编、发、环节，促使传统媒体更加有效地统合新媒体，使新闻信息的交互传播焕发新的活力。

综合以上案例可以看出，2017年媒体业务融合的突出特点如下：一是"中央厨房制"成为媒介组织内部进行融合创新的"标配"，2017年是中央厨房推广年，从央媒到地方媒体都在积极建设"中央厨房"；二是中央厨房的附属功能越来越多元化，从最早的仅仅将之作为两微一端的信息发布集成平台，到现在赋予其政务、服务等更多的综合功能；三是中央厨房制的做法从最早带给媒体的是一种空间、实体的物理想象，到2017年真正对传统媒体思维方式的转变产生化学的影响，更多的传统媒体将中央厨房制的理念作为一种运营思维内化到自身的运营中去。

三、技术融合：人工智能成为"标配"

2017年两会期间光明网推出的"钢铁侠"一站式采访报道的集成平台吸引了大家的眼球，"钢铁侠"多信道直播云台集新闻信息采集、发布于一体，现场只需一名记者即可快速实现视频、全景、VR等内容的同步直播与录制，通过设备后台的云控制台、云存储及流媒体服务系统，记者可以一键同步实现PC端、新闻客户端及H5页面等跨平台视频内容的分发与适配，让多种媒体产品在同一平台快速生产聚合。

同时各类新闻机器人层出不穷，据不完全统计，2017年至少有10家新闻媒体推出了13个智能新闻机器人产品或应用，进行线上线下融合创新报道，新华社机器人"i思"（实体机器人）和"小新"（虚拟机器人）、人民日报中央厨房"小融""小端"、深圳特区报"读特"、人民网—阿里云ET机器人、浙江卫视智能机器人"小聪"、广州日报机器人"阿同"和"阿乐"、河南广电"飞象V仔"机器人、香港大公文汇传媒集团机器人"小宝"、南方都市报"小南"……这些机器人主要基于计算机的程序算法，对所提供的信息内容进行抓取和分析，然后由内置模板自动生成稿件，完成新闻报道。

另一个亮点是技术融入底层的数据生产，数据本身成为一种产品。2017年7月18日，集金融数据、权威资讯、品质服务于一体的金融数据资讯平台"财新数据+"正式在财新APP上线。该产品以大量数据资源为基础，通过大数据智能分析，实现新闻背景信息数据化获取，帮助读者一站式完成财经新闻浏览和财经数据获取，进一步满足读者移动端财经新闻阅读的需求。

2017年，央视网通过实施"首页首屏首条"工程、推出时政微视频、运用新兴技术（移动直播、无人机、虚拟现实）等创新举措深化媒体融合，提升对台服务能力。截至2017年4月，央视网最高单月独立访问用户为5.15亿人，客户端累计下载量6.45亿次。央视新闻客户端是全网突发事件推送的第一阵营，以时政微视频、移动直播为特色，目前用户总数累计5 000万。

2017年技术融合方面的特点主要表现在：一是机器人写作、机器算法推送、传感器新闻等成为技术融合的主要体现，2017年是机器人写作元年，机器人写作会成为机器算法之后热门的新闻生产技术，如果说算法推送是信息分发的智能化阶段，机器人写作则是生产环节的智能化阶段，智能化技术已经从分发"逆序"向生产环节整合，信息流动的全链条智能化整合即将完毕，信息生产—分发—消费的人工智能化模式呼之欲出；二是人工智能的技术融合还处于初级水平层次，无论是机器人写作还是算法都带来了一系列问题，如带来信息的重复、同质化，信息茧房化等等，整体还处于一种有"能"无"智"状态，未来需要算法的精细和完善来实现真正的智能化。

第二节　行业融合："传媒＋延伸产业"的跨界融合模式是大势所趋

一、媒体＋互联网：腾讯与人民日报双赢模式

在过去一年多的时间里，通过双方的合作使用腾讯云专有云方案，并结合人民日报社自身需求的前提下，双方共同打造了人民日报云平台。此外，还共同建设了大数据舆情与新闻热点发现和追踪平台。作为中国媒体融合云服务的一个重要组成部分，向全媒体行业客户提供领先的媒体融合大数据。双方还共同建立了人民日报网上多媒体发布厅，在腾讯的音、视频云服务和网络的支撑下，实现了音、视频点播、互动直播、微视频传播和云通信的能力。

二、媒体＋金融：北京日报与国有商业银行联合打造产业基金

2017年3月15日，北京日报报业集团全资子公司——京报长安资产投资

管理有限公司与中国工商银行北京市分行、交通银行北京市分行、华夏银行北京分行举行产业基金签约仪式，四方将共同设立一只规模50亿元的产业基金，该基金将重点致力于金融、文化、新兴产业、基础设施领域的重大项目直投和市场化基金投资，通过基金专业化运作，在投资过程中扶持集团自有优质项目，培育与集团具有战略协同的创新项目，推进集团的转型布局。同时，通过多方共同投入，增大投资体量，形成规模效益，为报社推进媒体深度融合发展提供资金支持，助力打造具有一流竞争力和影响力的新型主流媒体集团。

三、媒体+地产：打造公共文化新空间

2017年12月4日，南方财经全媒体集团作为资方竞得金融城起步区AT090961地块，这标志着南方财经全媒体集团总部将落户广州国际金融城。南方财经全媒体负责人介绍，集团将在该地块建设南方财经总部大厦，努力打造成为广州市的标志性建筑和公共文化新空间。作为国内首家全媒体集团，南方财经全媒体集团以财经市场为突破方向，对省内财经媒体的核心资源进行了战略重组。目前，集团已初步完成媒体、数据、交易三大业务布局，形成了一批财经全媒体集群，正在启动粤港澳大湾区研究院、中国自贸区信息港等重大项目，打造大数据产业新高地，努力向国内领先、国际知名，拥有强大实力和传播力、公信力、影响力的财经媒体集团与金融资讯综合服务商迈进。

从2017年媒体产业融合的特点可以看出：一是经历了互联网技术公司对媒体机构的购买风潮后，传统媒体开始主动出击进行跨界、跨行业融合；二是如果说以往的产业融合是基于"鸡蛋不能放在同一个篮子"的多元运作考虑的话，近年来的媒介产业融合则是基于生存和开源节流的考虑，更加具有战略性价值和意义；三是传媒业从产业价值链和社会产业布局上说，属于信息服务行业，是产业价值链的最末端和社会产业的下游产业，是一旦经济风吹草动就会受到牵连的脆弱产业，因此传媒产业要想在目前渠道价值彻底消解的新媒体时代获利，必须逆向整合其他产业，实现"传媒+"战略，整合线下实体经济行业，实现产业逆袭发展。

四、资本融合：跨界融合和整合融合是主流

近年在移动互联网和新媒体的冲击之下，传统纸质媒体不论发行量还是广

告收入，皆陷入颓势：媒体以及背后的报业集团纷纷寻求转型，或是将内容搬至互联网以进行"新媒体"转型，或是进行媒体产业探索与整合，浙报传媒无疑是其中的先驱——彻底剥离纸媒，轻装上阵为数字娱乐公司。2017年2月24日，浙报传媒发布公告，向控股股东浙报控股出售包括《浙江日报》《钱江晚报》在内的新闻传媒类资产，预估值为19.9671亿元，交易完成后，浙报传媒的主营业务将转变为数字娱乐产业及大数据相关业务。浙报传媒认为，将新闻传媒类资产转移至控股股东，保留公司更具发展潜力和盈利能力的数字娱乐及大数据产业板块，有利于公司优化业务结构，集中资金及资源重点发展优势业务，从而提升公司的资产质量和盈利能力，实现业务的转型升级和公司的可持续发展。

上海报业发起的众源资本代表的"母基金"整合融合模式。众源资本于2017年11月5日正式成立。该基金是国内第一只由国有传媒集团主导发起运作的文化产业母基金，该基金总规模100亿元，首期目标规模30亿元。众源资本除上海报业以外，主要基石投资人还包括地方财政引导资金、地方国资平台、金融机构等。该基金将聚焦文化领域国家积极扶持和鼓励发展的行业，重点关注依托互联网和移动互联网发展的新媒体产业、网络文化产业以及与文化相结合的TMT领域产业。新成立的众源母基金则有了更高的站位和高度，这是十九大后成立的第一只由地方主管部门牵头、国有传媒集团发起运作的基金，吻合了新媒体文化行业繁荣发展和消费升级这一趋势。另外，这一次发起的是一只母基金。

北京日报报业集团联合中信建投证券股份有限公司、金汇金投资集团共同发起设立网络信息安全母基金，母基金总规模100亿元，专注投资网络信息安全领域。三方发起人作为母基金基石投资人投资母基金总规模的20%至30%。有限合伙人（LP）层面，计划引入与网络安全相关的政府资金或基金、大型央企或国企、上市公司、金融机构及社会投资机构。投资策略上，网络信息安全母基金将重点专注投资信息安全领域专业基金，通过规模优势放大管理杠杆，分散风险，同时兼顾直投优质项目，将中长期效应和短期效应有机结合。

综合以上案例可以看出，2017年传统媒体资本融合的主要特点如下：一是资本融合的初衷"传媒控制资本、资本壮大传媒"，进而实现了传媒和资本的双赢，但随着大传播环境的改变，浙报传媒出现了极端的资本运作行为，抛弃主业彻底拥抱数字娱乐行业，不知道是属于个案还是新的趋势，只能在未来得到检测；二是母基金成为2017年资本融合的新亮点，北京和上海都有所尝试，但母基金从布局上，试图点线面全部包揽，"胃口"很大，但难度也很大，但由于文化产业领域政策性强，门槛高，当下管控趋向严格，优质资源稀缺，这就要求基金管理团队既懂文化传媒、懂国资，又能与市场语言充分对接，未来发展前景还有很大的不确定性。

第三节　未来媒体视域下媒介融合的做点及路线图

一、媒介融合的战略目标：从媒介融合到未来媒体

媒介融合很容易下意识地从传统媒体的角度想着去整合新媒体，或者将新媒体技术手段作为一种介质作为信息出口去"占领"，很容易用传统媒体的思维去思考媒体发展的战略，最终造成融合那么多年还是停留在"烧钱"的层面，没有获得根本性转型。未来媒体并不是"媒体"，或者说并不是简单的"介质"，其更多的是对当前媒体融合现状的一种解构式想象，媒体融合的概念更多是从传统媒体的此岸出发，希望摸着石头过河到达未来媒体的彼岸，而未来媒体的概念则是脱离此岸，直接想象彼岸的一切可能性，才能真正到达彼岸。媒介融合的目标应该是从媒介融合的窠臼出跳出来，转向未来媒体的关注。

二、媒介融合的着力点：从新闻产业到大内容产业

党的十九大报告强调"高度重视传播手段建设和创新，提高新闻舆论传播力、引导力、影响力、公信力。加强互联网内容建设，建立网络综合治理体系，营造清朗的网络空间"，重点强调了手段创新和内容建设是未来强化新闻舆论工作的两个主要抓手，如果说目前的融合还主要解决的是手段创新，则未来需要加强内容建设。在经过酷炫的技术喧嚣后，需要进一步"沉淀"，加强内容建设，打铁还需自身硬，当然这里的内容已经和传统意义上单向度的内容

发生了本质的变化，随着自媒体时代互动属性的介入，"内容"本身也会被打上"场景""社群""情感"等社会属性的标签，成为"泛内容"，新闻内容的边界会进一步扩展。

三、媒介融合的路径选择：从单品融合到基因再造

基因是一个物种区别于另一个物种本质的特征和秘密，新媒体和传统媒体严格意义上说是属于两个不同"物种"，传统媒体融合试图在其自身嫁接新媒体的做法很难成功，媒介融合未来的路径选择从单一产品的融合向媒体基因彻底再造转向，单一产品融合很容易实现，但不具备长久性，一时的"爆款"产品容易，但持续吸引人的"爆款"很难，必须从解决媒体基因的角度入手，真正打造出适应新传播环境的"肌体"。

四、媒体融合的突破点：从"叫好"到"叫好又叫座"

2017年媒介融合出现了很多"爆款"的现象级产品，获得了网民和主管部门的"一致叫好"，"叫好"的背后是这些产品都投入了大量的资金，但很少有人思考这些产品带来的收益如何，其实目前媒介融合的初衷都是寻求"一招鲜"的杀手锏产品，先获得"眼球"垂青，再考虑盈利的问题。但目前媒介融合的初心是解决新媒体冲击下广告和用户双向流失后的生存问题，只"叫好"的产品是解决不了生存问题的，只有叫好又叫座的媒介融合才能持久，未来媒介融合必须将用户和盈利都纳入考量，只有这样才能解决目前只是"赔钱赚吆喝"的初级融合阶段。

综合来看，媒介融合在2017年步入深刻调整和转型期，不论在融合手段还是在融合层次上都出现了显著变化，立体化整合融合开始出现并成为主流趋势。未来，随着媒介融合的不断深入，"新闻"与"新闻业"的边界和属性会越来越淡化，目前学界和业界对媒介融合的认知和思维方式也会相应地发生颠覆性变化，但不可否认的是，技术在媒介融合中依然扮演着"盗火者"的角色，媒介融合肇始于技术革新，媒介融合面临的问题也会交给技术来解决，媒介融合的未来必然是技术主导的融合。

第二十六章 咪咕阅读承担社会责任，践行"三全三者"企业使命

陈 学[①]

咪咕数字传媒有限公司（Migu Digital Media Co. Ltd.，简称咪咕数媒）成立于2014年12月18日，是中国移动旗下开展全媒出版、人工智能、新媒体手机报业务的专业互联网公司。

咪咕数媒的前身为中国移动手机阅读基地，于2009年启动建设，2010年5月正式推出手机阅读业务。2016年，咪咕数媒全网收入达68亿，累计培养了4.6亿用户的数字阅读习惯，月访问用户超2.5亿人。截至目前，咪咕阅读业务平台汇聚了超50万册精品正版图书内容，涵盖图书、杂志、漫画、听书、图片等产品，同时打造了规模达5 000万用户的手机书友悦读会，每年在全国200多个城市举办1 000余场"悦读咖"系列名家活动，线上单场直播观众超100万。咪咕数媒也是国内极具影响力的手机报新媒体平台，合作媒体超过300家，手机报品类达200余种。咪咕数媒一直积极营造开放合作的产业生态，目前已有各类合作伙伴超1 000家，有力撬动了整个产业链的发展。

第一节 践行"三全三者"企业使命，引领产业规模发展

2016年，咪咕数媒明确了"三全三者"企业使命，即做"全媒出版的创新者，全民阅读的践行者，全新知识的传播者"。

面向产业，做全媒出版的创新者，致力于通过"五环节（内容创作、产品

[①] 陈学，咪咕数字传媒有限公司副总经理。

研发、运营推广、便捷支付、衍生拓展）""五模式（纸质出版、电子出版、有声出版、视频出版、衍生出版）""六同步（内容发行、画像匹配、广告发布、渠道推广、粉丝运营、衍生协同）"，打造规模大、内容优、价值高、互动强的全新产业链。

面向社会，做全民阅读的践行者，积极响应国家号召，助力推动全民阅读的落地。开展"悦读中国""悦读咖""书香E阅读"等活动，拓展、丰富数字阅读领域，提升广大人民群众精神文化消费水平。

面向用户，做全新知识的传播者，以传播优秀文化和助力传统媒体转型为使命，创新知识传播方式，从传统数字阅读拓展到有声阅读、电纸书等全新内容形态，富媒体展现，优化用户的阅读体验，扩大用户获取新知识的选择面。

咪咕数媒创新文化传播业态的做法得到了各级政府和领导的肯定，先后获得了国际产权组织版权金奖（中国）、第四届中国数字出版博览会"数字出版年度示范企业"、浙江省委宣传部"全民手机阅读基地"、浙江省重点创新团队（文化创新类）、希望工程2015杰出贡献奖、浙江省版权最具影响力企业、中国互联网百强企业、第四届中国政府出版奖、浙江省文化重点企业等荣誉称号，获得2016年度中央文化产业发展专项资金，获批国家新闻出版广电总局出版融合发展重点实验室，并通过了国家高新技术企业认定。

第二节　打造丰富产品体系，联合亚马逊推出电纸书

咪咕数媒现有咪咕阅读、咪咕灵犀、咪咕中信、企业书屋、智能硬件、手机报等多项产品。

（1）咪咕阅读：咪咕阅读系一款集阅读、互动等多种功能于一体的手机阅读软件。其产业份额占据数字阅读行业半壁江山，已成为国内领先掌上数字阅读平台。目前咪咕阅读平台已累计汇聚约53万册正版图书，累计访问用户数超4.6亿，月访问用户数超2.5亿，客户端月活跃用户数超4 100万。

同时，咪咕阅读已配备语音TTS能力，能够实现全站图书"此书可听"，并对机器朗读进行了智能化升级，能够实现多角色识别，赋予声音以温度，为读者提供更加极致的阅读体验。

（2）咪咕灵犀：咪咕数媒利用中国移动优势，联合科大讯飞推出灵犀智能语音产品，持续锻造智能语音能力。作为互联网的入口级产品，咪咕灵犀是业内最领先的中文人工智能语音技术。咪咕灵犀采用最先进语音识别技术，识别准确，唤醒迅速，在对话中可轻松完成打电话、设提醒、五国语言互译等功能，打造私人订制人工智能助理。同时，创新开发了图片识别翻译、即搜即听、速记等多类适用于不同场景的特色功能。

（3）咪咕中信：咪咕中信书店客户端是由咪咕数媒联手中信出版集团，为中高端商务客群打造的一款专属的阅读产品。咪咕中信书店内含咪咕数媒优质电子书及线下书店热卖纸书，通过线上平台和线下书店联动，打通咪咕与中信会员权益，高价值会员更享受全站精品图书任选特权，满足用户个性化阅读需求，提供高效便捷的阅读服务。目前全站拥有精选电子书 20 000 余本，畅销纸书 7 000 余册，每月更新图书 500 册以上。

（4）企业书屋：咪咕数媒基于 50 万余册的正版图书资源，面向 B2B 客户推出了企业书屋的定制与服务。企业书屋是个人产品的行业延伸，企业管理层可以从咪咕阅读 50 万册图书中推荐指定的图书提供给员工，同时也可以设立专区，上传企业内部学习课件、视频、文案供员工学习，是单位为员工提供阅读和学习的平台。客户端同时可以实现企业内部阅读的"用户活跃度榜"，根据一段时间内企业用户阅读图书和发表评论情况，评选出活跃用户榜单，利用该榜单功能，实现了学习型组织"比，学，赶，超"的效果，帮助企业更好地形成学习型组织的氛围。

（5）Kindle X 咪咕阅读器：KindleX 咪咕是亚马逊全球第一款硬件与软件"双结合"的双系统阅读器。用户能够在咪咕阅读与 kindle 原有系统之间进行一键切换。它不仅延续了 Kindle 阅读器的既有优点：媲美纸书、英语学习、超长续航、轻巧便携；更是新增了咪咕阅读精致阅读体验：丰富网络文学、精准推送、多维互动。

（6）手机报：中国移动一直在积极探索和推进如何凭借手机报更好地为国家和社会服务。自 2005 年正式商用以来，目前覆盖用户过亿。两会期间的《两会手机报》、北京奥运期间的《奥运手机报》，以及突发事件时期的《抗震救灾手机报》等，都充分发挥了手机媒体弘扬主流文化、应对突发性事件、维护社会稳定和谐的积极作用，受到了政府主管部门和公众的赞扬。

随着移动互联网高速发展，中国移动对手机报也进行了技术升级和创新。针对普通彩信手机报承载信息少（不足300K）、用户体验差的问题，中国移动从听新闻、富媒体两个方向积极创新。一是推出"可听"的手机报。借助咪咕灵犀的业务能力，对彩信手机报的内容读取并转化为语音，对于用户不方便操作手机的场景，以及老年或残疾用户尤为适用。二是推出了增强型的多媒体手机报。彩信也可支持视频、语音和高清图片，容量最高可达20M。用户手机端接收以上这些内容都不需要安装任何APP，做任何设置和修改，简单易用。

第三节　承担企业社会责任，推进书香城市建设

在推进产品研发与技术创新的同时，咪咕数媒一直积极承担企业的社会责任，开展了系列全民阅读落地合作与活动。一方面，咪咕数媒在国家新闻出版广电总局的指导下，2015—2017年，咪咕数媒连续三年成功举办中国数字阅读大会，吸引了各界政府、产业精英和社会群体的高度关注，同时推动《中国数字阅读白皮书》和"十大数字阅读城市"发布，有效推进书香城市建设和全民阅读落地。另一方面，咪咕数媒积极配合各地政府，开展系列农家书屋、阅读月等活动。如联合四川省委宣传部启动书香天府全民阅读合作；与深圳政府合作开展阅读月，定制专版客户端；与天津市政府、天津新闻出版广电局合作打造农家书屋；2016年助力杭州市政府举办联合国教科文组织"终身学习：在线教育与可持续发展"国际论坛。

第二十七章　浅议微信小程序

刘焕美[①]

What's 微信小程序：小程序是一种不需要下载安装即可使用的应用，它实现了应用"触手可及"的梦想，用户扫一扫或搜一下即可打开应用。也体现了"用完即走"的理念，用户不用关心是否安装太多应用的问题。应用将无处不在，随时可用，但又无须安装卸载。

第一节　小程序发展历程

2016年1月11日，微信之父张小龙时隔多年的公开亮相，解读了微信的四大价值观。张小龙指出，越来越多产品通过公众号来做，因为这里开发、获取用户和传播成本更低。拆分出来的服务号并没有提供更好的服务，所以微信内部正在研究新的形态，叫"微信小程序"。

2016年9月21日，微信小程序正式开启内测。在微信生态下，触手可及、用完即走的微信小程序引起广泛关注。腾讯云正式上线微信小程序解决方案，提供小程序在云端服务器的技术方案。

2016年11月3日晚间，微信团队对外宣布，微信小程序开放公测，开发者可登陆微信公众平台申请，开发完成后可以提交审核，公测期间暂不能发布。

2016年12月28日，腾讯集团高级执行副总裁、微信事业群总裁张小龙表示，微信小程序计划于1月9日正式上线，届时所有微信用户都能够使用。

2017年1月9日，微信公开课发布"你好，我是小程序"，万众瞩目的微

---

① 刘焕美，腾讯政务旅游中心运营总监。

信第一批小程序正式低调上线，用户可以体验到各种各样小程序提供的服务。

2017 年 3 月 27 日，小程序宣布新增六大功能：个人开发者开放、公众号自定义菜单跳小程序、公众号模版消息可打开相关小程序、模板消息跳小程序、绑定时可发送模板消息、兼容线下二维码、APP 分享用小程序打开。

2017 年 5 月 10 日，小程序发布附近的小程序，入口摆在了小程序栏的顶端。

第二节　微信小程序的价值

微信小程序是一种不需要下载安装即可使用的应用，实现了应用触手可及的梦想，体现了用完即走的理念，这种用完即走的理念，跟 Google 的哲学"搜完即走"何其相似。PC 互联网时代，互联网是由无数网站连接而成的，信息的搜索分发，通过搜索引擎来完成，所以谷歌百度等搜索引擎都希望用户搜到最"好"的答案然后赶快离开，去真正需要的网站那里。但是到了移动互联网时代，存在我们移动端里的是一个个孤岛般的应用，应用之间是相对隔离的，信息无法共享，高频应用利用其优势杀死用户的碎片时间，使用户不想再安装新应用，特别是某些工具类、中低频的应用，只在几个高频应用内孤芳自赏，而剩下的几个都是"极品"应用，谋杀时间的利器，这如何是好？让中低频应用如何生存竞争？既然这样，已经占据最高频次覆盖最广用户的微信，干脆一点，直接一点，用小程序来沟通用户与应用的联系，不仅解决人们不想安装太多应用的问题，还能覆盖大量服务，连接尽可能多的场景，为用户谋福利。

小程序的价值在于，让微信更好地连接一切。提升用户的连接体验，降低用户的替换成本。提升场景的连接能力，降低场景的连接成本。

而微信小程序的出现，对于用户来说，其优势在于灵活，使用快捷，用户扫一扫或者搜一下就可以打开应用。同时体现了用完即走的理念，用户不用关心是否安装了太多应用，同时不用担心被应用继续打扰。而另一方面，对于开发者而言，小程序开发门槛较低，却能满足简单的基础应用，同时又可以直接触达微信的海量用户，使用微信的服务通道和平台，能够实现消息通知、线下扫码、公众号关联等 7 大功能。

所以，首批上线的小程序就有三百多家，掀起一阵热潮。

第三节　微信小程序面临的挑战

但从过去大半年的趋势上看，微信小程序在用户中的反响和活跃度呈下降趋势，跟发布时火热状态有些不相匹配。究其原因，笔者认为可能有以下几点：

首先，对于一些开发者而言，毕竟微信小程序平台是一个新平台，不免会担心模式不够成熟，运营不够完善；另外部分开发者对其入口在微信，多少有一些顾虑，其实这点明显多虑，小程序秉承用完即走的理念，不沉淀用户关系，同时只要求满足基础场景即可，并不要求能代替原生APP，开发者尽可用心。

其次，微信只是提供了平台，没有也不可能做导航入口，并且其入口偏深，用户感知力偏差，同时小程序不能做消息推送，不主张营销用户，和用户的联系也偏弱，而这些恰恰又是其用完即走理念的体现。

最后，当前小程序展现的功能，还相对基础简单，相比而言，原生APP的体验更有优势，功能更丰富。

第四节　微信小程序愿景

虽然，从目前来说，微信小程序平台的热度有一定下降，但是未来微信小程序平台的空间毋庸置疑还是很大的，其平台价值肯定经得起时间的检验。微信小程序用完即走的理念，不沉淀任何用户关系，没有消息推送，不打扰用户，作为未来轻型应用的模型，很有可能会是未来移动互联网应用的主要模式，它的特点是小而快，快捷，用完即走，还是很能引起用户共鸣的。

其次一些开发者其实并没有想清楚小程序的理念，其"用完即走"，不沉淀用户关系，用完后不继续打扰用户，本质上不适合某类应用，比如内容类，社交类等。

而一些专注线下，着重于扫一扫、搜一搜的场景的应用，微信小程序肯定会占领一部分市场，吸纳一部分用户。大量工具类和生活服务类的应用，比如餐馆点菜，食客点击二维码就可以点菜下单，结算；博物馆参观，扫一下二维码就能看到收藏品的清晰介绍；摩拜、ofo、滴滴，扫一下就可以使用；这些小程序跟原生APP几乎有一样的效果，还可以少装APP，用户何乐而不为呢？而对于一些低频使用的工具类应用，比如票务、洗车、租房也有市场，微信小程序也避免了用户使用时还需要临时去下载安装，过后又不常使用还占用手机空间的问题。

不经过安装，让用户用完即走，不打扰用户，也许这就是我们期望的最好的应用吧。我期望有一天，当我们每一次点菜，每一次使用单车，每一次买票，都只需要扫码就能完成，每当遇到困难都能搜到解决方案，用完即走，无打扰不被营销，我想这应当是移动互联网和微信小程序带给我们最真切的便捷。

参考文献

[1] 中国互联网信息中心. 第 40 次中国互联网络发展状况统计报告 [EB/OL]. http://cnnic.cn/hlwfzyj/hlwxzbg/hlwtjbg/201708/P020170807351923262153.pdf.

[2] 王少磊. 网络传播与社会发展 [M]. 北京：新华出版社，2006.

[3] （美）珍妮特·柯罗茨. 融合新闻学实务 [M]. 嵇美云译. 北京：清华大学出版社，2016.

[4] （荷兰）简·梵·迪克. 网络社会：新媒体的社会层面 [M]. 蔡静译. 北京：清华大学出版社，2014.

[5] 王迪, 王汉生. 移动互联网的崛起于社会变迁 [M]. 北京：中国社会科学出版社，2016.

[6] 王斯敏，曲一琳，贾宇. 光明日报思想理论融媒体传播工程光明智库同日启航 [N]. 光明日报，2017-04-19（009）.

[7] 钟边. 网上精神家园的打造者——访光明网总裁兼总编辑杨谷 [J]. 中国编辑，2016，(05)：20—25+2.

[8] 张宁，张倩，王爱民. 光明网：以大数据做更有"温度"的新闻 [J]. 传媒，2016，(14)：17—20.

[9] 王倩. 光明日报"融媒体"探索研究 [D]. 湘潭大学，2016.

[10] 崔澜夕. 融媒体时代两会报道创新探析——以"新浪新闻中心"和"光明日报"为例 [J]. 西部广播电视，2016，(01)：18—19+22.

[11] 郭全中. 资本、技术和创投三位一体的融合道路——对浙报集团融合创新实践的分析 [J]. 新闻与写作，2015，(08)：45—48.

[12] 潘一，李伟忠. 落地进行时：基于大数据的新闻生产系统底层设计 以浙报集团融媒体智能化传播服务平台建设为例 [J]. 传媒评论，2015，(01)：9—12.

[13] 张雪南. 引领行业 共创未来——致浙报传媒全体伙伴的一封信 [J]. 传媒评论，2016，(04)：17—19.

[14] 黄升民，谷虹. 数字媒体时代的平台建构与竞争 [J]. 现代传播—中国传媒大学

学报，2009，(05)：20—27.

[15] 喻国明，焦建，张鑫. "平台型媒体"的缘起、理论与操作关键 [J]. 中国人民大学学报，2015，29 (06)：120—127.

[16] 张德君，陈纪蔚. 用服务集聚用户，用新闻传播价值——浙报集团的媒体融合发展新路 [J]. 新闻与写作，2015，(01)：17—19.

[17] 喻国明. 当前新闻传播"需求侧"与"供给侧"的现状分析 [J]. 新闻与写作，2017，(05)：44—48.

[18] 麦尚文，张宁. "用户战略"视域下的报业转型路径——基于浙报集团创新实践的梳理与思考 [J]. 新闻与写作，2014，(03)：38—40.

[19] 宋建武. 传统媒体集团向综合信息服务商的转型 [J]. 新闻与写作，2011，(01)：5—9.

[20] 高海浩. 用互联网基因构建传媒转型新平台——浙报集团：做了什么，还要做什么 [J]. 中国记者，2013，(03)：18—19.

[21] 浙报集团2016年度报告 [EB/OL]. http://data.eastmoney.com/notices/detail.

[22] 鲍洪俊. 实施三三战略 强化内容生产 推进媒体融合——浙江日报报业集团推进媒体融合发展的创新尝试 [J]. 中国记者，2016，(06)：36—38.

[23] 李忠. 资本、服务、用户、团队——浙报集团媒体融合与转型发展的四个意识 [J]. 中国出版，2016，(24)：15—18.

[24] 王纲. 新媒体创新的七个碎片化思考——来自浙江日报报业集团传媒梦工场的实践 [J]. 中国记者，2012，(08)：27—28.

[25] 李科. 成都传媒集团：媒体融合发展的实践与思考 [J]. 传媒评论，2016，(12).

[26] 黄昌林. 融合后的传媒运作新模式——以成都传媒集团媒体融合为例 [J]. 传媒观察，2009，(4).

[27] 宋建武. 走跨媒体经营之路——成都传媒集团的实践调查 [J]. 新闻战线，2008，(1).

[28] 侯利强. 媒体结对运行部分新闻联动——成都传媒集团的全媒体运作探索 [J]. 传媒，2009，(6).

[29] 杨春兰，张明波. 在探索中发展——访成都传媒集团经委办主任马崇宇 [J]. 传媒，2007，(11).

[30] 曾登地，梅蓝之. 成都推进媒体融合发展的实践与思考 [J]. 新闻研究导刊，2016，(23).

［31］蔡尚伟，刘璐．成都传媒集团融合实践及其启示［J］．南方电视学刊，2013，(2)．

［32］陈守湖．"五度"合一提升党报舆论引导力——贵报传媒着力打造理论评论前沿高地［J］．传媒，2017，(7)．

［33］赵国梁，王恬．打造彰显"四力"的党报全媒体信息传播平台——贵报传媒"今贵州"客户端的探索与创新［J］．传媒，2017，(7)．

［34］黄晓新，刘建华，卢剑锋．中国传媒融合创新研究（2015—2016）［M］．北京：中国书籍出版社，2017：311.

［35］周跃敏．构建新型主流媒体集团的融创实践与思考［J］．传媒观察，2015，(12)：2—6．

［36］周跃敏．报业集团如何布局全媒体［J］．传媒观察，2014，(6)：5—8．

［37］王晓映．"昆虫记"：媒体融合中的典型切片——一个戏曲新媒体项目的周岁报告［J］．中国记者，2017，(1)．

［38］田梅，张晓东．众媒时代，传统媒体集团如何抢占融合"交汇点"［J］．传媒观察，2016，(1)：5—7．

［39］陈国权．关于媒体融合中内部管理机制的创新［J］．新闻论坛，2017，(1)：67—70．

［40］黄伟，任松筠，沈峥嵘．融合再深入，开拓传播新境界——新华报业全国两会报道实现全媒体、全时段、全覆盖［EB/OL］．http：//jsnews2. jschina. com. cn/system/2015/03/16/023971749. shtml．

［41］周贤辉，顾星欣．视觉江苏网航拍频道正式上线［EB/OL］．http：//jsnews2. jschina. com. cn/system/2015/09/18/026335103. shtml．

［42］陈蕊．探秘新华全媒体艺术馆［EB/OL］．http：//js. xhby. net/system/2015/01/07/023235660. shtml．

［43］王佩杰．新华报业集团牵手南财江苏传媒产业研究院揭牌成立［EB/OL］．http：//js. xhby. net/system/2016/07/01/029075685. shtml．

［44］燕志华，王瑶．横跨四大洲：新华日报向反法西斯战争胜利70年致敬［EB/OL］．http：//js. xhby. net/system/2015/06/10/025052193. shtml．

［45］张秋静．新华报业携手丰盛集团启动纪录片《时节》项目［EB/OL］．http：//www. zgjssw. gov. cn/yaowen/201708/t20170823_4551764. shtml．

［46］韩国言论振兴财团调查分析组．2016韩国言论年鉴［R］．韩国言论振兴财团．2017．

[47] 韩国言论振兴财团调查分析组. 新闻产业实态调查 2016 [R]. 韩国言论振兴财团. 2016 – 12 – 31.

[48] 韩国言论振兴财团调查分析组. 2015 言论受用者意识调查 [R]. 韩国言论振兴财团. 2015 – 12 – 31.

[49] 金昌南. 付费份数下滑,朝鲜减少 0.9%,中央减少 4%,东亚减少 0.3%：韩国 ABC 协会,发表 2016 年付费份数 [EB/OL]. 韩国记者协会. 2017 – 06 – 02. http：// www. journalist. or. kr/news/article. html？no = 41862.

[50] 安成模. JTBC 影响力·信赖度·阅读率"三冠王"[EB/OL]. SISA Press. 2017 – 09 – 26. http：//www. sisapress. com/journal/article/171467.

[51] 尹永喆. 为成为值得信赖的新闻媒体而进行的统合开发. 东京媒体交流学术大会发表文章 [EB/OL]. 东亚日报. http：//news. donga. com/3/all/20171025/86935772/1.

[52] 金准京. "机器人记者"韩国国内的第一篇新闻非常神奇,不过…… [EB/OL]. 媒体今日. 2016 – 1 – 24. http：//www. mediatoday. co. kr/？mod = news&act = articleView&idxno = 127277&sc_ code = &page = &total.

[53] 郑常根. 猜猜看哪篇是机器人写的新闻…… [EB/OL]. 媒体今日. 2015 – 09 – 08. http：//www. mediatoday. co. kr/？mod = news&act = articleView&idxno = 124915&sc_ code = &page = &total.

[54] KINDS 官方主页. https：//www. bigkinds. or. kr/.

[55] EYE NEWS24 官方主页. http：//www. inews24. com/.

[56] Platum. Naver-Kakao 新闻检索合作评审结果发布……602 家中 70 家通过 [EB/OL]. 2016 –05 –27. http：//platum. kr/archives/60347.

[57] 张书妍. 新闻合作评审委员会,第二回新闻检索合作评审结果发布 [EB/OL]. 2017 – 02 – 17. http：//www. globalnewsagency. kr/news/articleView. html？idxno = 67346.

[58] 崔真顺. 韩国式数码移动革新实验中 [J]. 新闻与放送. 2015,(540)：16—19.

[59] 俄罗斯连续出版物市场. 联邦出版与大众传媒署.

[60] 相关大众传媒机构官网.

[61] 维基百科俄罗斯网站.

图书在版编目（CIP）数据

2017—2018 中国报业融合创新研究报告/黄晓新，刘建华，卢剑锋主编.
—北京：中国书籍出版社，2018.5
ISBN 978-7-5068-6865-5

Ⅰ.①2… Ⅱ.①黄… ②刘… ③卢… Ⅲ.①报业-新闻工作-研究报告-中国-2017-2018 Ⅳ.①G219.21

中国版本图书馆 CIP 数据核字（2018）第 099989 号

2017—2018 中国报业融合创新研究报告

黄晓新　刘建华　卢剑锋　主编

责任编辑	许艳辉
责任印制	孙马飞　马　芝
封面设计	楠竹文化
出版发行	中国书籍出版社
地　　址	北京市丰台区三路居路 97 号（邮编：100073）
电　　话	（010）52257143（总编室）　　（010）52257140（发行部）
电子邮箱	eo@chinabp.com.cn
经　　销	全国新华书店
印　　刷	三河市顺兴印务有限公司
开　　本	787 毫米×1092 毫米　1/16
印　　张	21.5
字　　数	350 千字
版　　次	2018 年 5 月第 1 版　2018 年 5 月第 1 次印刷
书　　号	ISBN 978-7-5068-6865-5
定　　价	106.00 元

版权所有　翻印必究